KATALYSE – INSTITUT
FÜR ANGEWANDTE UMWELTFORSCHUNG

HANF & CO. – DIE RENAISSANCE DER HEIMISCHEN FASERPFLANZEN

Danksagung

Ich danke allen, die mich mit vielen Tips, kritischen Anmerkungen und Rat und Tat bei der Erstellung des Buches unterstützt haben.

Besonders danken möchte ich dem Verlag Die Werkstatt und dem Katalyse-Institut, die mir bei der Gestaltung des Buches freie Hand gelassen haben.

Frank Waskow, im Oktober 1995

HANF & CO.

DIE RENAISSANCE DER HEIMISCHEN FASERPFLANZEN

TEXTE UND KONZEPT:
FRANK WASKOW

HERAUSGEBER:
KATALYSE – INSTITUT
FÜR ANGEWANDTE UMWELTFORSCHUNG

VERLAG DIE WERKSTATT / AOL-VERLAG

CIP-Titelaufnahme der Deutschen Bibliothek:
Waskow, Frank:
Hanf & Co. : die Renaissance der heimischen Faserpflanzen / Texte: Frank Waskow. Hrsg.: Katalyse-Institut für Angewandte Umweltforschung. – Göttingen : Verl. Die Werkstatt, 1995
ISBN 3-89533-138-4

Texte und Konzeption: Frank Waskow
Recherchen und Auswertung: Susanne Féaux de Lacroix
Mit Beiträgen von Jens Dreyer / Susanne Féaux de Lacroix / Jörg Müssig / Günter Schnegelsberg
Grafiken: Andreas Pilz

1 2 3 1997 1996 1995

Gesamtherstellung: Verlag Die Werkstatt GmbH
Gedruckt auf Papier aus umweltfreundlicher Herstellung (80% aus Altpapier, 20% aus Holzschliff von Durchforstungsholz; ohne Färbung und optische Aufheller)
Umschlagmaterial: Cannabis essenz (60% Hanf, 40% Recyclingpapier)

Verlag Die Werkstatt
Lotzestraße 24a
D-37083 Göttingen
ISBN 3-89533-138-4

AOL-Verlag
Waldstraße 18
D-77839 Lichtenau
ISBN 3-89111-190-8

Inhalt

VORWORT

Fast über Nacht ist der Hanf zur populären Pflanze geworden. Gefördert durch das leicht verruchte Image dieser verbotenen Pflanze als subversives Drogen-Kraut, interessierte sich plötzlich eine große Öffentlichkeit für die viel weitergehenden Einsatzmöglichkeiten des Hanfes sowie für die lange Tradition dieser Nutzpflanze.

Positiv an dieser Diskussion ist sicherlich, daß das Potential nachwachsender Rohstoffe und insbesondere der Faserpflanzen ins Bewußtsein der Öffentlichkeit gerückt wird. Allerdings wird die Debatte viel zu sehr auf den Hanf verengt, wobei zudem oft noch nostalgische und „subversive“ Emotionen im Vordergrund stehen. Daraus mag dem Hanf ein zeitweiliges Come-back als sympathisches Nischenprodukt erwachsen – mehr aber auch nicht.

Die wirkliche Zukunft der Faserpflanzen wird auf anderen Märkten entschieden. Hier geht es um nüchterne technische, ökologische und ökonomische Kalküle. Diese Versachlichung der Diskussion war im Winter 1994 das Motiv für dieses Buch. Der Entschluß, das Buch auch tatsächlich in Angriff zu nehmen, folgte Anfang März 1995 mit dem Verlag Die Werkstatt, ausgerechnet auf der ersten Hanfmesse in Frankfurt/Main.

Der Zeitpunkt für das Erscheinen des Buches könnte kaum besser sein: Nachdem die Expertenkommission für das Betäubungsmittelgesetz der Bundesregierung empfohlen hat, den Anbau THC-armer Hanfsorten zuzulassen, spricht alles dafür, daß 1996 der kommerzielle Hanfanbau in Deutschland beginnen kann.

Für den Beitrag zur Nessel konnten wir Jens Dreyer gewinnen, der sich an der Hamburger Universität am Institut für Botanik seit 1993 mit der Forschung an der Großen Brennessel beschäftigt. Aus seiner experimentellen Arbeit „Möglichkeiten der Substitution von Chemiefasern durch Naturfasern in technischen Produkten“ am Faserinstitut Bremen berichtet Jörg Müssig. Sein Beitrag zeigt die Erfahrungen mit Aufschlußversuchen von Grün-Hanfstroh und den Einsatz in technischen Produkten.

Deutscher Flachs- und Hanf-anbau im Vergleich

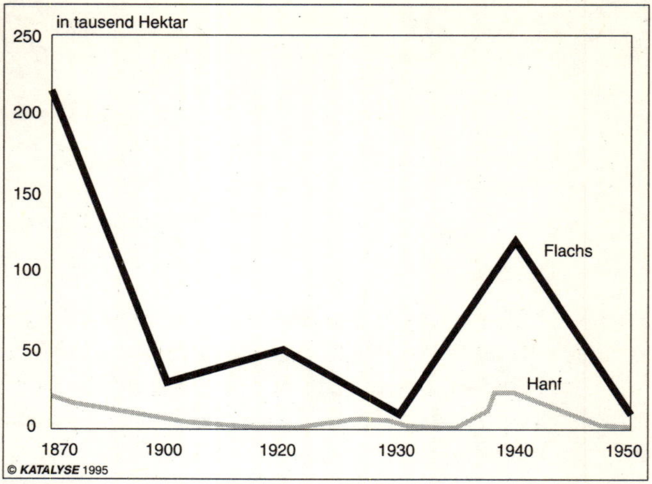

Trotz einiger Darlegungen, die eher Fachleute ansprechen, haben wir uns um eine thematische Aufarbeitung bemüht, die auch interessierte Laien anspricht. Ob uns diese Synthese gelungen ist, mögen Sie als Leser/in beurteilen.

Unser Anspruch ist es, die drei heimischen Faserpflanzen Hanf, Flachs und Nessel in ihren Möglichkeiten und Grenzen und nicht als Konkurrenzpflanzen darzustellen. Hierbei war es uns wichtig, die aktuellen Rahmenbedingungen für eine Einbeziehung der Faserpflanzen in die gesamte Entwicklung nachwachsender Rohstoffe ausführlich zu beschreiben und zu bewerten. Schließlich kann es nicht das Ziel sein, die heutige überwiegend intensive Landwirtschaft des Nahrungsmittelanbau einfach auf den Anbau von nachwachsenden Rohstoffen oder gar einen forcierten Faserpflanzenanbau zu übertragen. Faserpflanzen stellen wie viele andere Rohstoffpflanzen eine Chance zum extensiven oder ökologischen Landwirtschaften dar. Für die Erreichung dieses Ziels ist jedoch mehr notwendig als die Inanspruchnahme von EU-Flächenprämien. Schließlich sind die Hemmnisse und Schwierigkeiten bei Anbau, Verarbeitung und in der Vermarktung von nachwachsenden Rohstoffen mehr als vielfältig. Die Beseitigung der Hemmnisse und die Weichenstellung für einen effizienten und ökologischen Umgang mit diesen Ressourcen muß allerdings die Politik leisten:

♦ Wollen wir mittelfristig eine breite nachwachsende Rohstoffbasis?

♦ Welcher Wert wird der Entwicklung einer heimischen Faserbasis im Textilbereich und bei technischen Anwendungen beigemessen?

Wir meinen, daß nur ein abgestimmtes und gesellschaftlich getragenes Forschungs- und Förderungskonzept zur Integration von nachwachsenden Rohstoffen in die Wirtschaftskreisläufe führt. Die Wirtschaftsverbände und viele Unternehmen verweisen darauf, daß der breite Einsatz von Biorohstoffen technisch machbar, aber nicht konkurrenzfähig sei. Aber genau die gleichen Lobbyisten sperren sich gegen geeignete Instrumente wie etwa Ökosteuern auf fossile und endliche Rohstoffe, die den Einsatz nachwachsender Rohstoffe profitabel machen könnten.

Allerdings müssen zugleich viele falsche Aussagen über die „Wunderpflanze Hanf“ richtiggestellt werden: „Hanf brauche keinen Dünger“, „Hanf war vor der Baumwolle die wichtigste Textilfaser in Deutschland und Europa“ und „die Samenerträge des Hanfs können bis zu 4.000 Kilogramm erreichen“.

Natürlich braucht die Hanfpflanze wie alle landwirtschaftlichen Nutzpflanzen eine Düngung – schließlich werden dem Boden Nährstoffe entzogen, die bei fortgesetzem Anbau wieder zugeführt werden müssen. Hanf war immer nur die zweitwichtigste Textilfaser – an erster Stelle stand der Flachs, was sich auch in den fast immer zehnmal größeren Anbauflächen widerspiegelt. Und daß rumänische Hanfforscher 4.000 Kilogramm Hanfsamen je Hektar erzielt haben, war kein wissenschaftlicher Erfolg, sondern eine Anweisung des damaligen Staatspräsidenten Ceaucescu.

Vielfach hat das „Hanffieber“ schon fragwürdige Blüten getrieben: für Hanf-Saatgut und -Fasern werden geradezu utopische Preise verlangt, und zunehmend gelangen „Hanftextilien“ auf den Markt, die entweder nur einen geringen Hanfanteil besitzen oder gar aus Flachs gefertigt wurden. Wenn die derzeitige – emotional gespeiste – Hanf-Euphorie verflogen ist, werden sich solche Schwächen fraglos auswirken. Daß Produkte aus Hanf, Flachs oder Nessel sich auch dann noch auf dem Markt behaupten, wenn der Reiz als Wunderpflanze verblaßt ist, dazu will dieses Buch beitragen.

Katalyse-Institut

Köln im Sommer 1995

KAPITEL 1

Hanf, Flachs und Nessel – die heimischen Faserpflanzen

Hanf, Flachs und Nessel sind die herausragenden Beispiele für viele vergessene Nutzpflanzen unserer Breiten. Auch Färbepflanzen, Mohn, Nessel und andere Kulturpflanzen werden heute nicht mehr angebaut oder haben kaum noch wirtschaftliche Bedeutung. Ein Konzept zur Wiederbelebung alter Kulturpflanzen ist jedoch in Deutschland derzeit nicht absehbar.

Die Nutzung der Hanf- und Flachspflanze als Faser- und Öllieferant läßt sich über Jahrtausende zurückverfolgen und in vielen Kulturen der Welt belegen. Auch in Europa haben Faserpflanzen eine mehr als tausendjährige Tradition. Die Nutzung reicht von der frühen Eisenzeit bis zur Verdrängung der heimischen Naturfasern Ende der 30er Jahre durch Kunstfasern, Holz, Baumwolle und Sisal. Nach dem Zweiten Weltkrieg wurde der Anbau vieler nachwachsender Rohstoffe eingestellt; Naturfasern und pflanzliche Öle wurden seither überwiegend aus Übersee importiert oder durch synthetische Produkte der chemischen Industrie ersetzt. Trotzdem gehören Hanf, Flachs und Nessel zu den vielversprechendsten nachwachsenden Rohstoffen unserer Breiten.

Während Hanf äußerst robust und anspruchslos ist, Unkräuter verdrängt, kaum von Schädlingen oder Krankheiten befallen wird und damit den Einsatz von Pestiziden nicht benötigt, braucht der Flachs geringe Düngermengen und kann auf Grenzertragsflächen angebaut werden. Aus Faserpflanzen kann man eine Vielzahl von gleichartigen Rohstoffen gewinnen: Lang- und Kurzfasern, Schäben und Öle stehen für eine außerordentlich große Variationsbreite der Rohstoffe, aus denen Textilien, Papier, Bau- und Dämmstoffe sowie Speise- und technische Öle hergestellt werden können.

Heute stehen vor allem die günstigen landwirtschaftlichen und ökologischen Eigenschaften dieser Kulturpflanzen im Vordergrund. Es muß aber berücksichtigt werden, daß die gewonnenen Rohstoffe am Markt nur eine Chance haben, „wenn sie sich rechnen“, d.h. einigermaßen öko-

Zellulose-Pflanzen

Erlen Weiden Hafer Pappeln, Fichten Birken, Kiefern Ahorn, Buchen Weizen	kühl, feucht
Flachs Hanf Nessel Miscanthus	wärmer, feucht
Roggen, Gerste Mais Hirse Kenaf	wärmer, trockener

gemäßigte Klima-Zonen

Botanische Klassifikation verschiedener Faserpflanzen und Baumarten

Abteilung	Klasse	Familie	Arten
Gymnospermae (Nacktsamer)	Coniferae (Koniferen)	Piceae	Picea abies (Rotfichte) Pinus sylvestris (Gemeine Kiefer, Föhre)
Angiospermae (Bedecktsamer)	Dicotyle donae (Zweikeim-blättrige Pflanzen)	Betulaceae	Betula verrucosa (Birke)
		Fagaceae	Fagus sylcatica (Rotbuche)
		Saliceae	Populus tremuloides (Pappel)
		Cannabaceae	Cannabis sativa (Hanf)
		Urticaceae	Boehmeria nivea (Ramie) Urtica dioica (Große Brennessel)
		Linaceae	Linum usitatissimum (Flachs)
	Monocotyle donae (Einkeim-blättrige Pflanzen)	Gramineae (Gräser)	Triticum vulgare (Weizen) Phylostachys puberula (Bambus) Saccharum officinarum (Zuckerrohr)

nomisch erzeugt werden können. Schließlich treffen Flachs- und Hanfprodukte auf weitestgehend gesättigte Märkte. Eine Verdrängung oder Substitution herkömmlicher Produkte ist nur sinnvoll und machbar, wenn ökologische Kriterien möglichst umfangreich und auf allen Stufen – vom Rohstoff bis zum Endprodukt – eingehalten werden. Dies ist nicht allein durch einen möglichst umweltgerechten Anbau von Faserpflanzen zu erreichen – eine umweltfreundliche Weiterverarbeitung ist mindestens genauso wichtig.

Eines wollen wir direkt vorweg nehmen: Die deutsche Flachsforschung und Förderung hat bis heute nicht die in sie gesetzten Erwartungen erfüllt. 10 Jahre und rund 60 Millionen DM Fördermittel haben nicht zu einer Neuetablierung des Flachses geführt. Vielleicht hat man vorschnell zuviel Mittel in High-Tech-Verfahren investiert, die Euphorie der Landwirte weiter „gepuscht", ohne deutlich zu machen, daß eine Wiedereingliederung in die Landwirtschaft und die industrielle Nutzung nicht von heute auf morgen geschehen kann. Im Gegensatz zur Nutzung von Pflanzenölen sind bei der Pflanzenfasergewinnung neue Technologien und Infrastrukturen notwendig. Schon 1993 sind Stimmen laut geworden, die den verbliebenen Faserflachsanbau durch die bevorstehende Einführung der Hanfpflanze gefährdet sehen. Es werden Konkurrenzen aufgebaut, die keine sind. Schließlich kann der Hanf helfen, die hohen Forschungs- und Investitionskosten im Flachsbereich zu amortisieren. Viele Fachleute bestätigen, daß Flachstechnologien auf die Verarbeitung von Hanffasern mit relativ geringen Aufwendungen adaptiert werden können. Die Flachsforschung und -entwicklung sieht sich bereits einem sinkenden Forschungsetat für Flachs gegenüber. Darüberhinaus wurden für die Entwicklung von bzw. die Übertragung auf Hanftechnologien bisher keine Finanzen zur Verfügung gestellt, da „der Hanfanbau in Deutschland verboten ist". Und was die heimische Faserpflanze Nessel angeht, so ist vielen Verantwortlichen nicht einmal bekannt, daß sie eine nutzbare Faserpflanze ist. Alles in allem entsteht zunehmend der Eindruck, daß es in Deutschland wenig politischen Willen zur Förderung heimischer Faserpflanzen gibt. Vergeblich wird man daher übergreifende Konzepte des Landwirtschaftsministeriums und der Fachagentur nachwachsende Rohstoffe für heimische Faserpflanzen suchen. Dabei gibt es seitens der Europäischen Union und aus England, Irland und den Niederlanden ganz andere Signale: Heimische Faserpflanzen müssen zukünftig mehr Berücksichtigung finden!

Gründe für die Wiederentdeckung und Nutzung heimischer Faserpflanzen

Bei der Diskussion um nachwachsende Rohstoffe und deren ökologische Beurteilung müssen die Bedingungen des Anbaus und der Verarbeitung ebenso betrachtet werden wie das Endprodukt und seine Nachnutzungs- und Entsorgungsmöglichkeiten. Ökologische Vorteile weisen die Pflanzen auf, die weitgehend selbstverträglich sind und bei deren Anbau beispielsweise auf Pflanzenschutzmittel verzichtet oder Dünger eingespart werden kann und bei denen die Erträge ausreichend hoch und stabil sind. Unter diesen Gesichtspunkten bieten sich der Anbau und die Nutzung von Faserpflanzen in Deutschland an.

Nachfolgend werden in drei Beispielen die Probleme etablierter Rohstoffe und Produkte, die möglicherweise durch Rohstoffe aus Faserpflanzen substituiert werden könnten, dargestellt:

♦ *Baumwollanbau heute*

Baumwollfasern sind heute die am häufigsten verwendeten Naturfasern für Kleidung. In rund 80 Staaten der Welt wird Baumwolle angebaut. Von den 19 Millionen Tonnen Baumwolle wurden 1994 nur rund 2.000 Tonnen, was gerade einem Anteil von 0,01 Prozent entspricht, nach den Richtlinien des ökologischen Landbaus (IFOAM) angebaut. Weitere 4.000 bis 6.000 Tonnen werden als Baumwolle aus organischem Landbau bezeichnet.

Baumwolle leidet mehr unter Schädlingen und Krankheiten als die meisten anderen Kulturpflanzen – der Anbau in Monokulturen ist im

Pestizide im Baumwollanbau

Chlorhaltige Pestizide	Insektizide	Herbizide	Fungizide
Toxaphan Aldrin Dieldrin Endrin Lindan	Malathion Parathion Phosalon Carbamate Triazophos Monocrotophos Pyrethroide wie Deltamethrin, Fenvalcrate	Alachlor Simazin Metribuzin Paraquat Na- u. Mg-chlorat Natriumpoly-borate	Methoxyethyl-quecksilbersilikat Benodanil Chloroneb Pencycuron Toclofosmethyl Validamycin

besonderen Maße anfällig. Man rechnet, daß rund 50 Prozent der Welternte jährlich durch Parasiten und Krankheiten vernichtet werden. Im konventionellen Anbau werden bereits die Baumwollsamen zur Desinfektion mit Chemikalien wie Quecksilberverbindungen, Cyanwasserstoff oder mit giftigen Fungiziden behandelt. Mit Beginn der Wachstumsphase der Pflanzen werden Herbizide gegen Unkräuter ausgebracht. Mehrmaliges Spritzen der Baumwollpflanze gegen die zahlreich auftretenden Schädlinge (Kapselraupen, Blattläuse, Kapselkäfer) mit Insektiziden ist üblich. Bei großen Kulturen werden die Pestizide mit speziellen Maschinen oder durch Flugzeuge auf den Feldern versprüht. Der Wasserbedarf der Baumwollpflanze ist erheblich; kaum ein Anbau kommt ohne großflächige und umfangreiche Bewässerung aus. Vor der Ernte werden die Baumwollpflanzen mit Entlaubungsmitteln besprüht, die den Einsatz von automatischen Erntemaschinen ermöglichen.

Insgesamt wird die Baumwollpflanze von der Aussaat und bis zur Ernte zwischen 19 bis 25mal mit Insektiziden besprüht. Nach neueren Berechnungen wird für den Baumwollanbau weltweit etwa 7 Prozent aller verbrauchten Pestizide eingesetzt; umgerechnet entspricht dies einem Verbrauch von knapp 8 Gramm Pestiziden auf ein Kilogramm Baumwolle. Die Folgen für die Anbauländer sind bekannt: hohe Boden- und Grundwasserbelastungen, Artensterben und Anreicherung der Pestizide in der Nahrungskette.

Für 1995 wird ein Anstieg der ökologischen Baumwollproduktion um bis zu 50 Prozent erwartet. Einige Pilotprojekte wurden in Indien, Ägypten und Griechenland und anderen Staaten gestartet – dennoch wird auch 1995 nicht einmal 0,5 Prozent aller Baumwolle nach den Grundsätzen des ökologischen Anbaus erzeugt.

Heimische Faserpflanzen können wieder eine gewisse Selbstversorgung mit textilen Fasern gewährleisten. Die Voraussetzungen für einen extensiven oder ökologischen Anbau zur Gewinnung von Textilfasern sind gegeben. Eine Etablierung heimischer Textilfasern ist aber nur dann sinnvoll, wenn am Ende der Produktlinie ökologisch erzeugte Textilien angeboten werden, die in einer konsequent ökologischen textilen Kette vom Rohstoff bis zum Endprodukt produziert wurden. Lange Transportwege, hohe Pestizideinsätze, Bodenzerstörung, aufwendige Erntemethoden u.a. sind bei der Baumwolle negativ zu bewerten und sprechen für ökologisch angebaute, einheimische Faserpflanzen. Bei Hanf, Lein und Nessel sind die Grundvoraussetzungen der Pflanzen – natürliche Resistenz, Wassergenügsamkeit und Nährstoffeffizienz – sehr wichtig. Diese Vorzüge können bei der entsprechenden Auswahl der anzubauenden Faserpflanze sowie durch eine geeignete Sortenauswahl noch verstärkt zur Geltung kommen.

♦ *Zellstoff- und Papierherstellung heute*

In Deutschland verbraucht durchschnittlich jeder Bürger jährlich etwa 190 kg Papier. Deutschland ist mit 13 Millionen Jahrestonnen der größte Papierhersteller Europas. Es müssen jedoch über 80 Prozent des Zellstoffbedarfs aus Schweden, Kanada, USA und Finnland importiert werden. Diese Situation hat sich durch die Wiedervereinigung weiter verschärft. Der Papierbedarf ist gestiegen – trotzdem mußten 10 von 11 ostdeutschen Zellstoffabriken schließen. Nach Schätzungen des World Watch Institutes wird sich die weltweite Papiernachfrage bis zum Jahre 2010 annähernd verdoppeln. Berücksichtigt man, daß rund 92 Prozent (160 Millionen Tonnen) der Weltfaserproduktion für Papiere aus Holz stammen, ist abzusehen, daß damit der Druck auf die letzten naturnahen Wälder und Urwälder weiter zunehmen wird. Neben den Staaten Südostasiens (Korea, Japan, Taiwan usw.) und den USA ist auch Europa für diese Entwicklung verantwortlich. Rechnerisch müssen von heute an jedes Jahr etwa zehn Millionen Hektar Wald neu aufgeforstet werden, um den Welthunger nach Papier zu stillen.

Auch unter der Annahme, daß der Faseranteil aus dem Altpapier weiter steigt, ist zukünftig der Holzbedarf zur Papierherstellung nicht zu dekken und die Suche nach „neuen" Rohstoffen brandaktuell. Die mit der Hanf- und Flachsnutzung gewonnenen Fasern können in der Papierher-

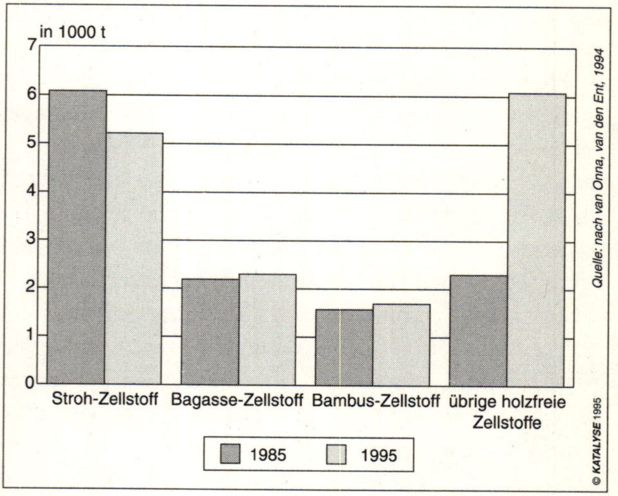

Weltproduktionskapazität verschiedener holzfreier Zellstoffarten

stellung in Kombination mit anderen Fasern (Altpapier, Rest- und Durchforstungsholz, Stroh) genutzt werden. Heute kostet Hanfzellstoff zwar noch etwa dreimal soviel wie Holzzellstoff. Rechnet man jedoch die Kosten der Naturnutzung und -zerstörung bei der Holzgewinnung für Papier hinzu und berücksichtigt, daß für Zellulose aus einjährigen Faserpflanzen nur sehr wenige Anbieter den Markt beherrschen, könnte Zellulose aus Hanf- und Flachspflanzen für bestimmte Papiere konkurrenzfähig werden. Erste Trends deuten sich an: Von Dezember 1994 bis Ende Februar 1995 stieg der Preis für Holzzellstoff von 1.000 auf 1.200 DM pro Tonne, da die skandinavischen Hersteller die Holzpreise angehoben und ihre Kontingente verringert hatten.

Hinsichtlich ihrer Zusammensetzung sind Einjahrespflanzen eine gute Zellulosequelle. Sie besitzen zwar einen geringeren Zellulosegehalt als Buchenholz (80 %) oder Fichtenholz (70 %), weisen aber einen wesentlich höheren Faserertrag pro Fläche und Jahr auf. Auch haben sie einen geringeren Ligningehalt. Gerade die Entfernung des Lignins erfordert einen hohen Chemikalieneinsatz bei der Papierherstellung und Bleiche. Für das Lignin gibt es vor allem wegen der hohen Belastung mit Schwefel bis heute keine kommerzielle Verwendung, es wird daher kostengünstig durch Verbrennen „entsorgt". Recyclingpapiere sollen nicht durch Zellstoff aus Faserpflanzen ersetzt werden, sondern neue Rohstoffquellen für die Herstellung von hochwertigem Papier eröffnen. Faserpflanzen-Zellstoff kann sich dort bewähren, wo kein 100-prozentiges Recyclingpapier eingesetzt werden kann. Nach einem Bericht der FAO werden derzeit jährlich nur etwa 120.000 Tonnen Hanfzellstoff hergestellt, was gerade mal 5 Promille der Weltzellstoffherstellung ausmacht.

♦ *Dämmstoffe aus Mineralfasern*

Nicht nur Dämm- und Baustoffe aus Asbest sind krebserregend. Längst ist bekannt, daß auch Erzeugnisse aus Glas- und Steinwolle ebenfalls krebserregende Faserstäube freisetzen können. So begrüßenswert im Sinne des Umweltschutzes die Verschärfung der Wärmeschutzverordnung auch ist – weiterhin werden diese für die Gesundheit gefährlichen Dämmstoffe verbaut.

Dabei stehen längst Alternativen zu den Mineralfaser-Dämmstoffen zur Verfügung: Neben Altpapier, Schafwolle und Polystyrol können Faserpflanzen neue Perspektiven bieten: Dämm- und Lärmschutzplatten, Wände und Schüttgut zur Isolierung können aus den Schäben (Holzteilchen) und Fasern von Flachs, Hanf und Nessel gewonnen werden. Die Schäben fallen bei der Entholzung der Stengel an und können ohne größere Probleme zur Herstellung von Dämmplatten genutzt werden. Dabei zeigen die aus Fasern und Schäben hergestellten Dämmstoffe ausgezeichnete Eigenschaften und können bei entsprechenden Stückzahlen zu durchaus konkurrenzfähigen Preisen hergestellt werden. Hemmnisse ergeben sich heute meist aus den Bauvorschriften bzw. aus den maßgeblichen Normen, die den breiten Einsatz von nachwachsenden Rohstoffen als Dämmaterial in öffentlichen Gebäuden häufig unmöglich machen.

Das sind drei von vielen Beispielen, wie die Nutzung heimischer Faserpflanzen Problemlösungen bieten kann. Doch diese Potentiale müssen bewußt genutzt werden und sind nicht allein über einen umwelt- freundlichen Anbau heimischer Faserpflanzen zu realisieren – auch die nachgeschalteten Verarbeitungsschritte müssen ökologischen Kriterien standhalten, damit am Ende ein Produkt steht, das guten Gewissens als weitgehend naturbelassen bezeichnet werden kann. Ziel muß es sein, Produkte zu entwickeln, die nach dem Gebrauch der Natur und Umwelt zurückgegeben werden können, ohne diese zu zerstören. Erst dann hätten wir wirklich eine Chance genutzt, die die Natur uns bietet.

KAPITEL 2

Hanf

2.1 Geschichte, Entwicklung und Niedergang der Hanfpflanze

Das Wort „Hanf“ wird seit rund tausend Jahren in unserer Sprache benutzt, in erster Linie für die Pflanze mit dem lateinischen Name *Cannabis sativa L.* Hanf steht aber auch für Rohstoffe wie etwa die langen Faserbündel (Schwing- und Hechelhanf) zur Herstellung von Textilien. Er wird außerdem umgangssprachlich für andere Faserpflanzen als unrichtiges Beiwort benutzt und sollte dort nicht verwendet werden, da ein systematisches Auffinden erschwert und Verwechslungen leicht möglich werden.

Der Begriff Hanf und seine vielfältigen Verwendungen	
Blattfasern (Fasern aus Blattscheiden dikotyler Pflanzen)	
Manilahanf /Abaca	(Mussa textilis NÉE)
Sisalhanf	(Agave sisalana P.)
Mauritiushanf /Figure	(Furcraea gigantea)
Stengelfasern (Fasern aus Sproßachsen monokotyler Pflanzen)	
Bombayhanf/Sunnhanf	(Crotalaria juncea L.)
Gambohanf/Kenaf	(Hibiscus cannabinus L.)
Hanf	(Cannabis sativa L.)
	Quelle: Flanke 1993

Hanf ist eine der ältesten und bekanntesten Kulturpflanzen, die wie kaum eine andere den Namen „Pflanze der Welt“ verdient. Die ursprüngliche Heimat des Hanfs ist Zentralasien; in der Literatur werden sowohl Indien als auch Persien genannt. Persien scheidet jedoch wahrscheinlich aus, da Hanf dort den Hebräern unbekannt war und erst zu Zeiten Herodots (450 v.Chr.) genutzt wurde. Hanf akklimatisiert sich leicht, weshalb er in vielen Ländern auch in wildwachsender Form vorkommt.

Bezüglich der Herkunft können die verschiedenen Bezeichnungen für den Hanf in den europäischen und früher noch in den asiatischen Sprachen Aufschluß geben. Während eine Reihe von Hanfbezeichnungen auf das Griechisch-Lateinische zurückgeführt werden können (wie etwa Cannabis; franz. Chanvre; span. canamo; port. canhamo; ital. canapa; alb. canep; bulg. kenevir; russ. konoplija), sind die altgermanischen Sprachbezeichnungen (wie schwed. hamp; dän. hampa; holl. hennep; engl. hemp) zusammen mit den slawischen, ural- und turkutatarischen Bezeichnungen auf eine weitaus ältere gemeinsame Quelle zurückzuführen. In diesen Bezeichnungen lassen sich eine Reihe von Übereinstimmungen mit der geschichtlichen Entwicklung der indischen Bezeichnung für Hanf „cana“ finden.

Vor etwa 12.000 Jahren wurde die Hanfpflanze in zwei Regionen Asiens in Kultur genommen: im Gebiet des heutigen Iraks – also in Mesopotamien an den Flüssen des Euphrat und Tigris – sowie in China an der Ostseite des Huang He, im Tal des Gelben Flußes. Frühzeitliche Funde von Bauernsiedlungen gaben Hinweise auf die Hanfnutzung, und die alten Chinesen nannten ihr Reich: „Land des Hanfes und des Maulbeerstrauches“. Beides weist auf die Stoffe hin, aus denen damals die Kleider entstanden: Luxuskleider aus Seide und Alltagskleidung der einfachen Leute aus Hanf. In China wurde Hanf erstmals zu Kriegszwecken angebaut: Chinesische Bogenschützen verwendeten Hanf-Bogensehnen, da diese stabiler als Bambus-Sehnen waren.

Seit etwa 10.000 Jahren gehört Hanf zu den Pflanzen des planmäßigen Ackerbaus. Das erste geschichtlich bekannte Gewebe aus Hanf datiert zwischen 8000 und 7000 v. Chr. Der älteste bisher bekannte archäologische Hanffund in Europa wurde bei einer Grabung bei Eisenberg in Thüringen entdeckt und stammt aus dem Jahre 5500 v. Chr. (vorgermanische Jungsteinzeit).

Archäologie, Anthropologie und Geschichte stimmen darin überein, daß Hanf vom ersten Jahrtausend v. Chr. bis in die zweite Hälfte des vergangenen Jahrhunderts weltweit gesehen die am häufigsten angebaute Nutzpflanze war.

Die erste schriftliche Erwähnung zur Hanfnutzung findet sich in einem chinesischen Werk der „Sung“-Dynastie um 500 v. Chr. mit dem Hinweis, daß bereits für den chinesischen Kaiser des 28. Jahrhunderts v. Chr. Shen-Nung Kleider und Heilmittel gegen Verstopfung, Gicht und Geistesabwesenheit aus „Ma“ (Hanf) hergestellt wurden.

Ab dem 8. Jahrhundert v.Chr. findet Hanf auch als Heilmittel in Indien Erwähnung. So durfte man im Altertum heilige Texte erst nach der Anwendung von Cannabis lesen, da man erkannte, daß die Konzentration beim Studieren der Texte durch eine Verabreichung erhöht werden konnte.

Von Zentralasien nach Mitteleuropa

Von Zentralasien aus verbreitete sich die Hanfpflanze über zwei Wege nach Mitteleuropa. Nomadenvölker brachten Hanfsamen an das östliche Mittelmeer, von wo er über Handelsrouten seinen Weg nach Griechenland fand. Für den *nördlichen Verbreitungsweg* waren Völker wie die Skythen verantwortlich, die über den Kaukasus nach Europa kamen und Hanfsamen mitbrachten. Zu Beginn des 7. Jahrhunderts v.Chr. wurde erstmals in Südrußland Hanf angebaut, etwas später nördlich des Kaspischen Meers und schließlich am Schwarzen Meer bis hin zur Donaumündung. Von Rußland aus gelangte der Hanf erst nach Litauen und dann nach Schweden. Hanfseile und Hanfgewebe aus dem 8. bis 4. Jahrhundert v.Chr. wurden im Stuttgarter Raum gefunden; in der Asche eines Urnengrabs aus dem 5. Jahrhundert v.Chr. in Brandenburg lagen Samen von Cannabis sativa. Auch die im Züricher Museum ausgestellten Gewebe aus den Pfahlbauten bestehen aus Hanf.

Der *südliche Verbreitungsweg* nahm seinen Ausgang ebenfalls in Zentralasien über Kleinasien zu den Griechen, Römern und Galliern. So berichtet 450 v.Chr. der griechische Schriftsteller Herodot vom Hanfrau-

In der antiken Seefahrt waren die Segel, später auch Taue und Takelage aus Hanf gefertigt.

chen der Skythen mit heißem Dampf sowie von den Hanfkleidern der Thrakier, die wie „Leinene“ aussahen. Der römische Schriftsteller Lucilius beschreibt 100 v.Chr. als erster die Bedeutung der Faserpflanze Hanf.

Zur gleichen Zeit fertigten auch die Phönizier ihre Schiffssegel aus Hanfgewebe. Neben dem Segelwerk wurden später die gesamte Takelage, Taue, Netze, Flaggen und Dichtungsmaterial gegen Salzwasser aus Hanf hergestellt. Je nach Größe eines Handels- oder Kriegsschiffs wurden 50 bis 100 Tonnen Hanfrohstoffe für die Grundausstattung eines Schiffes benötigt.

In der römischen Geschichte geben zahlreiche landwirtschaftliche Beschreibungen und Berichte Auskunft über die Bedeutung und Form des Hanfanbaus. So bewirtschaftete Moderatus Columella im ersten Jahrhundert n.Chr. zahlreiche Landgüter in Mittelitalien. Seine zwölf landwirtschaftlichen Bücher entstanden zwischen 55 und 64 n.Chr. und gelten als die bis dahin fundiertesten landwirtschaftlichen Werke der römischen Kaiserzeit. Der Verfasser gibt nicht nur praktische Ratschläge zum Anbau, sondern beschäftigt sich erstmals auch mit wirtschaftlichen Regeln, was er in seinem zweiten Buch auch näher für den Hanf und Flachs ausführt.

Der um 200 n.Chr. in Alexandrien und Rom lebende Athenaios hat in seinen Büchern wichtige Informationen über das Leben der Griechen hinterlassen. So berichtete er von König Hiero II. von Syrakus, der ein ungeheures Prachtschiff bauen ließ, für das er aus jedem Land das Vorzüglichste in seiner Art kommen ließ. Pech und Hanf habe er vom Rhonefluß in Gallien bezogen, wo der Hanf zu seiner Zeit (215 bis 269 v.Chr.) den Bauern einen gewissen Wohlstand brachte.

Rutilius Taurus Aemilianes Palladius erstellte im vierten Jahrhundert n.Chr. eine landwirtschaftliche Serie von 14 Büchern und erstmals eine Reihe von landwirtschaftlichen Kalendern. Im dritten Band wird die Hanfaussaat, im zwölften Band die Leinaussaat beschrieben.

Der Merowinger König Adelgunde wurde 565 n. Chr. in Paris in einem aufbereiteten Hanfgewebe bestattet; seine Textilien zählen zu den ältesten Hanfgewebefunden in Europa. Auch die Wikinger statteten die Schiffsgräber ihrer Könige mit Hanftextilien aus und gaben Hanfsamen als Grabbeilagen. Der älteste schriftliche Beleg der Nutzung in Europa ist die von Karl dem Großen 800 n.Chr. erlassene Wirtschaftsanweisung, die die Bauern zum Anbau von Hanf anhielt.

Erste Berichte über die Verwendung von Hanf als Rauschmittel brachte der Weltreisende Marco Polo im 13. Jahrhundert nach Europa, als der Hanf auch seinen Weg nach Ägypten und in andere Gebiete Nordafrikas fand, wo er hauptsächlich zur Drogengewinnung angebaut wurde. Auch für das Mittelalter weisen zahlreiche Dokumente und Werke auf den Anbau und die Nutzung der Hanfpflanze hin. So erließ Heinrich der VIII. in England eine Anbaupflicht für Hanf, um die Herstellung von Schiffssegeln, Tauwerk und Kleidung sicherzustellen.

Leonhardt Fuchs lebte und arbeitete 1540 als Arzt in München und Tübingen und veröffentlichte ein Kräuterbuch, in dem die Herstellung verschiedener Hanftinkturen erläutert wird. Dodonaeus Rembertus erstellte 1565 ein Pflanzenbuch in lateinischer Sprache und widmete dem Hanf ein ganzes Kapitel.

Thobias Moller schrieb 1583 ein Buch über Sommerfeldbau, in dem die geeigneten Saatzeiten und der Anbau von Hanf und Lein erklärt werden. Martin Grosser erstellte 1589 ein landwirtschaftliches Handbuch für schlesische Bauern, das sich u.a. intensiv mit dem Hanf- und Flachsanbau beschäftigt. Georg-Andreas Boeckler veröffentlichte 1699 ein Werk für die Haus- und Feldschule mit detaillierten Hanf- und Flachsbeschreibungen. Paul Jakob Marpenger brachte 1710 ein Traktat über Flachs und Hanf heraus, das in Leipzig erschien und in dem über Anbau und Verarbeitung der Pflanzen berichtet wird.

Daniel Schrebers zweites Kapitel einer 1764 erschienenen Textsammlung heißt „Von Lein und Hanf, dessen Bau und Verarbeitung". 1734 wird das Kräuterbuch „Land- und Gartenschatz" veröffentlicht, welches im fünften Abschnitt eine vielfältige Nutzung der Äcker ohne Brache beschreibt sowie Anweisungen enthält, wie Hanf und Flachs zu bauen sei.

Hanf in der Neuen Welt

Den Sprung auf den amerikanischen Kontinent schaffte der Hanf 1545 erstmals durch spanische Seefahrer, die von Südostasien nach Chile und 1554 nach Peru kamen. Zwischen 1611 und 1696 brachten die Engländer die für Taue und Kleidung genutzte Hanfpflanze auch in ihre Kolonien von Virginia bis Kanada. 1619 wurde den Bauern in Virginia erstmals der Hanfanbau per Gesetz vorgeschrieben. Zwischen 1763 und 1767 sah das sogenannte Marihuanagesetz in Virginia für Farmer, die keinen Hanf anbauten, Gefängnisstrafen vor. Nur wenige Jahre später folgten auch Massachussetts und Connecticut mit eigenen Hanfanbaugesetzen diesem Beispiel. Die amerikanischen Farmer zahlten nicht nur ihre Steuerschulden in Form von Hanf, in weiten Teilen Nordamerikas war der Hanf zwischen 1631 und Anfang des 19. Jahrhundert sogar anerkanntes Zahlungsmittel. In einer Erhebung von 1850 wurden in den USA 8.327

Hanfplantagen mit einer Mindestanbaufläche von 80 Hektar gezählt. Kein Wunder, denn schließlich war der Hanf marktbeherrschender Rohstoff zur Herstellung von Geweben, Seilen, Garnen und Leinwänden. Bis zur Jahrhundertwende bestanden rund 80 Prozent aller Seile und Garne aus Hanf und wurden erst mit der Entwicklung synthetischer Fasern vom Weltmarkt verdrängt. Große Hanfförderer waren die US-Präsidenten George Washington und Thomas Jefferson, die Hanf hinter ihrem Haus anbauten.

1870 fertigte der Amerikaner Levi Strauss die erste Jeans der Welt, damals noch aus Hanf. Wie anders sollten diese Hosen den starken Beanspruchungen des Reitens standgehalten haben, denn nur Hanf konnte eine gute Reißfestigkeit und Lebensdauer gewährleisten. Die als California '49ers berühmt gewordenen „Jeans" waren aus Hanfsegeltuch gefertigt und mit Nieten versehen, wodurch die Taschen nicht reißen konnten, wenn die Goldsucher sie mit dem gewaschenen Gold füllten. 1873 meldete Levis ein Patent auf die neuartige Arbeitshose an, zu einer Zeit, als der Hanf bereits weitgehend von Baumwolle abgelöst war.

Von 1822 bis etwa 1870 wurde in den USA Hanföl als extrem hellleuchtendes Lampenöl verkauft, bis es weitgehend vom Petroleum verdrängt wurde. Aber Hanföl diente nicht nur als Brennstoff, sondern wurde in den dreißiger und vierziger Jahren unseres Jahrhunderts als Schmiermittel für die Triebwerke von Flugzeugen genutzt.

Auch fast alle hochqualitativen Farben und Lacke wurden mit Hilfe von Hanföl hergestellt; 1935 wurden allein in den USA rund 58.000 Tonnen Hanfsamen für die Herstellung von Farben und Lacken verbraucht. In Rußland verwendete man als ein Hauptprodukt der Hanfkultur das aus Samen gepreßte Hanföl in den besonders langen und strengen Fastenzeiten als Speisefett.

Hanf, Papierherstellung und Buchdruck

Bereits 100 Jahre v. Chr. entwickelten die Chinesen die Papierherstellung aus Hanffasern. Der Schreiber Ts'ai Lun wurde lange Zeit als Erfinder des Papiers verspottet. Mit einer List setzte er die Anwendung des Papiers durch: Er behauptete, Papier erwecke Tote wieder zum Leben. Mit Hilfe einiger Freunde täuschte er seinen Tod vor und ließ sein Begräbnis veranstalten, währenddessen auf seinem Grab Hanfpapier entzündet wurde und er nach einer Sargöffnung lebend aus dem Sarg stieg. Auch heute noch ist Papier in China, Taiwan und Malaysia mit dem Totenkult verknüpft, wobei Papierhausmodelle und Papiergeld zur Versorgung des Toten im Jenseits beitragen sollen. Traditionell wurden die ersten Papiere zu 80 Prozent aus Hanfstengelrinde und zu 20 Prozent aus Maulbeerbuschrinde hergestellt.

Im arabischen Raum setzte sich die Technik der Papierherstellung 800 Jahre und auf dem europäischen Kontinent erst mehr als 1.200 Jahre

Die Verbreitung der Kunst der Papierherstellung

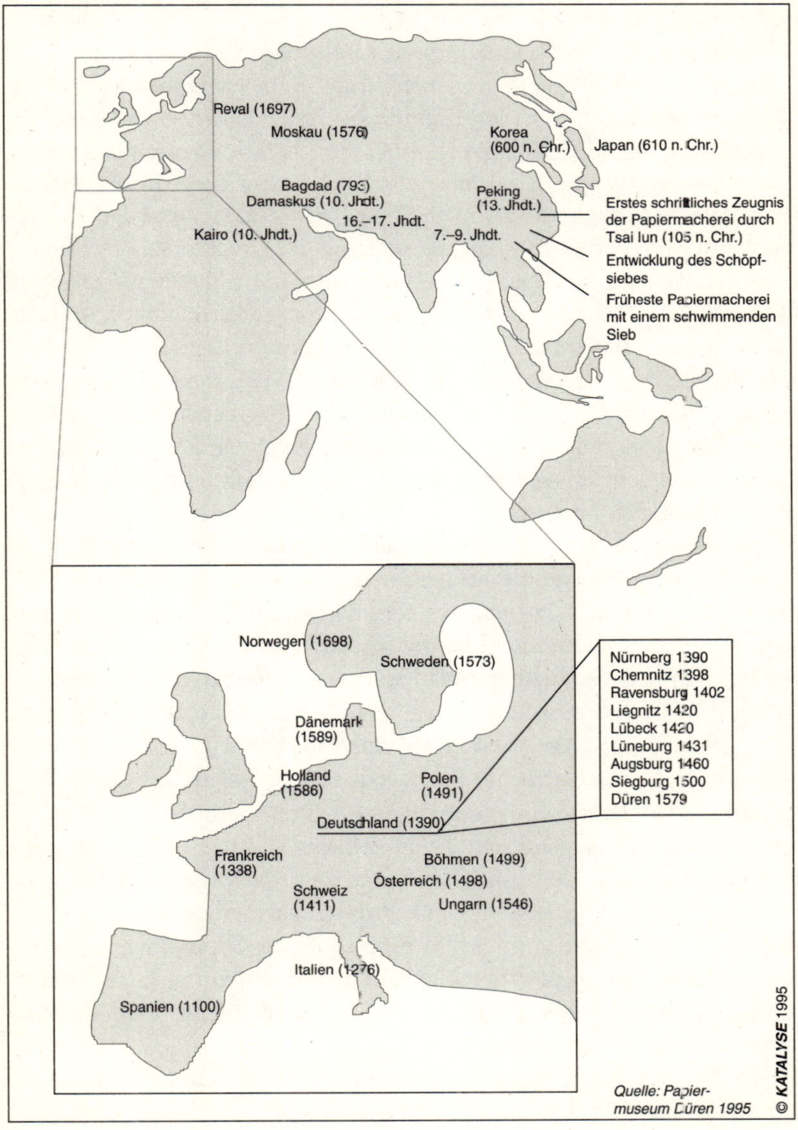

Quelle: Papiermuseum Düren 1995

nach ihrer Erfindung durch. Über Japan (5. Jahrhundert) und Samarkand (751 n.Chr.) gelangte die Technik der Papierherstellung 793 nach Bagdad, im 10. Jahrhundert nach Kairo und über Spanien im 12. Jahrhundert nach Europa.

Die erste europäische Papiermühle nahm 1276 in Ancona/Italien ihre Arbeit auf. Die Mühle wurde mit Wasserkraft betrieben und bestand aus mehreren Stampfwerken, die viele Hämmer bewegten, wodurch die Einzelfasern aus den Faserbündeln mechanisch freigelegt wurden.

Im Jahre 1390 eröffnete der Patrizier und Ratsherr Ulman Stromer in Nürnberg an den Ufern der Pegnitz die erste deutsche Papiermühle, nachdem die Technik der Papierherstellung bis nach Deutschland vorgedrungen war. Mit der Erfindung des Buchdrucks stieg die Nachfrage nach Papier sprunghaft an. In der Folge entstanden unzählige Papiermühlen für die Herstellung von Papier, und die Drucktechnik verbreitete sich über ganz Europa. So bestand auch die Gutenberg-Bibel aus Hanf- und Flachsfasern. Rohstoff für die Papierherstellung in Europa waren Lumpen (auch Hadern genannt) aus Hanf- und Flachsfasern, welche durch langes Tragen oder Waschen Auflösungserscheinungen aufwiesen. Sie wurden in den ersten wirklich wirtschaftlich bedeutenden Recyclingverfahren zu dieser Zeit zur Herstellung von Papieren genutzt. Die Lumpen wurden sortiert, gereinigt und geschnitten und danach einem Faulungsprozeß ausgesetzt, wodurch sie bis zur Einzelfaser aufgetrennt wurden. Mit der Erfindung einer speziellen Mahlmaschine, dem sogenannten *Holländer*, die in den Niederlanden 1670 konstruiert wurde, konnte auf den langwierigen und aufwendigen Faulungsprozeß verzichtet werden. Die meisten Hanfpapierprodukte waren leicht und billig herzustellen und viel haltbarer als Papier und Schriftrollen aus Papyrus. Ab dem 16. Jahrhunderts wurden Schiffskarten, Bücher, Landkarten, Papiergeld, Wertpapiere, Zeitungen und Bibeln bis ins frühe 19. Jahrhundert hinein aus Papier mit Fasern aus Hanf und Flachs hergestellt.

Damals war Papier ein Produkt des edelsten Gebrauchs und so gefragt, daß in Deutschland und vielen anderen Ländern alle Lumpen ihren Absatz fanden. Der hohe Verbrauch an Papier trieb den Preis für Lumpen so stark in die Höhe, daß ihre Ausfuhr verboten wurde. 1663 kaufte allein England für 100.000 Pfund Sterling Papier in Frankreich, und erst durch das Verbot der Einkleidung von Toten mit Leinen konnten jährlich mindestens 200.000 Pfund Lumpen für die Papierherstellung zusätzlich genutzt werden.

Viele Jahrzehnte blieb der Papierverbrauch ein Indikator für den Fortschritt der europäischen Länder. Je mehr Papier ein Volk verbrauchte, desto zivilisierter galt es. Nordamerika, Deutschland und England waren führend im Papiergebrauch. Die besten Lumpen stammten lange Zeit aus Rußland, weil die Landbevölkerung dort ihre Kleider noch selbst aus erstklassigen Flachs- und Hanffasern anfertigte. In Königsberg war der zentrale Lumpenstapelplatz für Osteuropa, hier gingen jährlich rund fünf Millionen Kilogramm Lumpen ein. Eine der bedeutendsten Papiermanufakturen stand Anfang des 20. Jahrhunderts in Düren bei Köln. Diese bezog monatlich allein 10.000 kg russischer Lumpen und stellte daraus hauptsächlich Zigarettenpapiere her, die als Maispapiere nach Lyon an die französische Zentrale für Zigarettenpapier geliefert wurden.

Hanff

aus Großes vollständiges Universal-Lexikon aller Wissenschaften und Künste,
Verlag J. H. Zedlers Halle und Leipzig,
erschienen Anno 1735

I. Hanff-Bau

Der Hanff ist allen europäischen Völckern wohl bekannt, er verlanget ein gutes und fruchtbares Erdreich. Man saet den Hanff insgemein im Merz, doch dependiret solches von der Gewohnheit eines jeden Landes und einer jeden Gegend. Man saet ihn fein dicke, damit er ein gutes und klares Gespinst bekomme, denn wenn man ihn dünner saet, wird er zwar groß und bekommt viele Körner, aber das Gespinst davon hernach nicht gut werden.

II. Hanff-Anwendungen

Unsere Weiber pflegen insgemein das Hanfwerck auf die entzündeten Glieder und Kopf zu binden. Hanffsaamen gekocht und hernach zwischen zwei Steinen zerstoßen und so warm als zu leiden ist, aufgeleget, ziehet alle Spreiß und Schiefer aus den Wunden und widerstehet auch dem kalten Brand.
Wenn man mit dem Kraute die Pferde wohl reibet und streichet, so stechen sie im Sommer die Fliegen, Mücken und Bremsen nicht.
Der Saame eröffnet die verstopfte Leber, zerstoßen in Wein eingenommen.
Eine Emulsion oder Milch aus dem Saamen mit Hollunder oder Eis-Gerhard-Wasser gemachet und mit Tüchlein über die Stirn und Schäfe gebunden, stillet das Hauptweh, so von Hitze kommet und befördert den Schlaf und vertreibet auch die Pocken- und Maserflecken.

III. Hanff-Produkte

Das lange Haar vom Hanffe gibt Fäden woaus Seile, Taue, Stricke usw. verfertigt oder Garne zu feinem Kammertuch, Damast, Drillich, Leinewand, Segeltuch, Zelttuch, Sackleinewand, Packtuch gewonnen werden. Der Hanff nimmt alle Farben an, bleicht sehr weiß aus und läßt sich mit Schafs- und Baumwolle gleich gut verarbeiten. Auch hat man daraus Papier gemacht. Das feinere Hanffwerck ist überhaupt fast ebenso gut zu nutzen zu Zwirn, Watte wie der Hanff, das gröbste und schlechteste aber bloß zur Kalfaterung der Schiffe.

Vor der traditionellen Papierherstellung stand das mühevolle Sortieren der Lumpen und Hadern ...

... die nach einer Rotte dann in verschiedenen Qualitäten in Kugelkochern dem Faseraufschluß unterzogen wurden. Kugelkocher werden auch heute noch für die Aufbereitung von Hanfkurzfasern verwendet.

In sogenannten Holländern wurden die Hanf- und Flachsfasern gekürzt ...

... und auf Maschinen zu endlosen Papierbahnen gepreßt.

Baumwolle, Hanf und Leinen dienten zur Herstellung von Papier, während Schafwolle wieder aufgearbeitet und zu neuen Textilien verwendet wurde. Die teuersten Lumpen bestanden aus Flachs und Hanf und kosteten zwischen 16 und 32 Mark pro 100 kg, während Kaffeesäcke aus Jutegewebe nur 5 Mark kosteten. Dies bereits zu einer Zeit, als man in der Lage war, billigeres und leichteres Holzfaserpapier herzustellen. Aber die deutsche Regierung machte die Entdeckung, daß ihre auf (Holz-) Zellulosepapier geschriebenen Dokumente sich in Staub auflösten. Von diesem Zeitpunkt an verlangte sie für alle Dokumentenpapiere einen bestimmten Mindestgehalt an Lumpen. Der Wert des Papieres wurde damals (1906) fast ausschließlich auf die Reißlänge bezogen. Dabei wurde die Länge eines Papieres gemessen, ab der das abgerollte Papier durch sein Eigengewicht zerreißt. In Charlottenburg wurden spezielle Apparate zur Messung der Reißlänge und damit zur Bestimmung der Papierqualität entwickelt.

So schätzt man, daß 1883 zwischen 75 und 90 Prozent des weltweit produzierten Papiers indirekt über Lumpen aus Hanf- und Flachsfasern hergestellt wurden. Zu Beginn des 19. Jahrhunderts mußte die Versorgung mit Lumpen stark reglementiert werden, da eine andauernde Rohstoffknappheit herrschte. So war man bestrebt, Papier aus anderen Rohstoffen herzustellen, vor allem aus Holz. Als Lumpenersatz wurden Holzschliff und Strohzellstoff verwendet.

1795 produzierte der deutsche Wissenschaftler Keller erstmals Papier aus Holzzellulose, das sich jedoch aufgrund seiner minderen Qualität nicht durchsetzte. Erst als Mitscherlich 1878 das Sulfitverfahren in Deutschland erprobt hatte und Dahl 1882 den chemischen Holzaufschluß zu Sulfatzellstoff erfand, wurde der Niedergang von Hanf und Flachs als Papierrohstoffe eingeleitet.

In der Geschichte der Papierherstellung wurden Papiere meist aus hanfhaltigen Lumpen hergestellt, jedoch gab es auch Versuche, Papier direkt aus Hanf herzustellen:

♦ 5. bis 7. Jahrhundert: In China und Ostturkestan werden Papiere aus Rinden-, Hanf- und Flachsbastfasern hergestellt.

♦ 715: In China werden die kaiserlichen Erlasse auf gelbem Hanfpapier gefertigt und veröffentlicht.

♦ 1753: Der Franzose Guettart fertigt Papiere aus Hanffasern und Hanfschäben.

♦ 1800: Der aus Hamburg stammende Papiermacher Koop fertigt in Millblanch bei London Papiere aus Hanf- und Flachsabfällen der Textilindustrie.

♦ 1825: Der Franzose Laforet erhält für die Erzeugung von handgeschöpften, feinen, weichen, pergamentähnlichen Papieren (Velinpapieren) aus ungeröstetem Hanfwerg die Erfinderpatente für 10 Jahre.

♦ 1908: De Vain stellt im französischen Toulouse Zellstoff unter der Verwendung von Hanf- und Juterohstoffen her.

Heute wird nur noch rund fünf Prozent der Gesamtpapierproduktion auf der Basis einjähriger Pflanzen wie Hanf, Jute, Flachs, Baumwolle, Esparto, Getreidestroh, Sisal usw. hergestellt. Von den einigen tausend weltweiten Papiermühlen arbeiten derzeit nur rund zwanzig mit Hanfrohstoffen. Der Hanfanteil beträgt nach Angaben der FAO von 1991 mit rund 120.000 Tonnen sogar nur noch 0,5 Prozent. Zellstoffabriken, die Einjahrespflanzen wie Hanf verarbeiten, befinden sich in Frankreich, Spanien, Türkei, USA, Ungarn und China. Hierbei produziert man in erster Linie Spezialpapiere wie Filter, Zigaretten-, Isolier- und Sicherheitspapiere sowie Teebeutel, Spezialvliese und Künstlerpapiere.

Viele Ortsnamen verweisen heute noch darauf, daß hier früher Hanf angebaut wurde.

Das Hanauerland – ein Beispiel deutscher Hanfgeschichte

Noch viele Märchen, Lieder und Sagen erinnern an die Zeiten, als in den Wintermonaten die Spinnräder in Heimarbeit Hanffasern zu Garnen versponnen. Nach liebevoller Bearbeitung entstand ein Gewebe, das beinahe eine unbeschränkte Haltbarkeit bot. Für frühere Generationen hatte der Hanf als Handelspflanze große Bedeutung und sicherte in vielen Regionen Existenz und einen gewissen Wohlstand.

Im Hanauerland wurde die fruchtbare Rheinebene zum Hanfanbau genutzt. Die Hauptanbaugebiete lagen bei Kehl, Renchen, Offenburg, Lahr, im Ried und Markgräflerland. Von großer Bedeutung war die Nähe der Handelsstadt Straßburg, die damals über weitreichende Handelsbeziehungen nach Belgien, Holland und Nordfrankreich verfügte.

In diesen Gebieten waren die Großabnehmer von Hanffasern beheimatet: Manufakturen für die Herstellung von Segeln, Seilen und Tauwerk.

Die ersten schriftlichen Belege über den Hanfanbau im Hanauerland stammen aus dem Jahre 1319, als man den Hanf auch noch als „har" bezeichnete. In einem Verzeichnis aus dem Jahre 1520 wurde eine Hanfernte von etwa 25.000 Schaub (Bund oder Bündel) registriert. Auch über den Wert des Hanfs läßt sich sagen, daß 10 Ar (0,1 Hektar) Ackerland Hanf mehr Wert hatten als eine Kuh im besten Alter. Zahlreiche Unterlagen zeigen, daß die Erträge und Einkommen aus dem Hanfanbau im Vergleich zu anderen landwirtschaftlichen Erzeugnissen lukrativer waren. Nicht nur die bäuerliche Gesellschaft beschäftigte sich mit der Hanfpflanze, sondern viele Dorfpfarrer pflanzten sie auf Pfarrgütern und Lehrer auf Schuläckern.

Über die Hanfernte wird folgendes berichtet: Sobald der Hanf aus seinen Gefäßblüten staubte, war er reif. Die Frauen zogen die schwächeren Stengel mit der Wurzel aus der Erde und legten ihn als Spinnhanf, der feinere Fasern ergab, gesondert ab. Die Männer bedienten sich eines ledernen Fingerschutzes und zogen ein Büschel mit vier bis sechs Stengeln gleichzeitig aus der Erde. Die Stengel wurden mit Seilen zu Bündeln ähnlich wie die Getreidegarben gebunden. Zur Samennachzucht pflanzte man in den Kartoffel- und Rübenäckern eine Reihe einzeln stehender Hanfpflanzen, diese blieben stehen, bis der Samen reif war. Die ausgezogenen Hanfstengel wurden mit einem Leiterwagen zur Rötze (Röste) gefahren. Hierzu dienten künstlich angelegte Teiche oder fließende Bäche und Flußarme. Die Hanfbündel wurden ins Wasser getaucht und mit Bohlen und Steinen beschwert, so daß die Stengel völlig untergetaucht waren. Vier bis sechs Tage verblieben die Stengel in der Rötze. Das „Bergen" des Hanfs war mit einem stark verfaulten Geruch von Blättern verbunden, der kilometerweit zu riechen war. Auch das Wasser der Rötze war faul, und die Fische kamen an die Oberfläche und konnten mühelos gefangen werden. Der geröstete Hanf wurde zum Trocknen auf den Acker zurückgefahren, oder man benutzte sogenannte Hanfdarren. Diese Darren bestanden aus rechteckigen Gruben, über die man den gerösteten Hanf ablegte und unter denen man Feuer entfachte.

Im Herbst und Winter wurde der Hanf geschleißt. Dabei wurde der Stengel von der Wurzel her gebrochen und die groben Faserbündel mit einem Fingerhut aus Blech abgezogen. Diese Fasern wurden überwiegend in andere Länder verkauft.

Die Arbeit am Spinnhanf war wesentlich mühevoller: Der Hanf wurde zunächst gebrochen, wodurch die Holzteile vom Bast gelöst wurden.

Hanffelder gehörten in früheren Zeiten in manchen Regionen zum alltäglichen Bild. Heute sieht man sie in Deutschland nur noch äußerst selten – wie hier auf den Versuchsflächen der Forschungsanstalt für Landwirtschaft (FAL) in Braunschweig

Hanfdarre zum Trocknen des Hanfstrohs

Anschließend zog man den Hanf durch eine Art Kamm (Hecheln); je nach Stellung der Nägel auf dem Brett wurde zwischen Grob- und Feinhechel unterschieden. Der gewonnene Brechhanf wurde dann in einer Hanfstampfe (Plauel) bearbeitet, die mit Wasserkraft betrieben wurde. Die Stengel wurden gequetscht und die Faserbündel weiter vereinzelt und feiner gemacht. Die letzte Hanfplauel befand sich in Renchen, wurde 1956 abgebaut und steht heute im Deutschen Museum in München.

Der Dreißigjährige Krieg machte sich im Rückgang des Hanfanbaus ab 1635 spürbar bemerkbar. Erst nach Abschluß der Friedensverhandlungen wurden die Äcker wieder bestellt, um die größte Armut mit dem Hanfanbau zu mildern. Dennoch erreichte der Hanfanbau nicht mehr seinen ehemaligen Umfang, da verschiedene Erbfolgekriege in der Region erst in der ersten Hälfte des 18. Jahrhunderts beigelegt wurden und wieder einen spürbaren Aufschwung für den Anbau brachten. Bis zur zweiten Hälfte des 18. Jahrhunderts kamen die Hanauer Bauern durch den Hanf zu einem gewissen Wohlstand, der u.a. in großen und prächtigen Fachwerkhäusern seinen Ausdruck fand. Die bedeutendste hanfbauende Gemeinde war zu jener Zeit Legelshurst. In den Gemeindeakten sind noch zahlreiche „Hanfzettel“ erhalten, die Aufschluß über den Umfang des Anbaus und der verkauften Hanffasern geben.

Bis Mitte des 19. Jahrhunderts nahm der Hanfanbau stetig zu, da man für den gröberen Schleißhanf immer Abnehmer fand und dies den Bauern über das ganze Jahr lohnende Einnahmen sicherte. Als Beispiel seien die 57 Verkäufe aus dem Hanfverkaufsbuch der Gemeinde Legelshurst von 1837 genannt, die dem Dorf insgesamt 36.377 Gulden einbrachten. Mitte des 19. Jahrhunderts wurde das Interesse der Hanauer Bauern für den Tabakanbau geweckt, da durch Einfuhr von Sisalfasern die Hanffasern immer weiter verdrängt wurden und nicht mehr gewinnbringend angebaut werden konnten. Erst 1875 gestalteten sich die Hanfpreise mit rund 40 RM/Zentner einigermaßen stabil, gaben aber wenig später weiter nach, während die Preise für Tabak ständig stiegen und die Einführung des Zolls auf importierten Tabak den Anbau weiter lohnend machte.

Auch auf der linksrheinischen Seite wurde am Oberrhein intensiver Hanfanbau im Nieder-Elsaß betrieben. Der Hanf wurde zunächst in einer Dreifelderwirtschaft auf der Brache nach dem Anbau von Gerste gesät, später setzte sich eine besser geeignete Fruchtfolge durch, und man baute den Hanf nach Kartoffeln, Mais oder Kohl an. Noch besser

Jahr	Hanfpreise bezogen auf 1 Centner	Tabakpreise
1858	17-22 fl.	6-7 fl.
1866	22-24 fl.	8-12 fl.
1872	25-26 fl.	20-25 fl.
1876	40 RM	32 RM
1882	33 RM	35 RM
Jahr	**Hanfanbau**	**Tabakanbau**
1868	391 z	------
1870	191 z	137 z
1871	168 z	400 z
1874	140 z	560 z
1877	54 z	698 z
1888	8 z	1260 z
1890	------	1620 z
1902	------	2500 z

Hanf und Tabak im Vergleich

gedieh der Hanf nach überjährigem Klee und bei spärlicher Düngung, aber auch nach einjährigem Klee. Die Fruchtfolgen waren: Weizen – Klee – Hanf – Weizen – Gerste – Bohnen. Zur Düngung wurde ausschließlich Mist auf die Äcker ausgebracht, hierbei eine Hälfte vor dem Winter, die andere Hälfte nach dem Winter, so daß zur Aussaat der Boden bestens vorbereitet war. Besonders begehrt war die Ausbringung von Schaf- und Pferdemist, der sich scheinbar besser für die Düngung von Hanffeldern eignete als Schweine- oder Rindermist. Zusätzlich zum Mist wurden vermoderte Blätter und Hornspäne ausgebracht.

Die Nähe zur Handelsstadt Straßburg garantierte auch dem Anbaugebiet des Elsaß lange Zeit einen hohen Absatz an Hanfgarnen und Geweben und brachte beträchtliche Geldsummen in das stark bevölkerte Elsaß. Bereits 1778 zählte man 149 Ortschaften, die Hanfanbau betrieben und eine Gesamtfasermenge von rund 100.000 Centner Hanf produzierten. Dabei unterschied man zwischen weißem und grauem Hanf. Aus Berichten über eine Segeltuchfabrik in der Nähe Straßburgs geht hervor, daß diese allein 3.000 Centner weißen und grauen Hanf bezog und zusätzlich andere Hanfqualitäten in Baden zukaufte. Allein der Ort Bischweyler zählte 1793 rund 60 Manufakturen mit über 600 Arbeitern, die den Hanf zu Garnen und Geweben verarbeiteten.[1]

Um die Jahrhundertwende gaben schließlich viele Gemeinden den Hanfanbau auf; andere befaßten sich damit bis zum Ende des Ersten Weltkriegs. Nach dem Zweiten Weltkrieg war der Hanf dann ganz von den Feldern des Hanauerlandes verschwunden.[2]

Das Verschwinden der Hanftextilien

Noch Ende des 18. Jahrhunderts hatte Baumwolle nur in einigen tropischen Staaten und in Ägypten ein gewisse Rolle gespielt; zur letzten Jahrhundertwende war Baumwolle bereits die weltweit dominierende Textilfaser. Zur Wende ins 20. Jahrhundert wird die Hanfproduktion Europas und Amerikas mit etwa 500 Millionen Kilogramm beziffert, wovon 150 auf Rußland, 50 auf Italien, 87 auf Österreich-Ungarn und je 70 Millionen Kilogramm auf Frankreich, Deutschland und die Vereinigten Staaten entfielen.

Gewebe aus Hanffäden schützen den Menschen von altersher vor Insektenstichen und Rheuma, da die Belebung der Haut gefördert wird. Hanfgewebe waren haltbar wie kein anderes Gewebe und verrotteten selbst bei Nässe sehr langsam. Die aus der Poebene und Kampanien stammenden Hanffasern hatten feine flachsähnliche Eigenschaften, und die in Bologna hergestellten Hanfgewebe zählten zu den besten Qualitäten. Der in Deutschland angebaute Hanf wurde hingegen meist in Seilerwaren verarbeitet und nur selten versponnen, um daraus Textilien zu fertigen. 1896 wurden in Deutschland 12.000 Hektar Hanf angebaut, der zu 90 Prozent an die Seilerwarenindustrie geliefert wurde.

Die berühmtesten Hanfbleichereien befanden sich in Haarlem in der Nähe von Amsterdam. Hier wurde vornehmlich für den englischen Markt besonders weiße Leinwand gebleicht. Zahlreiche Bleichereien verarbeiteten auch große Mengen Hanfgewebe. Auf jeder Leinwandbleiche wurden jährlich etwa 6.000 Stück Leinwand zu je 50 Ellen verarbeitet, wobei jeder Handwerksbetrieb acht Bleichen besaß. Es wurden aber nicht nur Gewebe, sondern auch jedes Jahr rund 200 Küpen Garn zu etwa 300 Pfund gebleicht. Die Bleicher stammten fast alle aus Deutschland (Westfalen, Lingen und Osnabrück) und verdienten ihren Lohn in der Zeit von März bis November, die restlichen fünf Monate gingen sie zurück zu ihren Familien. Beim Garnbleichen wurden etwa 300 Pfund rohes Garn in einen Kupferkessel eingelegt, der zu einem Drittel mit kochendem Wasser gefüllt war, und eingelaugt. Hierzu hängte man ein Netz von Stricken in den Kupferkessel. Danach schüttete man eine Lage gestampfte, gesiebte Waidasche darüber, und anschließend wurde das Hanfgarn aufgelegt. Diese Lagen wurden abwechselnd in den Kessel gebracht, bis sich etwa 300 Pfund Garn und 60 Pfund Waidasche im Kessel befanden. Die Waidasche stammte nicht aus der Waidpflanze oder aus

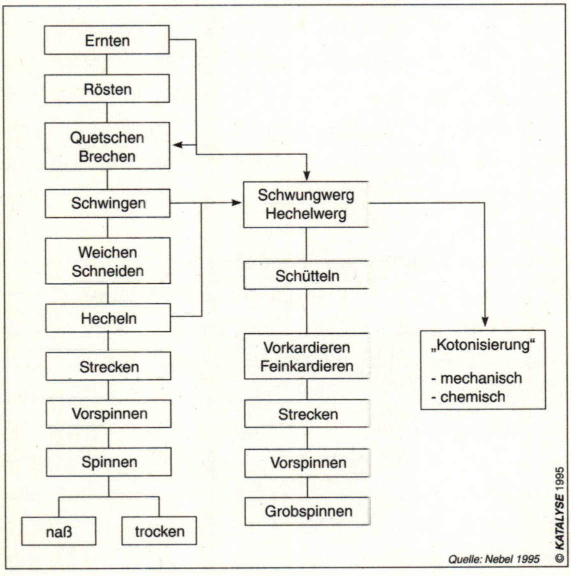

Traditionelle Hanfverarbeitung

dem Weidenbaum, sondern aus calcinierten Weinhefen. Nach mehreren Bleichvorgängen wurde das Garn dicht unter den Dünen auf den Bleichfeldern vier bis fünf Tage zum Trocknen ausgelegt. Insgesamt dauerte die Bleiche von groben Garnen etwa drei Monate, von feinen Garnen etwa fünf Monate. In dieser Zeit wurden die einzelnen Arbeitsschritte immer wiederholt, bis das Garn den gewünschten Weißgrad erhielt.

1928 wurden in den USA die manuellen Tätigkeiten der Baumwoll-Entkernung und des Verwebens von Baumwollfäden durch halbautomatische Maschinen, Webstühle und Spinnmaschinen aus Europa ersetzt. Erstmals wurde es möglich, Textilien aus Baumwolle mit niedrigeren Kosten herzustellen und günstiger als Hanf- und Flachstextilien anzubieten. Bis dahin wurden die qualitativ besten Hanffasern zur Textilherstellung in Italien angebaut.

Das vorläufige Aus für den Hanf kam 1937 mit der Einführung einer gesetzlichen Hanfsteuer und der Erfindung verschiedener Kunstfasern wie Nylon, die Ende der dreißiger Jahre ihren Siegeszug antraten und die alte Naturfaser Hanf aus ihren traditionellen Anwendungen verdrängten.

Als im Zweiten Weltkrieg die Japaner 1942 die Philippinen besetzten, wurde die Versorgung der USA mit Abacáfasern, Fasern einer bananenähnlichen Pflanze, unterbrochen. Dieser Umstand verhalf dem Hanf zu einer, wenn auch nur kurzen Wiederkehr, denn fortan ließ die US-Regierung jährlich etwa 200.000 kg Hanfsamen an ihre Farmer verteilen, die Jahr für Jahr bis 1946 rund 42.000 Tonnen Hanffasern für Kriegszwecke erzeugten. Wie wichtig der Hanf für die Kriegsmaschinerie des Zweiten Weltkriegs war, mag die Tatsache belegen, daß Farmer mit ihren Söhnen sogar vom Militärdienst freigestellt wurden. In den beiden Weltkriegen erfuhr auch in Deutschland, abgeschnitten vom Weltfasermarkt, der Hanfanbau eine kurze Renaissance.

Wie der Hanf zur weltweit geächeteten Droge wurde

1893 beauftragte die Kolonialmacht England eine Kommission, Argumente für ein Verbot des Hanfanbaus in Indien zu sammeln. Sie kehrte jedoch ohne Beweisgründe gegen den indischen „Ganja" zurück und kommentierte den Auftrag Englands mit dem Verdacht, daß der Angriff auf den indischen Hanf möglicherweise nur den Verkauf von englischem Schnaps ankurbeln sollte. Ein Verbot wurde in Indien nicht durchgesetzt, dafür folgte 1911 das erste Hanfverbot in Südafrika. Ägypten, die Türkei und Südafrika brachten dann 1925 Hanf auf die Verbotsliste der zweiten Internationalen Opiumkonferenz des Völkerbundes, was in der

Folge zu einer fast weltweiten Ächtung des Hanfs führte. Auch Deutschland reagierte 1929 auf den Beschluß der Opiumkonferenz: Der Handel und Konsum von „Indischem Hanf und namentlich seinem Harz“ wurde unter Strafe gestellt.

Hanf in Deutschland vor, während und nach den Kriegen

Im 19. Jahrhundert begann der weltweite Niedergang des Hanfanbaus, als die wichtigsten Absatzmärkte mit Jute-, Sisal- und Baumwollfasern konkurrieren mußten. In Frankreich schrumpfte die Anbaufläche zwischen 1850 und 1913 von etwa 100.000 Hektar auf 13.000 Hektar. Preiswerte Hanffaserimporte aus dem russischen Zarenreich sorgten dafür, daß der Hanfanbau sich in Mitteleuropa nicht mehr lohnte. Statistiken des Ostseehafens Riga von 1866 bis 1913 zeigen die große Bedeutung des russischen Hanfexportes in alle Welt. Während zu den Hochzeiten des Hanfs in Deutschland etwa 150.000 Hektar Hanf angebaut wurden, sank die Anbaufläche gegen Ende des 19. Jahrhunderts auf unter 20.000 Hektar.

Im Ersten Weltkrieg wurde belgischer, russischer, türkischer und ungarischer Hanfsamen zur Aussaat in Deutschland beschafft. Alle Formen bewahrten jedoch unter mitteleuropäischem Klima nicht lange ihre Eigenheiten und paßten sich den veränderten Wachstumsbedingungen an. Später sind diese mehr oder weniger in ausgeglichene deutsche Hanfformen übergegangen. Den größten Einfluß auf den folgenden deutschen Hanfanbau hatten zweifellos russische Sorten, die sich durch eine größere Fruchtbarkeit behaupteten. Während in Deutschland 1878 noch 21.000 Hektar Hanf angebaut wurde, sank die Anbaufläche in den Vorkriegsjahren (1910 bis 1913) auf rund 600 Hektar und stieg nach dem Ersten Weltkrieg wieder auf 3.700 Hektar (1924) an. Für die wieder steigende Bedeutung des Hanfs war die 1916 gegründete *Deutsche Hanfbau-Gesellschaft* verantwortlich, die die Koordination und Leitung des Anbaus in Deutschland nach der Absperrung des Reiches von den früheren Bezugsländern übernommen hatte. Unter Leitung der Hanfbaugesellschaft wurden fünf Hanffabriken in Pommern, Posen, Mark und Bayern errichtet.

Durch ein besonderes chemisches Verfahren war es möglich, die Hanffaserbündel in Einzelfasern zu zerlegen, so daß sie nur mikroskopisch von Baumwolle zu unterscheiden und ihr in Haltbarkeit und Möglichkeiten der Verwendung gleichwertig war. Aus einer Tonne Hanffasern konnten etwa 700 kg dieser sogenannten kotonisierten Hanffasern (Hanfwolle) gewonnen werden. Dieser Aufschluß zu Hanfwolle

Felten & Guilleaume – Das Kölner Hanfseil-Imperium

1781 übernimmt der Theodor Felten die Seilerei des Schwiegervaters.

1787: Theodor Felten wird zum letzten Bannherrn der Kölner Seilerzunft.

1799 gehören Theodor Felten in Köln 24 Seilerbetriebe (20 zur Herstellung kleiner Seile und feiner Seilerwaren sowie vier zur Herstellung von Tauen) mit insgesamt 125 Beschäftigten.

Die Jahresproduktion beträgt 440 Zentner überwiegend aus Hanffasern bestehender Seile.

1826: Gründung des Unternehmens Felten & Guilleaume. Betrieb einer handwerklichen Seilerei, Handel mit Seiler- und Bettwaren, Flachs, Hanf und Pferdehaaren.

1827: Produktion verbesserter Hanf-Rundseile in allen Größen nach einem ausländischen Verfahren.

1835: Erste Versuche der Drahtseilproduktion in Köln scheitern.

1838: Fabrikmäßige Herstellung von Drahtseilen unter Einsatz von Flechtmaschinen. Durch den Einbau einer Hanfeinlage wird eine größere Geschmeidigkeit erreicht. Hanf wird in jede Litze des Drahtseils eingesetzt und weiterhin zur Seilherstellung verwendet.

1853: Felten & Guilleaume beschäftigt 223 Mitarbeiter; erste Fabrikation mit Drahtseilmaschinen auf dem Kontinent, zunächst noch Herstellung von Küsten- und Seekabeln mit einer Hanfseele.

Von 1860 bis 1865 werden 10 Doppelzentner Eisendraht und 4.000 Zentner Hanffasern verbraucht.

1860: Verdrängung der handverseilten Fabrikate durch Maschinenfabrikate (270 Beschäftigte), inzwischen werden 10 Doppelzentner Eisendraht als Kabelrohstoff verwendet.

1863: Hanffaserverbrauch: 2.127 Zentner.

1864: Hanffaserverbrauch: 1.715 Zentner.

1865: Abgabe der Hanfseilproduktion an die Mitarbeiter. Der Hanffaserverbrauch war sehr stark rückgängig durch den Ausbau der Drahtseilproduktion (Hanffaserverbrauch: 1.088 Zentner). Eine generell sinkende Hanfseilnachfrage führt zu einem Entwicklungsstillstand, obwohl moderne Polier- und Zwirnmaschinen vorhanden waren, aber es fehlte eine eigene moderne Spinnerei. Nachfrage nach Hanfseilen war durch Vordringen von Drahtseilen im Bergbau und Schiffahrt rückläufig. Teilweise konnten die Ausfälle durch Lieferungen an das preußische und sächsische Militär zur Bespannung

der Artilleriefahrzeuge aufgefangen werden. Private Kunden waren für den Hanfseilabsatz weiterhin sehr bedeutsam.
1870: Modernisierung der Hanfseilerei.
1876/77: Schließung der manuellen Spinnereien.
1878: Durch Installation einer neuen Dampfmaschine werden die Kapazitäten ausgeweitet: Verarbeitung von 170 Tonnen Hanfgarn und 426 Tonnen Hanf-Werggarn.
1879: Inbetriebnahme einer automatischen Hanfseilfadenspinnerei (178 Tonnen; 1880: 216 Tonnen)
1880: Verarbeitung von 1.000 Tonnen Hanf-Werggarn.
1885: Innerhalb von zehn Jahren werden durchschnittliche jährliche Absatzzuwächse von 50 Prozent bei Hanfgarnen, 130 Prozent bei Hanf-Werggarnen, 160 Prozent bei Garbengarne, 70 Prozent bei Bindfäden und Packstricken, 110 Prozent bei Seilgarnen und 220 Prozent bei Seilen erzielt.
1894: Trennung der hanfverarbeitenden Betriebe und Übernahme durch Felten & Guilleaume Cöln.
1903: Verlagerung der Seilerei nach Komar und Aufkauf zahlreicher deutscher Hanfseilerbetriebe, wodurch zunächst eine Hanfseilüberproduktion entsteht.
1905: Der Hanfseilvertrieb steigt stark an: Der Hanffaserverbrauch stieg von 216 Tonnen (1898) auf 481 Tonnen und Hanf-Wergverbrauch von 1000 Tonnen (1898) auf 1800 Tonnen.
1928: Verlagerung der Produktion der hanfverarbeitenden Betriebe nach Harburg und Schretzheim
1929: Einstellung der Produktion in Köln.

geriet durch die übermächtige Konkurrenz der Baumwolle jedoch schnell wieder in Vergessenheit und erreichte erst in den Jahren 1943/44 wieder eine gewisse Bedeutung, als Hanf-Grünwerg mechanisch entholzt und zu sogenanntem „Flockenhanf“ verarbeitet wurde. Der kotonisierte Hanf wurde dann auf Baumwollmaschinen zu bestimmten Feintextilien verarbeitet.

In den 30er Jahren nahm der Hanfanbau in Deutschland weiter zu, wobei die ausgedehnten Moore Nordwest- und Nordostdeutschlands als besonders geeignet galten. Überwiegend wurden die Hanfsorten „Dr. Schurigs Hanf“ und „Kuhnowscher Hanf“ aus italienischer Herkunft angebaut. Die Züchtung einer besonders harzreichen indischen Hanfsorte gelang in Oberbayern bei Rosenheim. Italienische Hanfsorten wur-

Hanfanbau in Deutschland

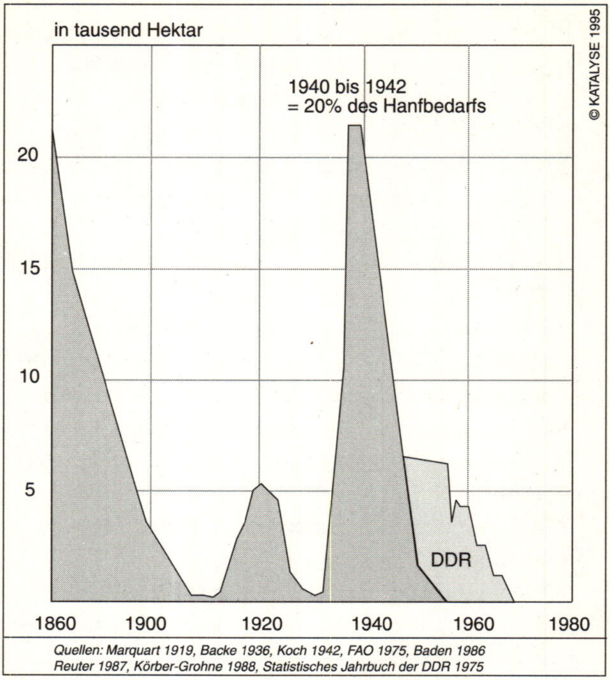

den auch in Baden und im Elsaß angebaut. Im badischen Renchen wurde grüner, unreifer Faserhanf gerauft und als sogenannter „Schleißhanf" verkauft, während in Emmendingen der Hanf „gefemelt", d.h. die männlichen Pflanzen erst nach der Samenreife geerntet wurden.

In beiden Weltkriegen wurde Deutschland weitgehend vom Weltfasermarkt abgeschnitten. Jute, Sisal, Kokos und Baumwolle konnten nur noch in geringen Mengen den deutschen Markt erreichen. Von 1933 bis 1940 vergrößerte sich daher die Hanfanbaufläche um den Faktor hundert auf rund 21.000 Hektar, wodurch aber lediglich 20 Prozent des Bedarfs abgedeckt und die darüberhinaus benötigten Mengen aus Italien importiert wurden. Nach dem Zweiten Weltkrieg verlor der Hanf sehr schnell seine Bedeutung in Deutschland und Mitteleuropa. Nur in den Staaten Osteuropas, vor allem der damaligen UdSSR, in Rumänien und Ungarn wurden Gewebe aus Hanf für LKW-Planen und andere technische Textilien genutzt.

Von der Hanfpflanze zur Faser

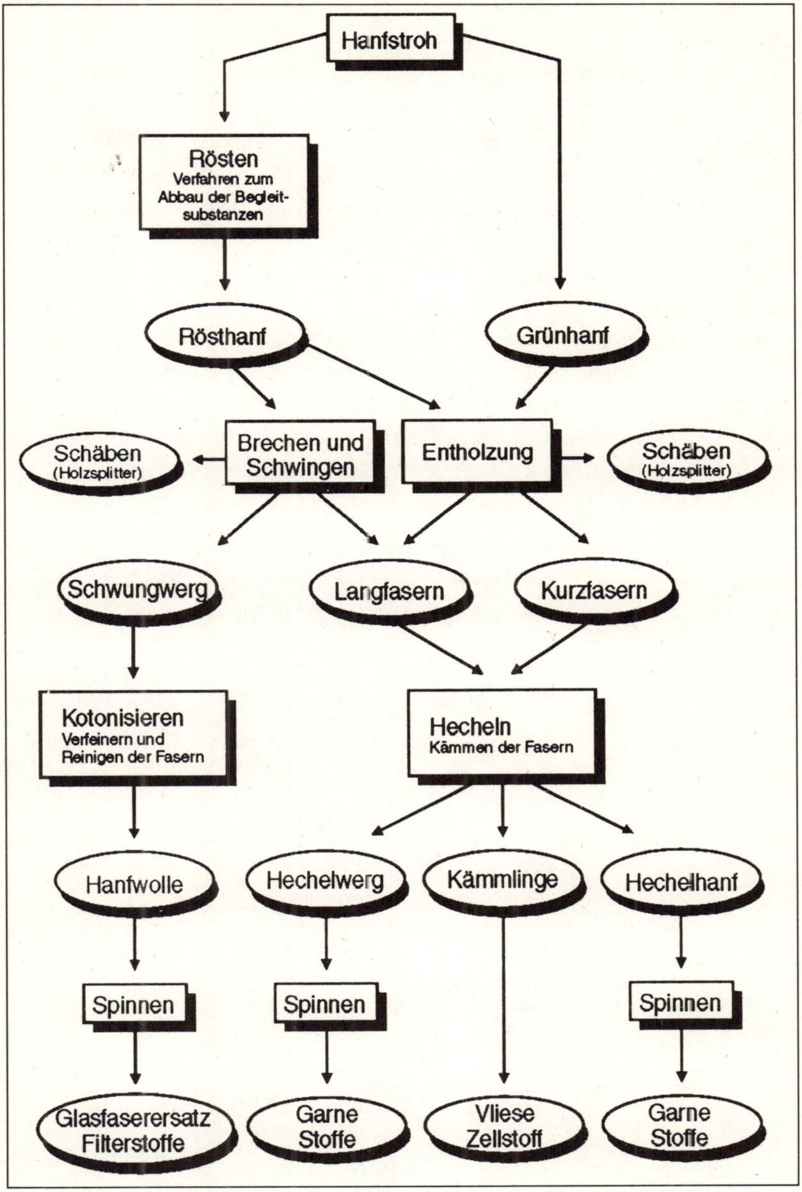

2.2 Länderberichte: Hanfanbau weltweit

Westeuropa

Um eine wirtschaftliche Nutzung der Hanfpflanze zu ermöglichen, hat die Europäische Union 1984 einen Grenzwert für die Rauschsubstanz Delta-9-Tetrahydrocannabinol (THC) von 0,3 Prozent für das obere Blattdrittel der Pflanze festgelegt und subventioniert seit acht Jahren den Hanfanbau zur Gewinnung von Fasern für die Textil- und Papierherstellung, derzeit mit 1.510 DM pro Hektar. Seit 1987 sind insgesamt 12 THC-arme Faserhanfsorten in der Europäischen Union registriert und zum Anbau zugelassen.

In *Großbritannien* wurden 1993 600 Hektar und 1994 800 Hektar Hanf in East Anglia in der Grafschaft Essex (nordöstlich von London) angebaut. Seit mehr als 50 Jahren wurde in Großbritannien kein Hanfanbau mehr betrieben und ist seit 1971 gesetzlich verboten. 1993 wurde der Anbau erstmals über die Vergabe einer Lizenz ermöglicht.[3]

Rumänien	**Rußland**	**Ukraine**
1989: 46.000	1950: 30.000	1950: 155.000
1990: 16.600	1970: 9.200	1960: 97.400
1991: 14.000	1991: 6.000	1970: 63.100
1992: 9.900	1994: 1.500	1980: 31.600
1993: 2.300		1990: 10.000
1994: 1.900	**England**	1993: 5.700
1995: 3.500[1]	1993: 600	1994: 4.000
	1994: 800	
Frankreich	1995: 1.000	**Niederlande**
1994: 6.350		1994: 140
1995: 6.100	**Polen**	1995: 1.000
	1994: 1.500	1996: 3.000*
Schweiz	1995: 1.800	
1994: 25		**Österreich**
1995: 150		1995: 200

Bemerkungen: * Planung [1] Schätzung
Zusammenstellung: Katalyse 1995

Hanfanbau in Europa (in Hektar)

1993 gab es Probleme mit dem Diebstahl von Pflanzen, die für die Drogengewinnung verwendet werden sollten. Inzwischen ist es jedoch allgemein bekannt, daß sich die Hanfpflanzen für eine Drogenverwendung nicht eignen, so daß sich die Diebstähle 1994 nicht wiederholten.

Der angebaute Hanf wurde für folgende Nutzungen verwendet: Fasern zur Papierherstellung, Schäben als Ausstreumaterial für die Viehhaltung und der Samen als Vogelfutter und Fischköder.

In *Frankreich* wird bereits seit acht Jahren wieder ein umfangreicher Hanfanbau durchgeführt. Die Hauptanbaugebiete liegen in der Region Le Mans, wo auch das französische Hanfinstitut seinen Sitz hat. Nach neuesten Berechnungen hat der Hanfanbau 1994 in Frankreich Dekkungsbeiträge von 1.130 bis 1.700 DM/Hektar erzielt. Mit der Erhöhung der Flächenprämie im August 1995 dürften die Deckungsbeiträge noch um rund 250 DM/Hektar steigen. 1994 hatten in Frankreich 625 Landwirte insgesamt 6.350 Hektar Hanf angebaut, für 1995 ist eine Fläche von rund 6.100 Hektar geplant.

In *Deutschland* wurden 1971 die deutschen Cannabisbestimmungen des Opiumgesetzes in das neue Betäubungsmittelgesetz (BtmG) übernommen. In der Folge ist seit 1982 in Deutschland der Besitz von Hanfpflanzen bzw. ihr Anbau unter Strafe gestellt. Hanfsamen darf man zwar besitzen, in die Erde dürfen sie jedoch nicht gebracht werden. Der letzte deutsche Hanfbauer in der Schwäbischen Alb wurde seinerzeit mit 800.000 DM abgefunden.

Seit Herbst 1993 wird in Deutschland die Diskussion über den Mißbrauch von Faserhanfsorten zur Drogengewinnung diskutiert. Wir haben in umfangreichen Recherchen 1994 Argumente für die Aufhebung des bestehenden Anbauverbotes zusammengestellt:

- ♦ Die Dosis einer THC-armen Faserhanf-Zigarette ist sogar für einen minimalen Rauscheffekt zu gering, so daß kein Mißbrauch als Rauschdroge möglich ist.
- ♦ Selbst bei fortgesetztem Rauchen von THC-armen Faserhanf-Zigaretten tritt keine Rauschwirkung ein, da eine Akkumulation wie etwa bei Alkohol für THC weitgehend ausgeschlossen werden kann. Zusätzlich wird die Wirkung der Rauschsubstanz THC bei Faserhanfsorten durch hohe Gehalte an Cannabidiol gehemmt.
- ♦ Der relativ frühe Ernte-Zeitpunkt von Faserhanfsorten liegt vor der eigentlichen THC-Bildung im Hanf.

Obwohl in anderen EU-Staaten bereits seit einigen Jahren wieder erfolgreich Hanf angebaut und einer Nutzung zugeführt wird, bleibt in Deutschland das Verbot vorerst noch bestehen. Bauern und mittelstän-

THC-Gehalte verschiedener Hanfsorten und psychische Wirkungen

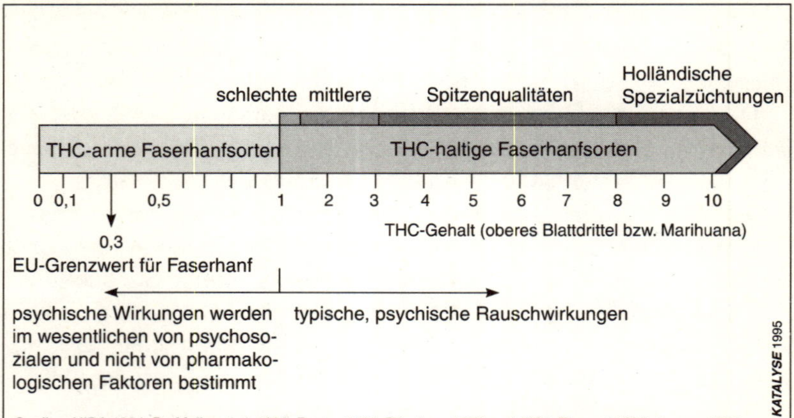

Quellen: NIDA 1994, De Meijer et al. 1992, Reuter 1987, Täschner 1979 und 1986, Tennant 1972, Leuner 1971

Stärke der psychischen Effekte von THC-armen Hanfsorten

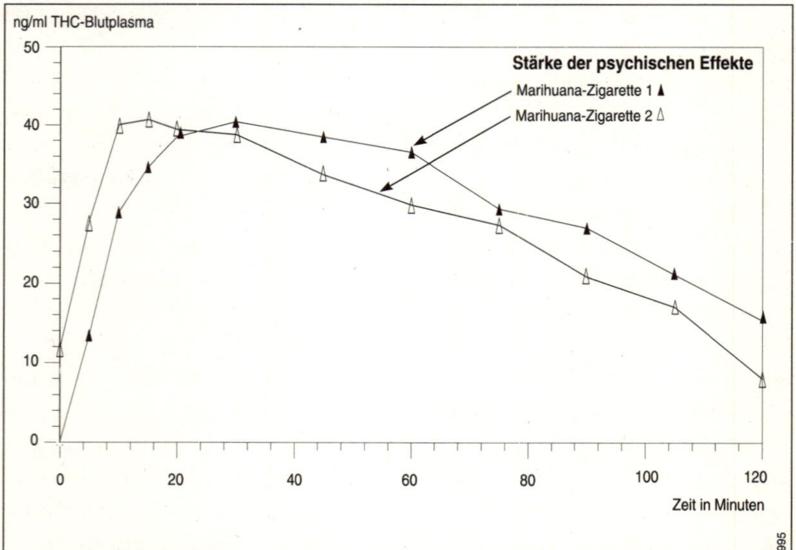

Zum Zeitpunkt des Rauchens der zweiten Zigarette ist die Wirkung der ersten Zigarette auf etwa die Hälfte abgesunken. Dennoch kommt es zu keiner stärkeren Rauschwirkung. (nach: Perez-Reyes et al. 1981)

dische Unternehmen haben das Nachsehen, obwohl die Europäische Union den Hanfanbau mit Subventionen kräftig fördert. Verständlich, daß deutsche Bauern und Genossenschaften den juristischen Weg nicht mehr scheuen und eine Klage eingereicht haben. Vor dem Berliner

Oberverwaltungsgericht hat die Agrargenossenschaft GAIA gegen das Bundesinstitut für Arzneimittel und Medizinprodukte Klage eingereicht. GAIA möchte rund um Berlin auf 110 Hektar Faserhanf anbauen, der Anbauantrag wurde jedoch vom Bundesinstitut negativ beschieden. Auch das Oberverwaltungsgericht entschied sich im Juli 1995 ebenfalls gegen den Hanfanbau zur Fasergewinnung, da ein Mißbrauchsrisiko nicht auszuschließen sei.

Neben dem teuren und langwierigen Weg einer Klage vor dem Europäischen Gerichtshof ist die Änderung des deutschen Betäubungsmittelgesetzes die einfachste Maßnahme, den Hanfanbau in Deutschland zu etablieren. Zumal das BtmG ohnehin einmal im Jahr angepaßt wird.

Im Dezember 1994 hat der Deutsche Bauernverband in einer Entschließung zum Hanfanbau gefordert, einen kontrollierten Faserhanfanbau in Forschungsinstituten zuzulassen und Demonstrationsprojekte mit der Industrie durchzuführen, um dem Hanf zu einer nachhaltigen Markteinführung zu verhelfen.[4]

Die Bundesopiumstelle führt dagegen aus, daß bereits 5 bis 10 Milligramm THC zur Erzielung einer pyschotrophen Wirkung ausreichend seien. Es würden somit bereits wenige Gramm Hanfkraut zur Erzielung eines Rausches ausreichen, auch wenn nicht die gesamte THC-Menge absorbiert wird.

Nachdem viele Landwirtschaftsministerien der Bundesländer bereits für die Freigabe des Hanfanbaus eintreten, beurteilt das Bundesgesundheitsministerium die Nutzung noch zurückhaltend. Erst Ende Juni 1995 hat in der Bundesopiumstelle mit Hilfe einer Sachverständigenanhörung eine Nutzen-Risiko-Abschätzung zum Hanfanbau stattgefunden. Als Ergebnis wurde der Bundesregierung die Freigabe von THC-armen Hanfsorten und eine entsprechende Novellierung des Betäubungsmittelgesetzes empfohlen, zumal über eine Saatgutkontrolle und Verwendungsnachweise einem möglichen Mißbrauchsrisiko vorgebeugt werden kann.[5] Weiterhin wurden bis zum August 1995 seitens der Bundesopiumstelle über 40 Ausnahmegenehmigungen für den Anbau von Faserhanf unter Leitung von Landwirtschaftskammern und Versuchsanstalten erteilt, und Landwirtschaftsminister Borchert hat ein Forschungsprojekt zur Ermittlung der Marktchancen von Hanfprodukten in Auftrag gegeben. Die laufenden Anträge der Fraktionen Bündnis 90/Die Grünen und der SPD werden im Herbst 1995 im Bundestag behandelt und sehen die Änderung des Betäubungsmittelgesetzes für die Freigabe des Anbaus von THC-armen Hanfsorten vor. Anders als 1994 scheint sich nun auch eine politische Mehrheit für den Hanfanbau abzuzeichnen.

In den Jahren 1990 bis 1994 wurden in den *Niederlanden* zahlreiche Hanfstudien mit einem Projektumfang von rund 13 Millionen DM durchgeführt. Im Mittelpunkt der Untersuchung stand v.a. die Herstellung von holzfreiem Papierzellstoff im Zentrum für Pflanzen- und Reproduktionszüchtung (CPRO-DLO, Wageningen). Insgesamt wurden rund 200 Hanfsorten auf Stengel- und Faserqualität, auf den Gehalt von THC und Schädlingsresistenz gegenüber dem Wurzelnematoden *Meloidogyne hapla* untersucht. Dabei haben sich Faserlängen um 3 mm als optimal für die Zellstoffherstellung bewährt, während Fasern aus dem Holzteil des Stengels (Schäben) generell zu kurze Fasern (um 550 μm) für die Papierproduktion aufwiesen. Bei der Klassifizierung von verschiedenen Hanfsorten nach dem THC-Gehalt variiert er zwischen den Sorten und Individuen sowie abhängig vom Kulturjahr. Interessant sind Ergebnisse einiger Hanfsorten, bei denen hohe THC-Gehalte gleichzeitig mit hohen Fasergehalten auftraten. 1992 wurden auch Untersuchungen zur Faserqualität in Abhängigkeit vom Erntezeitpunkt durchgeführt. So konnte für die Ernte zwischen Mitte August und Mitte Oktober keine Beeinflussung der Faserstärke und Eigenschaften durch verschiedene Erntezeitpunkte festgestellt werden.

In den Niederlanden ist der Hanfanbau zukünftig auf sandigen Böden im Fruchtwechsel mit Kartoffeln und Zuckerrüben geplant, wobei aber eine Resistenz gegen besagte Wurzelnematoden vorhanden sein muß.

In der Provinz Groningen sollen in den nächsten Jahren die größten niederländischen Hanfplantagen entstehen, so die dort beheimatete Hemp-Flax-Akkerbouw-Gesellschaft, die 1994 mit 10 Bauern einen Versuchsanbau mit rund 140 Hektar Hanf startete. Nach positiven Ergebnissen sind für 1995 1.000 Hektar und für 1996 3.000 Hektar geplant. Es werden Faserhanfsorten mit niedrigen THC-Gehalten angebaut. Hemp-Flax hat sich mit der Anpassung verschiedener Landbaumaschinen an die speziellen Anforderungen des Hanfanbau beschäftigt und arbeitet mit Maschinenherstellern in der Entwicklung zusammen.

Damit der Rohstoff auch seine Abnehmer findet, soll im Südosten vor den Toren von Groningen der Hanf zu Papierzellstoff aufbereitet werden. Die Papp- und Kartonagenfabrik KNPTB wurde bereits durch Hemp-Flax übernommen. Mit Investitionen von über einer Million DM wird die Fabrik auf die Verarbeitung von Faserhanf zu Papierrohstoffen umgestellt und soll bereits im Herbst 1995 betriebsbereit sein. Hemp-Flax zahlt den Landwirten 1995 umgerechnet 11,80 DM/100 kg für das trockene Hanfstroh. Pro Hektar fallen rund 10.000 kg Stroh an, aus dem etwa 2.000 bis 3.000 kg Fasern gewonnen werden können. Hemp-Flax empfiehlt seinen Bauern, keinen Mineraldünger einzusetzen – stattdessen auf Gülle zurückzugreifen, die es in ganz Holland kostenlos in großen Mengen gibt. So müssen lediglich die Transportkosten für die Gülle gezahlt werden. Untersuchungen haben gezeigt, daß mit etwa 27 t Gülle je Hektar der Nährstoffbedarf abgedeckt werden kann – das entspricht etwa 110 kg Phosphat pro Hektar. Vielversprechende Absatzmärkte hat Hemp-Flax für das holzige Hanfmark aufgetan: Es scheint eine nahezu unbegrenzte Nachfrage nach diesem Produkt als Einstreu in Geflügelställen zu geben. Schließlich hat sich das Hanfmark als wesentlich saugfähiger als die derzeit verwendeten Holzspäne erwiesen. Auch eine Verarbeitung mit Hilfe eines Preßverfahrens macht das Hanfmark für die Möbelindustrie als Werkstoff, der dem Kork ähnlich sieht, nutzbar.[6]

Traditionell wurde der Hanfanbau *Österreichs* vor allem in Niederösterreich betrieben, und viele Ortsnamen wie Amstetten oder Hampstätten sind auf den Anbau und die Verarbeitung von Hanf zurückzuführen. Seit 1850 wird Hanf als Öl- und Faserlieferant in den landwirtschaftlichen Statistiken geführt. 1873 wurden in Österreich rund 40.000 Hektar mit Hanf bebaut. Hanfanbau wurde vor allem in den Niederungen des Landes bevorzugt an Flüssen mit tiefgründigem Boden durchgeführt. Die Steiermark, Kärnten und das damals zu Österreich gehörende Böhmen und Mähren waren bedeutende Anbauregionen. Seit 1969 findet in Österreich kein Hanfanbau mehr statt. Das österreichische Suchtgiftgesetz verbietet den Hanfanbau aber nur zur Gewinnung von Suchtstoffen. Seit zwei Jahren werden Pilotversuche an drei Anbaustandorten durchgeführt. 1995 werden vier zugelassene EU-Hanfsorten hinsichtlich ihrer Eignung zum Anbau in Österreich untersucht.

Im März 1995 wurde in Österreich ein neues Gesetz zur Förderung des Flachs- und Hanfanbaus aufgrund des Beitritts zur Europäischen Union vorgelegt. Auch ist eine Novelle des derzeitigen Suchtgiftgesetzes geplant. 1995 wird vom österreichischen Gesundheitsministerium keine Genehmigungs- und Meldepflicht für den Hanfanbau mehr benötigt, es wird eine Meldung gewünscht, dies ist aber nicht verpflichtend. 1995 wurde eine Fläche von mindestens 200 Hektar zum kommerziellen Hanfanbau bestellt. Der Hanfanbau wurde in erster Linie von Landwirten aufgegriffen, die in den vergangenen Jahren verstärkten Flachsanbau betrieben haben.

Der Hanfanbau ist in der *Schweiz* nicht verboten, es müssen aber einige Bedingungen erfüllt werden. Das schweizerische Betäubungsmittel-

Untersuchungsergebnisse zum THC- und Fasergehalt

THC-Gehalt in Prozent	Anzahl der Hanfsorten
0,0 - 0,05	6
0,06 - 0,15	30
0,2 - 0,3	30
0,4 - 0,5	35
mehr als 0,5	182
Fasergehalt in Prozent	**Anzahl der Hanfsorten**
10 - 15	88
16 - 20	125
21 - 25	20
26 - 30	27
Mehr als 30	10

Quelle: Goloborodko 1995

gesetz soll jedoch in Hinsicht auf den Hanfanbau in den nächsten drei bis vier Jahren eine Revision erfahren. Das Schweizer Landwirtschaftsministerium unterstützt in einer vierjährigen Versuchsphase den Anbau von nachwachsenden Rohstoffen mit einem Beitrag von sFr 3.000/Hektar. Folgende Kulturen erhalten zur Zeit diese Förderung: Kenaf, Chinaschilf, Raps (zur Veresterung und als Schmieröl), Sonnenblumen (zur Markgewinnung), Beinwell (Vitamine) und Hanf (nur für die Flächen, die durch die Forschungsanstalten in der Schweiz betreut werden). Die Beiträge werden ausschließlich an Pflanzer ausbezahlt, die einen gültigen Anbauvertrag mit einem Abnehmer besitzen, und an Betriebe, die ihre Grünflächen seit 1991 nicht reduziert haben.[7] Federführend in der Hanfforschung ist die eidgenössische Forschungsanstalt für Agrarwirtschaft (FAT). Ein Papier- und Preßformhersteller hat mit den Landwirten entsprechende Abnahmeverträge über 10 Hektar geschlossen. Insgesamt wurden die drei Hanfsorten Felina, Fedora und Futura mit einer Gesamtanbaufläche von 25 Hektar bestellt. Für 1995 wurden insgesamt landesweit rund 150 Hektar ausgesät. Zur Ernte wurden konventionelle Landmaschinen eingesetzt; vor allem der Messerbalken hat sich gut bewährt. Schwaden und Pressen in Rundballen haben befriedigende Ergebnisse ergeben, die durch leichte Veränderungen der Maschinen weiter verbessert werden können.

Bei den Anbauversuchen wurden Reinfasergehalte von 21 bis 23 Prozent und Bastfasererträge zwischen 1.481 und 2.122 kg/Hektar erzielt.[8]

Anfang 1995 wurde das von vier Walliser Bauern erzeugte Hanföl durch die Behörden beschlagnahmt. Im Juni wurde jedoch auf richterlichen Beschluß hin das Öl offiziell zum Verkauf freigegeben. Ein Verstoß gegen das Schweizer Betäubungsmittelgesetz war nicht gegeben, da dieses nur verbiete, „Hanf mit der Absicht der Extraktion von Betäubungsmitteln und von Harzen seiner Drüsenhaare (Haschisch) anzubauen, zu importieren oder zu verarbeiten".

Osteuropa

In *Rumänien* wird der Hanf zur Faser- und Saatgutgewinnung angebaut. Die Hanfstroherträge lagen bisher bei 4.000 bis 6.000 kg je Hektar, was sehr niedrig ist und vor allem darauf zurückzuführen ist, daß der Hanfsamen in den meisten Regionen immer noch per Hand ausgesät wird.[9] Der Realisierung einer hohen Hanfsamenproduktion haben sich Wissenschaftler zwischen 1983 und 1987 gewidmet und umfangreiche Züchtungen und Untersuchungen mit den Hanfsorten Secuieni-1 und Irene vorgenommen.[10] Mit der weitgehenden Einstellung der rumänischen Hanfforschung wurden die Arbeiten jedoch nicht fortgesetzt. Seit 1994 werden die Züchtungen im Auftrag des Hanfanbau- und -verarbeitungsunternehmens Rohemp AG an den beiden Hanfsorten fortgeführt und eine THC-freie Faserhanfsorte entwickelt. Gleichzeitig wurden Arbeiten an der Entwicklung einer Hanfölpflanze begonnen, die 1995 bereits einen Ölgehalt von knapp über 40 Prozent aufweist.

Seit 1994 scheinen der rumänische Hanfanbau und die Verarbeitung in Schwung zu kommen. Durch eine zunehmende westeuropäische und hier vor allem deutsche Nachfrage wurden erstmals seit Jahren wieder größere Mengen Hanftextilien, Seile und andere Erzeugnisse produziert. Rumänien hat gute Voraussetzungen, den Hanfanbau und die Verarbeitung wieder im größeren Maßstab aufzunehmen. Es existieren mehrere große Hanfverarbeitungsbetriebe, die noch funktionsfähig sind und in Zusammenarbeit mit den umliegenden Bauern meist über eine Anbaufläche zwischen 4.000 und 8.000 Hektar verfügen. Einige Fabriken sind gerade 15 Jahre alt und speziell auf die Hanfverarbeitung zugeschnitten. Fast alle Fabriken sind auf eine Warmwasserröste ausgelegt, bei der hohe organische Abwasserbelastungen entstehen. Aber kaum ein Betrieb verfügt über eine für das Abwasser notwendige Kläranlage.

In *Polen* werden überwiegend zwei gezüchtete polnische Hanfsorten (Bialobrzeskie und Baniko) angebaut. Hierbei handelt es sich um einhäusige (monözische) Hanfsorten, die in drei Zuchtstationen entwickelt wurden. Heute sind die Züchtungsziele auf einen hohen Zelluloseanteil, hohen Fasergehalt und eine Optimierung der Faserqualität ausgerichtet[11]. Von 1951 bis 1989 wurde der Reinfasergehalt in den Hanfpflanzen von durchschnittlich 17,6 auf 27,2 Prozent gesteigert.

In der *Ukraine* wurden ursprünglich Hanfsorten mit Fasergehalten von 12 bis 15 Prozent angebaut, später entwickelte die Züchtung Sorten mit Fasergehalten von 22 bis 27 Prozent, und einige Varietäten erreichen heute über 30 Prozent.

Die Rechtslage der ehemaligen UdSSR sah vor, daß zunächst auch Hanfsorten mit einem THC-Gehalt von über 0,3 Prozent angebaut werden durften, später wurde der zulässige Gehalt auf 0,25 Prozent beschränkt, und seit 1988 gilt ein Grenzwert von 0,1 Prozent. Derzeit werden fünf Hanfsorten (USO 31; USO-14; USO-11; USO-13; Dneprovskaya Odnodomnaya 6) mit einen THC-Gehalt von 0,06 bis 0,16 angebaut.

In der Ukraine wird Hanf nach zwei Methoden kultiviert: Die erste Methode ist die kombinierte Gewinnung von Fasern und Samen. Hierbei wird der Hanf in weitem Reihenabstand von 45 bis 60 cm mit 120 bis 180 Samen/m^2 gesät. Diese Anbaumethode wird im Norden der Ukraine zu etwa 30 Prozent, in der Wald- und Steppenzone zu 50 Prozent und in der reinen Steppenzone im gesamten Hanfanbau betrieben.

Bei der zweiten Methode ist der Anbau ausschließlich auf die Fasergewinnung ausgerichtet. Hierbei wird der Hanf in Reihenabständen von 7,5 bis 15 cm mit 400 bis 450 Samen/m^2 ausgesät und nach Ende der Blüte geerntet.

Die Ernte- und Verarbeitungstechnologien unterscheiden sich vielfach von denen anderer Länder, da die Verfahren meist auf einer parallelen Verarbeitung von Faserflachs und Faserhanf basieren. Die Erträge liegen zwischen 9.000 und 11.000 kg/Hektar Hanfstroh. Das Institut für Bastfaserpflanzen hat seinen Sitz in Glukov und forscht seit mehr als 60 Jahren an Faserhanf- und Faserflachs. Im Vordergrund stehen Aspekte der Pflanzenphysiologie und genetischen Selektionsforschung sowie Entwicklung verschiedener Hanfsorten für unterschiedliche Klimaansprüche und die primären Prozesse der Ernte von Fasern und Samen.

Seit 1992, nach der Erklärung der Unabhängigkeit der Ukraine, gründete das Institut einen nationalen genetischen Fonds für Bastpflanzen. 1994 wurden insgesamt 211 diözische und 72 monözische Hanfsorten untersucht.[12]

Rußland: Das 1924 in St. Petersburg gegründete Vavilov-Institut ist weltweit die größte Genbank für Hanfsamen. Hanfsamen können nur bis zu fünf Jahre gelagert werden, danach verlieren sie ihre Keimfähigkeit. Um die Sammlung zu erhalten, müssen die verschiedenen Hanfsorten spätestens in diesem Rhythmus angebaut und reproduziert werden. Insgesamt liegen derzeit 397 Hanfsorten vor. Darunter befinden sich auch 72 deutsche Hanfsorten, von denen die meisten als THC-arm klassifiziert sind. 1993 wurden insgesamt 85 Hanfsorten reproduziert; bis

1996 sollen sämtliche Sorten reproduziert und anschließend bewertet und charakterisiert werden. Als Grundvoraussetzungen für eine Reproduktion müssen folgende Bedingungen erfüllt sein:

♦ Jede Population muß mindestens aus 1.000 Pflanzen bestehen, damit nicht zuviele Eigenschaften des jeweiligen Genpools verloren gehen. Man rechnet bei dieser Anzahl mit einer Erhaltung von etwa 99 Prozent der Gene.

♦ Eine Population sollte mindestens 200 Gramm Samen liefern, was etwa 10.000 Samen entspricht, wovon etwa die Hälfte für eine erneute Reproduktion gebraucht wird und die andere für die Langzeitlagerung vorgesehen ist. Nur wenn mehr als 200 Gramm Samen gewonnen werden, können Samen an andere Forschungsinstitute abgegeben werden.

1993 wurden in Rußland an vier verschiedenen Orten Hanfsamen reproduziert. Im Erntejahr 1993 herrschten jedoch ungünstige Wetterbedingungen, so daß einige Anpflanzungen unvollständig ausreiften oder eine Keimung vollständig ausblieb. Seit 1994 ist das italienische ENEA-Institut mit einem Pflanzort in der Nähe von Bari an dem Reproduktionsprogramm beteiligt. Wegen der hohen Inflation in Rußland haben sich die Kosten für das Projekt innerhalb eines Jahres verdoppelt, so daß finanzielle Unterstützung immer dringender wird.[13]

(Süd)-Ostasien und Australien

Nach wie vor ist *China* weltweit das größte Hanfanbauland. Offizielle Zahlen sind unzureichend, da in vielen Regionen eine Erfassung nicht vorgenommen wird. China gehört zu den wenigen Ländern, in denen Hanfanbau und Verarbeitung, vor allem die Garn- und Textilherstellung, bis zum heutigen Tage seine Bedeutung behalten hat.

Hier ist auch die aktuelle Hanffaserverarbeitung zu Hanf- und Mischgeweben am weitesten verbreitet. Es können erstaunliche Garn-Feinheiten erzielt werden. Neben reinen Hanfgarnen, werden auch Mischungen mit 85 Prozent Wolle und/oder Polyester hergestellt. Auch Mischgewebe aus 55 Prozent Hanf und 45 Prozent Baumwolle werden produziert.[14]

Auch in den Ländern *Kambodscha*, *Laos* und *Vietnam* wird seit einigen Jahren Hanf nicht mehr nur zur Drogennutzung, sondern für die Rohstoffnutzung angebaut. Hierbei handelt es sich meist um kleine bäuerliche Genossenschaften, die im Nebenerwerb den Hanf kultivieren und die Fasern direkt an verarbeitende Betriebe weiterverkaufen.

Die größten Aktivitäten in Sachen Hanfanbau entwickelte bisher der kleinste australische Staat *Tasmanien*. In Tasmanien sind die Voraussetzungen günstiger als in den anderen australischen Staaten: Es herrscht ein gemäßigtes, maritimes Klima, und eine Zulassung für den Hanfanbau war aufgrund der Insellage leichter zu erreichen. 1991 wurden in Tasmanien erstmals Lizenzen für den Hanfanbau vergeben. Neben der Forschungstätigkeit (Sorten, Saatmethoden, Erntesystematik) und Nutzung gibt es eine intensive Zusammenarbeit mit einer großen regionalen Papierfabrik. In diesem Projekt arbeiten die Universität von Tasmanien in Hobart und die tasmanische Hanfcompany an der Zellstoffherstellung aus Hanf. Bisher werden zur Papiererzeugung vor allem Eukalyptus, Pinien und Kiefern verarbeitet – zukünftig soll durch den verstärkenden Zusatz von Hanf- und Flachsfasern der Langfaseranteil im Papier auf Holzbasis um 3 Prozent erhöht werden. Chemische Zellstoffherstellungsverfahren haben sich als nicht wirtschaftlich erwiesen, jedoch konnte man mit mechanischen Aufschlußverfahren gute Ergebnisse erzielen.

1993 gab es erhebliche Probleme mit dem Diebstahl von Hanfpflanzen von den Feldern, so daß mehrfach eine Überwachung durch die Polizei durchgeführt werden mußte. Dies könnte zu Problemen bei zukünftigen Lizenzen für den Hanfanbau führen.

Lizenzen wurden auch für die Staaten von New South Wales und Western Australia diskutiert. In South Australia wurde 1995 der Anbau für eine zweijährige Studie zur Herstellung von Papier in Kombination mit Weizenstroh erteilt. Der Hanfversuch wird als Winteranbau konzipiert, da im Sommer zu geringe Niederschläge vorhanden sind, und wird ab Herbst 1995 durchgeführt[15]. Die Lizenzbedingungen umfassen die Überwachung des THC-Gehaltes, der Verarbeitung und Deponierung der Abfälle durch Spezialpersonal sowie die Umzäunung des Anbaugeländes.

Der Handel mit Hanfprodukten findet hauptsächlich in den großen Städten Australiens statt, in denen Verkaufsstellen meist in Übersee gefertigte Waren (Gewebe aus China und Ungarn, Kleidung aus USA und Papier aus Großbritannien) anbieten. So haben Hanfjeans in Australien innerhalb von zwei Jahren einen Marktanteil von 8 Prozent erreichen können. Es sind Projekte zur Herstellung von Nahrungsmitteln aus Hanfsamen sowie zur Herstellung von Körperpflegemitteln aus Hanföl angelaufen.

USA

Mit der Verabschiedung des Marihuana-Prohibitions-Zollerlasses 1937 wurde der Niedergang des Hanfanbaus eingeleitet und mit dem Hanfanbauverbot nach dem Krieg besiegelt. Seit 1989 werden Textilien aus China und Europa eingeführt und Kosmetika aus Hanföl hergestellt.

1941 präsentierte Henry Ford einen Automobil-Prototypen, dessen Karosserie weitgehend aus Hanf hergestellt und der mit Treibstoff aus Hanföl betrieben wurde.

1994 wurde erstmals wieder eine Genehmigung für den Hanfanbau in den USA (Kalifornien) erteilt. Hierbei handelte es sich 0,125 Hektar, welche zuvor für die aktuelle Kenaf-Forschung genutzt wurden. Angebaut wurden die ungarische Hanfsorte Kompolti TC und die französische Futura 77. Das Department für Landwirtschaft legte allerdings äußerst strenge Sicherheitsvorkehrungen als Auflage zugrunde: Zäune, Wachtürme und eine ständige Überwachung durch Personal führten zu erheblichen Aufwendungen. Die Hanfrohstoffe sollten an Vlies-, Preßplatten- und Papierhersteller abgegeben werden. Dazu kam es jedoch nicht, weil in Kalifornien der THC-Nachweis unabhängig vom Gehalt zwingend durchgeführt wird. Da ein geringer THC-Gehalt nachgewiesen worden war, verletzte der Anbau den staatlichen Gesundheits- und Sicherheitscode, und die Pflanzen wurden auf staatliche Anweisung vor der Ernte vernichtet. Trotz der Vernichtung konnte Saatgut gesammelt und nachgezogen werden, das in Aussaaten Anfang 1995 verwendet werden soll.

In ***Kanada*** hat es 1993 die erste Zulassung für den Hanfanbau seit 10 Jahren gegeben. Für 1995/96 wird eine Gesetzesreform des Anbauverbotes von Hanf erwartet, so daß sie als normale landwirtschaftliche Pflanze genutzt werden kann.[16]

2.3 Der Anbau von Hanf-Pflanzen

Botanik, Pflanzendaten und züchterisches Potential

Hanf (Cannabis sativa) ist wie der Flachs eine alte Kulturpflanze der gemäßigten Breiten. Der Hanf gehört botanisch ebenso wie der Hopfen zu der Familie der Moraceae (Maulbeerbaumgewächse) und stammt aus dem mittleren Osten und Zentralasien. Er ist eine einjährige, zweihäusige (diözische), windbestäubende Pflanze mit einer kräftigen Pfahlwurzel, die eine Länge von 200 cm und eine Tiefe von 115 cm erreichen kann. Seine Wuchshöhe kann bis zu vier Metern erreichen. In Abhängigkeit vom Standort ist der Hanf mehr oder weniger stark verzweigt. Die Hauptwachstumsphase findet in Deutschland zwischen Juni und Juli statt. Es werden zwei Hanftypen unterschieden:

- südlicher, spätreifer, hochwachsender Typ mit geringem Samenertrag
- nördlicher, frühreifer Typ mit relativ niedriger Wuchsform mit starker Samenproduktion.

Außerdem sind Wildformen und verwilderte Hanfformen weit verbreitet.

Männliche Pflanzen (Femelhanf) gehen in der Blüten- und Reifeentwicklung den weiblichen Pflanzen (Hanfhenne) voraus. Der Reifeprozeß der Fasern beginnt nach dem Ausstäuben der Pollen. Um zur Fasergewinnung eine gleichmäßige Reife eines Hanfbestandes zu erzielen, wurden einhäusige Formen gezüchtet, bei denen sich männliche und weibliche Blüten auf einer Pflanze befinden. Der Hanf hatte ursprünglich einen Fasergehalt von weniger als 10 Prozent. Durch Züchtung wurde der Primärfaseranteil auf 40 Prozent gesteigert. Heute angebaute Hanfsorten weisen durchschnittlich einen Fasergehalt von 30 Prozent auf. Hanf, der in südlichen Ländern angebaut wird, hat meist eine höhere Weichheit als der aus nördlichen Regionen.

Auf der Oberfläche der Pflanze befinden sich Drüsenhaare. Diese Drüsen produzieren klebrige Ausscheidungen, ein Harz, welches Cannabinoide enthält, aber in Deutschland aufgrund der Klimaverhältnisse kaum entsteht. Die Hanfsamen und Fasern sind frei von Cannabinoiden.Von den Cannabinoiden sind heute mehr als 60 bekannt; einige sind psychoaktiv wirksam und gehören zu der Gruppe der Tetrahydrocannabinoide (THC). Der dichteste Besatz und die größten Drüsen befinden sich an weiblichen Blütenständen, hier besonders auf den Samenhüllblättern. Die für eine Nutzung in Betracht kommenden Faserhanfformen enthalten in der Regel nur geringe THC-Konzentrationen, die unter 0,3 Prozent liegen und daher für eine Drogennutzung nicht geeignet sind.[17, 18]

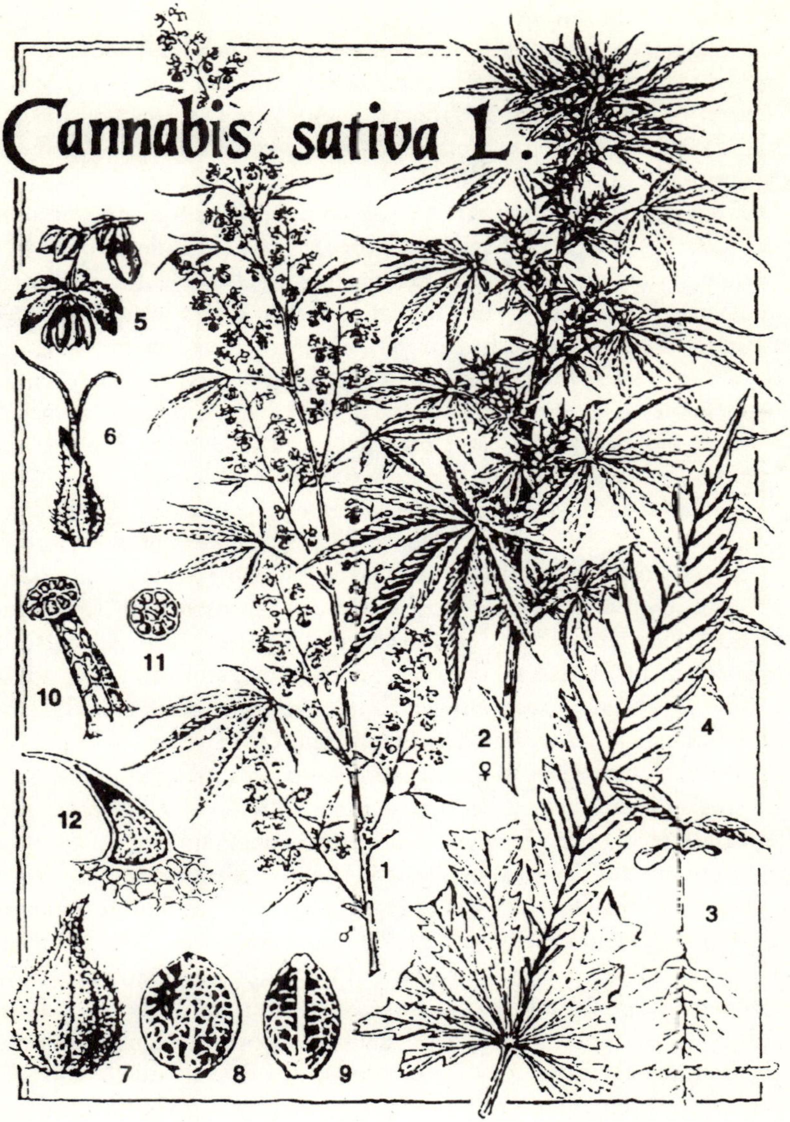

1. Männlicher Blütenstand
2. Weiblicher Fruchtstand
3. Keimling
4. Einzelblatt eines fingerförmigen Blattes
5. Männliche Blüte mit Knospen
6. Weibliche Blüte, mit Vorblatt
7. Frucht in fester, behaarter Schale
8. Frucht von der breiten Seite
9. Frucht von der flachen Seite
10. Drüsenhaar mit vielzelligem Stengel
11. Drüsenhaar mit nicht sichtbarem Stengel
12. Haar ohne Drüse und Cystholith

Aussaat, Pflege und Ernte

Der Hektarertrag liegt nach Angaben aus den Jahren 1992 und 1993 bei mit deutschen Verhältnissen vergleichbaren Klima- und Bodenbedingungen zwischen 2,5 und 3,3 Tonnen Hanffasern. Der Hektarertrag von Hanffasern ist damit etwa doppelt so hoch wie beim Flachs; gegenüber Baumwolle sogar viermal höher.

Neben den Hanffasern können gleichzeitig Samen geerntet werden (0,8 bis 1,2 Tonnen/Hektar), deren Menge weit über die erforderliche Saatgutgewinnung hinausgeht. Bei einem speziellen Hanfölanbau können Samenerträge bis zu zwei Tonnen je Hektar erzielt werden. Für den Faserhanfanbau bietet sich damit grundsätzlich eine Zweitnutzung der Samen zur Herstellung technischer Öle, Speiseöle und anderer Produkte an, zumal in der Erntetechnik anderer Pflanzen Verfahren entwickelt wurden, die eine kombinierte Ernte, die Entfernung des Holzes vom Stengel und die Gewinnung von Fasern und Samen ermöglichen.

Die Übernahme von Technologien bietet sich vor allem in Bezug auf den Flachs an, der mit dem Hanf die größten Gemeinsamkeiten als nachwachsender Rohstoff aufweist. Die ähnlichen Eigenschaften dieser Pflanzen führen dazu, daß Befürworter des Flachsbaus im Hanf eine große Konkurrenz sehen. Tatsächlich aber ergänzen sich beide Faserpflanzen mehr, als daß sie in Konkurrenz treten. Hanf ist beispielsweise für die Herstellung hochwertiger Papiere geeignet, während Flachsfasern im Bereich der technischen Textilien ihre Stärken besitzen. Bei der Hanfverarbeitung kann weitgehend auf die bereits für Flachs entwickelten Technologien zurückgegriffen werden, so daß beide Pflanzen vom jeweiligen technischen Standard profitieren könnten und die Chance der Amortisation der Entwicklungskosten erhöht werden kann.

Der Hanf benötigt eine tiefe Herbstfurche und wird Mitte April bis Mitte Mai in Deutschland ausgesät. Die Saattiefe beträgt 3 bis 4 cm, auf Moorböden 4 bis 6 cm. Die Reihenweite wird bei der Gewinnung von Fasern zwischen 10 und 20 cm eingestellt. Hanf hat keine besonderen Vorfruchtansprüche, ist aber selbst eine gute Vorfrucht hinsichtlich der Unkrautunterdrückung, der Auflockerung des Bodens durch sein verzweigtes Wurzelsystem und seiner hohen Selbstverträglichkeit. Ungeeignet sind sehr arme Sandböden, Böden mit Staunässe oder kalt-feuchte Standorte. Schwach saure Böden sind ideal. Hanf findet gute Bedingungen auf Neukulturflächen.

Aus pflanzenbaulicher Sicht bietet der Hanf Vorteile für eine extensive und ökologische Landwirtschaft. Der Düngemitteleinsatz liegt mit 60 bis 100 kg/Hektar niedriger als bei den meisten landwirtschaftlich ge-

Nutzungsdiagramm für Hanf

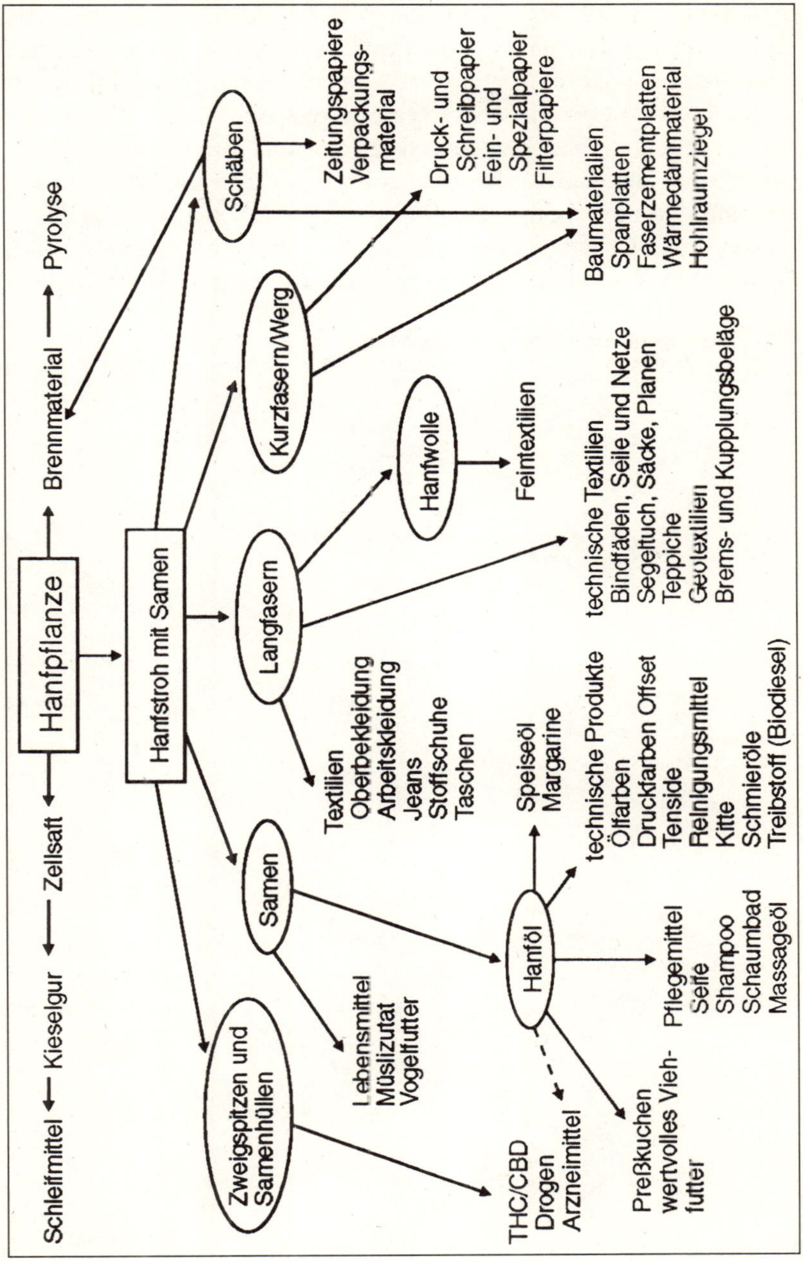

nutzten Kulturpflanzen. Die vom Umweltbundesamt 1994 geforderte Höchstgrenze für Düngemittel von 120 kg Stickstoff pro Hektar kann somit beim Hanf ohne Probleme eingehalten werden. Krankheitserreger und Schädlinge sind bisher beim Hanf kaum von Bedeutung, so daß Pestizideinsätze derzeit nicht notwendig sind. In unserer 1995 veröffentlichten Studie haben wir alle in Mitteleuropa auftretenden parasitären Krankheiten und Schädlinge am Hanf zusammengestellt und bewertet, soweit sie in der zugänglichen Literatur und in Datenbanken beschrieben sind. Die Erfahrungen aus früheren Zeiten und aus dem heutigen Hanfanbau in Ländern wie Frankreich, Rumänien und Spanien weisen den Hanf hinsichtlich des Pflanzenschutzes als wenig anspruchsvoll aus.

Besonders geeignete Hanfanbaugebiete in Deutschland

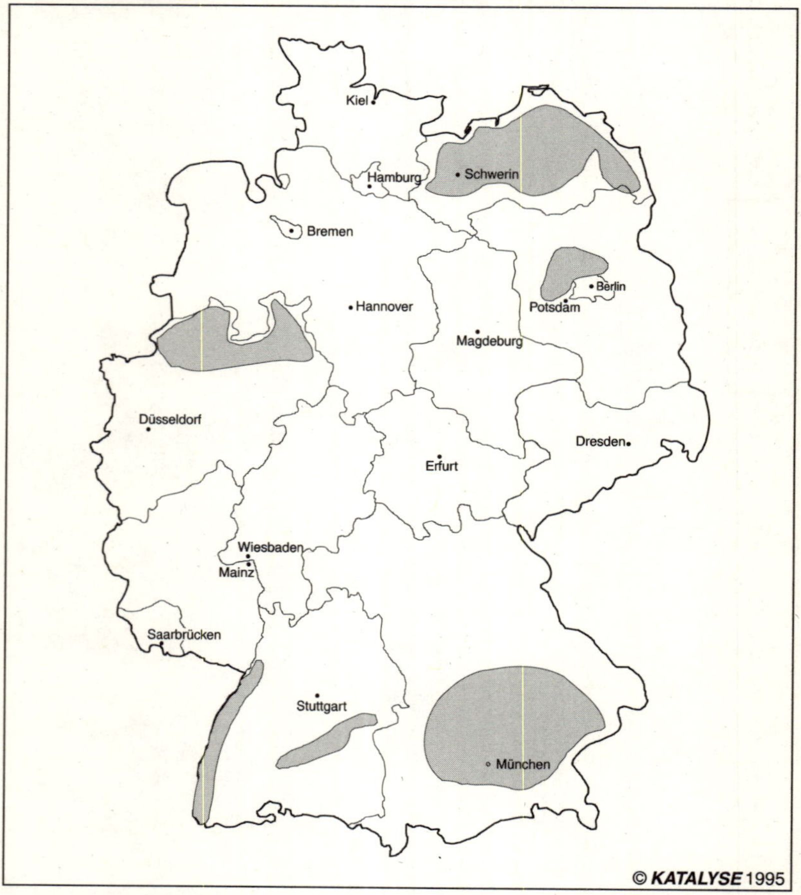

Potentiell existieren eine Vielzahl vor parasitären Krankheiten und Schädlingen, die die Hanfpflanze befallen können. Doch im Gegensatz zu vielen anderen Kulturpflanzen, speziell Pflanzen, die als nachwachsende Rohstoffe genutzt werden wie etwa Raps oder Flachs, ist beim Hanfanbau in der Regel nur ein relativ geringer wirtschaftlicher Schaden zu erwarten. Dieser wird in erster Linie durch unspezifische Schädlinge verursacht, die aber meist anderen Kulturpflanzen den Vorzug geben. Es gibt praktisch keine artspezifischen Schädlinge, die zu Ernteausfällen führen und durch anbautechnische Maßnahmen wie Saatgutreinigung oder Methoden der biologischen Schädlingsbekämpfung zu verhindern bzw. unter Kontrolle zu bringen wären.

Schädlinge am Hanf

A. Hanfspezifische Schädlinge
Septoria-Blattfleckenkrankheit
Hanferdfloh
Hanfblattlaus
Streifenkrankheit
Hanfwickler
Hanfwürger (durch Saatgutreinigung und resistente Sorten keine Bedeutung mehr)

B. Unspezifische Schädlinge am Hanf
Grauschimmel
Sklerotienkrankheit
Maiszünsler, Hirsezünsler
Europäische Seide
Vögel (nur bei Samenhanf)

Quelle: Katalyse 1995

Dies unterscheidet den Hanf deutlich von anderen Faser- und Ölpflanzen wie Flachs, Baumwolle oder Raps, bei denen ein fehlender Pflanzenschutz zu erheblichen Ertragsverlusten und wie bei Baumwolle gar zu Mißernten führen kann. Besondere Pflanzenschutzmaßnahmen dürften beim Hanfanbau kaum erforderlich sein, ökologisch als auch ökonomisch also nicht ins Gewicht fallen. Dies gilt verstärkt, wenn der Hanf als Zwischenfrucht angebaut wird. Durch seine Schnellwüchsigkeit zeigt er eine gute unkrautunterdrückende Wirkung, wodurch auf Herbizide generell verzichtet werden kann. Der Samenhanfanbau erweist sich

Düngermengen im Vergleich

Düngerart	Polen	Frankreich	Deutschland*
Stickstoff (N)	90 - 120 kg	90 - 120 kg	60 - 100 kg
Phosphat (P_2O_5)	70 - 100 kg	100 kg	80 - 120 kg
Kalium (K_2O)	150 - 180 kg	150 kg	160 - 200 kg
CaO	15 - 20 kg	—-	—-
* FAL, Braunschweig 1993/94			

jedoch als anfälliger für Schädlinge. Hier kann es zu Unkrautproblemen kommen, da der Samenhanf durch seinen weniger dichten Bestand Unkräuter nicht so effektiv wie der Faserhanf unterdrückt.[19]

Bereits 1919 hat Bruno Marquart, Geschäftsführer der Deutschen Hanfbau-Gesellschaft, Untersuchungsergebnisse über den Entzug von Nährstoffen aus dem Boden veröffentlicht.[20]

Ergänzend zu den o.g. Nährstoffmengen werden bis zu 100 kg Calciumoxid (CaO) beim Hanfanbau gegeben. Das Nährstoffbedürfnis des Hanf ist damit im Vergleich zu anderen Nutzpflanzen durchschnittlich. Meist ist das Düngebedürfnis des Hanfes bedeutend größer als sein Nährstoffbedürfnis, d.h. der Hanf verbraucht das vorhandene Nährstoffangebot bei weitem nicht, so daß der Boden in guter Verfassung für die Nachfrucht verbleibt.

Hanf-Forschungsergebnisse aus Deutschland

Die Bundesforschungsanstalt für Landwirtschaft (FAL) in Braunschweig führt seit 1992 Hanfanbauversuche durch. Ziel war die Untersuchung der landwirtschaftlichen Aspekte des Hanfanbaus sowie die Ermittlung des Ertragspotentials unter hiesigen Anbaubedingungen. Im weiteren wurden Fasergehalte und Ertrag bei unterschiedlichen Düngergaben und Standdichten untersucht, und der Zellulose- und Ligningehalt wurde bestimmt.

Es wurde eine monözische früh reifende Hanfsorte (Felina 34) aus Frankreich und eine diözische spät reifende Hanfsorte (Kompolti Hibrid TC) aus Ungarn zum Anbau gebracht.

Ein langsames Wachstum der Saat begann bei beiden Sorten etwa eine Woche nach der Aussaat. Nach etwa vier Wochen setzte dann ein sehr starkes Wachstum mit 20 bis 40 cm in der Woche ein. Unkräuter wurden stark unterdrückt, so daß sie abstarben. Mit Beginn der Blüte stellte der Hanf sein Längenwachstum ein. Vom Beginn des Wachstums bis zur Blüte war eine Abnahme der Pflanzenzahl zu verzeichnen, da schwache Pflanzen unterdrückt wurden oder den sogenannten „Unterhanf" bildeten. Die Pflanzenlänge hängt im wesentlichen von der Dauer der Wachstumsperiode ab, so daß spätreifender Hanf im allgemeinen größer wird als frühere Hanfsorten.

Während 1992 die Stengeldurchmesser bis zu 5,5 mm erreichten, wurden 1993 bei Kompolti Stengeldurchmesser von fast 1 cm verzeichnet. Die Reinfasergehalte lagen bei Kompolti zwischen 19 und 25,8 Prozent und bei Felina zwischen 17,3 und 22,8 Prozent, wobei die männlichen jeweils höhere Gehalte als die weiblichen Pflanzen aufwiesen. Die Ausbeute an technischen gerösteten Faserbündeln ist naturgemäß um etwa den Faktor 1,3 höher. Die höchsten Trockenmasseerträge wurden mit Felina mit durchschnittlich 10.500 kg/Hektar (1992) bzw. 13.800 kg/Hektar (1993) erzielt. Bezüglich der Düngergaben wurden hohe Trockenmasse- und Fasererträge bei 60 kg N/ha und 120 kg N/Hektar erzielt, es zeigte sich jedoch, daß eine Stickstoffgabe von mehr als 120 kg N/Hektar die Erträge nicht weiter erhöhte. Für den praktischen Anbau von Faserhanf empfiehlt daher die FAL eine Stickstoffdüngung von 60 bis 100 kg N/Hektar. Bei der Bestandesdichte ist das Optimum von der jeweilig verwendeten Hanfsorte abhängig. Bei Kompolti sollte eine Bestandesdichte von 100 bis 250 Pflanzen/m² und bei Felina 300 bis 350 Pflanzen/m² erreicht werden.

Der für die Zellstoff- und Papierherstellung relevante Ligningehalt lag im Durchschnitt bei 9,8 Prozent (Felina) bzw. bei 8,9 Prozent (Kompolti). Die Zellosegehalte lagen bei 59 Prozent und damit im unteren Be-

Angaben in kg/Hektar	Stickstoff (N)	Phosphat (P_2O_5)	Kalium (K_2O)
Roggen	62,70	32,08	56,74
Gerste	59,20	26,70	48,63
Mais	106,00	50,05	127,00
Raps	113,76	58,34	95,50
Lein	90,00	28,68	56,90
Hanf	100,00	29,35	42,33
Kartoffel	96,00	44,47	154,38
Zuckerrübe	77,00	35,21	160,16
Quelle: Marquart 1919			

Entzug von Nährstoffen durch verschiedene Kulturpflanzen

Hanfernte auf dem Versuchsgelände der Forschungsanstalt für Landwirtschaft in Braunschweig

reich der meisten Harthölzer (60 bis 70 Prozent); mit ihren Ligningehalten aber um rund 10 Prozent niedriger.

Es wurden zwar Faserhanfsorten mit entsprechender Bestandsdichte angebaut, aber auch die Samenerträge wurden ausgewertet, obwohl für die Ölproduktion Hanfsorten mit längerer Wachstumsphase benötigt werden. Felina lieferte rund 980 kg/Hektar Hanfsamen, während Kompolti nur durchschnittlich 390 kg/Hektar lieferte. Bei den Fettsäuren dominierten im wesentlichen die beiden Fettsäuren Linolsäure (60 Prozent) und Linolensäure (20 Prozent).[21]

2.4 Die Gewinnung und Verarbeitung von Hanfrohstoffen

Die Palette von Produkten, die aus dem Rohstoff Hanf hergestellt werden, ist äußerst vielfältig (vgl. Schaubilder S. 59 u. 65). Am bekanntesten ist die Nutzung von Hanf für die Herstellung von Kleidung, Seilen und von Papier. Die wirklichen Chancen liegen allerdings eher im Bau- und Einrichtungsbereich: Dämmstoffe, Teppiche, Filze. Zukunftsmärkte, die heute noch schwer abzuschätzen sind, eröffnen sich eventuell aus der Nutzung von Hanföl: Die Entwicklung eines umweltfreundlichen Waschmittels aus Hanföl zeigt die überraschenden Entwicklungsmög-

Wichtige Hanfproduktlinien

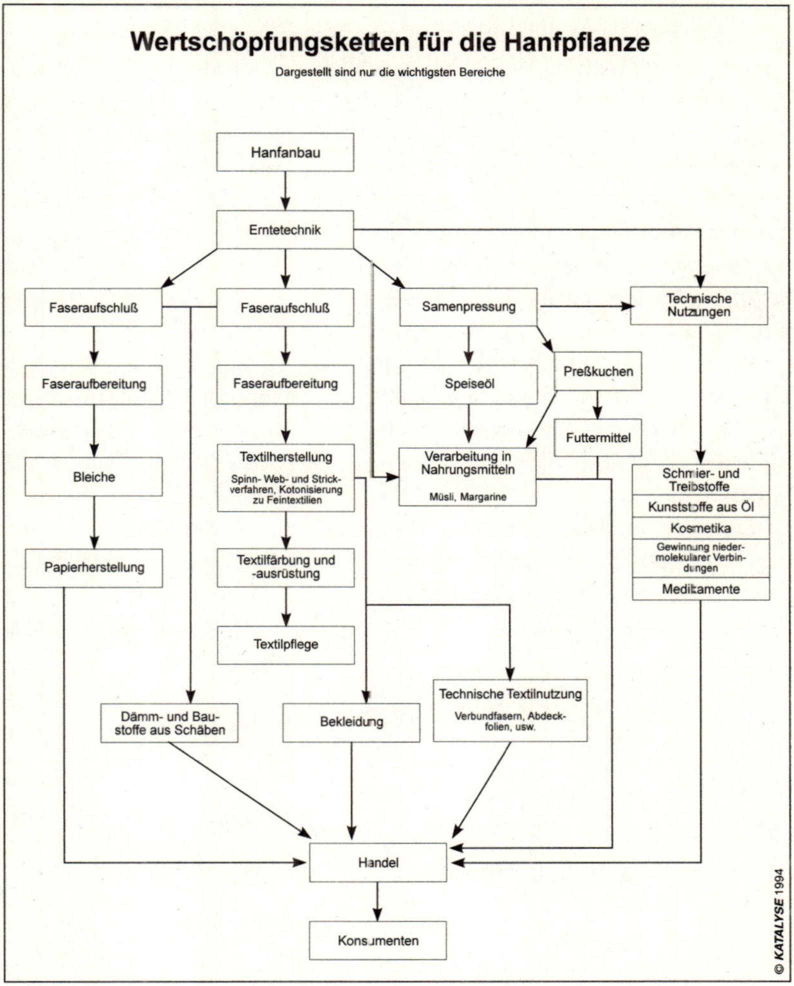

lichkeiten, die im Bereich Reinigungsmittel oder auch Farben und Kosmetika vorhanden sind. Dies gilt prinzipiell auch für den Nahrungsmittelbereich – längst bieten alternative Bäckereien „Hanfbrot" an – sowie für den medizinischen Sektor, wo der Hanf als Medizin über eine lange Tradition verfügt. Die folgende detaillierte Betrachtung untersucht zunächst Chancen und Probleme bei der Verarbeitung von Hanf-Fasern für Textilien und für Papier.

Faseraufschluß und Aufbereitung
Die traditionelle Hanfverarbeitung unterteilt sich in die Verarbeitung von langen Faserbündeln und Hanfwerg sowie in die Kotonisierung. Die Langfaserverarbeitung dient hauptsächlich der Produktion von naßgesponnenen Hanfgarnen. Aufgrund der speziellen Fasereigenschaften sind hierzu nur zugeschnittene Spinnmaschinen mit einem niedrigen Automatisierungsgrad geeignet. Hechel- und Schwungwerg werden hingegen im Trocken- oder Naßspinnverfahren verarbeitet und zu gröberen Garnen und Schnüren ausgesponnen. Niedrige Wergqualitäten und nicht verspinnbare Fasern werden meist in technischen Produkten eingesetzt. Durch eine Weiterentwicklung moderner Aufarbeitungsverfahren sind die Einsatzgebiete für Hanfwerg erheblich zu erweitern.

Bereits im vergangenen Jahrhundert wurden umfangreiche Untersuchungen zur Verarbeitung sogenannten Flockenbastes gemacht. Flokkenbast besteht aus kotonisierten Faserbündeln, die bis zur Einzelfaser aufgelöst sind und meist nur mit einer Trägerfaser (z. B. Baumwolle) verspinnbar sind.

Ziel aller Aufschlußverfahren ist es heute, mit modernen Spinnverfahren zu feinen, hochwertigen Garnen zu kommen. Eine Möglichkeit zur

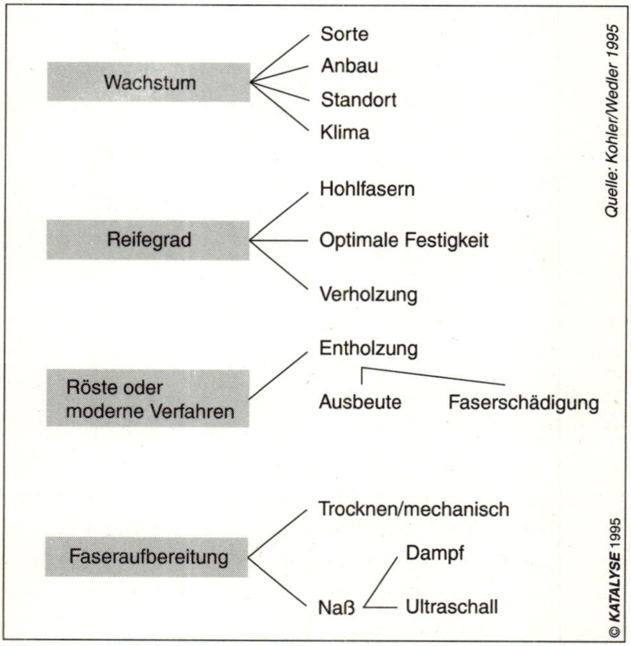

Einflußfaktoren auf die Faserqualität

Herstellung von speziellen, feinen Faserbündeln ist die an der Fachhochschule Reutlingen entwickelte Dampfaufschlußtechnologie. Hiermit können Hanffasern so bearbeitet werden, daß sie den Baumwollfasern vergleichbare Feinheiten und Eigenschaften bekommen. Diese „maßgeschneiderten“ Faserbündel können auf modernen und hochproduktiven Baumwollsystemen zu feinen Hanfgarnen oder als Mischungen mit anderen Naturfasern versponnen werden.[22]

Mit dem Ultraschallverfahren können typische Risiken herkömmlicher Aufschlußverfahren (Tauröste) umgangen werden, da als Ausgangsmaterial ungeröstetes, sogenanntes „Hanfgrünstroh“ oder schwach geröstetes Material verwendet wird. Unberechenbare Wetterbedingungen können somit ausgeschlossen werden. Die Ultraschallaufschlußtechnologie schließt im Gegensatz zur Alkaliaufschlußmethode eine Zersetzung der Faser aus und erhält die hohe Reißfestigkeit. Am Ende steht eine weitgehend elementarisierte Faser, die eine hohe gleichmäßige Qualität bietet und einen weichen Griff besitzt. Der hohe Weißgrad der bearbeiteten Fasern macht ein Nachbleichen überflüssig oder führt zumindest zu einer Reduzierung der benötigten Bleichmittel. Um beispielsweise einen Weißgrad von 90 Prozent zu erzielen, ist nur ein Prozent Peroxidbleichlösung notwendig. [23]

Textile Hanfverwendungen

Die werkstoffliche Verwertung von Naturstoffen ist in vielen Bereichen der Chemie- und Textilindustrie Praxis. Ziel sollte es sein, den heutigen technischen Stoffkreislauf durch einen natürlichen Stoffkreislauf zu ersetzen.

In der Textilherstellung wurde der Hanf vor allem wegen seiner vorzüglichen Eigenschaften geschätzt. Hanf hat eine außerordentliche Beständigkeit gegenüber Wasser: Hanf fault unter Wasser nur sehr langsam, weshalb auch früher viele Schiffstaue, Takelage und Segelwerk aus Hanffasern gefertigt wurden. Hanf ist die reißfesteste Naturfaser und um etwa 20 Prozent reißfester als Flachsfasern. Bei starker Wasseraufnahme wird Hanf steif und brettig. Hanftextilien haben eine hohe Verschleißfestigkeit, gute Durchlässigkeit für verdunsteten Schweiß und eine hohe Saugfähigkeit. Hanffasern können große Mengen Feuchtigkeit aufnehmen, ohne sich feucht anzufühlen. Sie sind widerstandsfähig gegen Nässe und mechanische Beanspruchung, unempfindlich beim Waschen, fusseln nicht und werden nicht von Motten befallen. Ihre Elastizität ist allerdings gering.[24]

Ökologischer Produktlebenszyklus · Quelle: Bennauer/Dyckhoff 1995

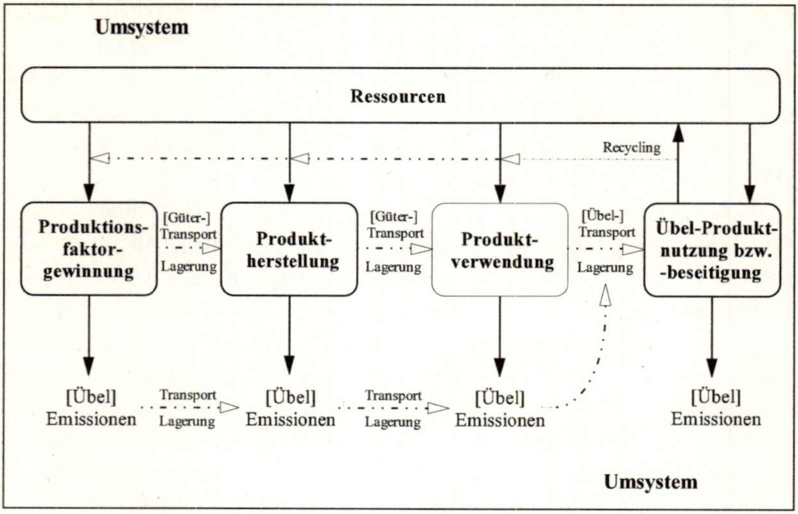

2.5 Technische Nutzung pflanzlicher Naturfasern am Beispiel Hanf

(Jörg Müssig)

Hanfprodukte sind nicht allein deshalb ökologische Produkte, weil sie aus einem nachwachsenden Rohstoff gefertigt wurden. Zur Entwicklung von ökologischen Produkten reichen die Schonung von nicht regenerativen Ressourcen oder eine biologische Abbaubarkeit nicht aus. In einer umfassenden Betrachtung sind Nutzen und Lasten eines Produktes über den gesamten ökologischen Lebenszyklus zu beachten,[25] wobei die Rolle des Verbrauchers in der Gebrauchsphase nicht vernachlässigt werden darf.

Durch eine derartige Betrachtung können alle von dem Produkt bzw. den damit verbundenen Prozessen ausgehenden Wechselwirkungen mit der natürlichen Umwelt berücksichtigt werden.[26] Demnach hat ein Produkt bereits in der Phase der *Produktionsfaktorgewinnung* Einfluß auf die Umwelt. Bei der Beurteilung der Umweltverträglichkeit von Produkten aus pflanzlichen Naturfasern ist die Bedeutung dieser Phase nicht zu vernachlässigen. Dementsprechend kann eine in Monokultur gewonnene Naturfaser, bei Berücksichtigung des gesamten Lebenszyklus', unter Umständen einen höheren Grad der Umweltschädigung hervorrufen als eine industriell geschaffene Faser. Denn der Anbau von Pflanzen in Mo-

Baumwollpflanze (Gossypium barbadense L.), Sproßstück mit zwei geöffneten Samenkapseln, neben Hanfpflanze (Cannabis sativa L.)

nokulturen stellt ein sehr instabiles System dar und wird in der Regel durch einen hohen Einsatz von Düngemitteln sowie von Pestiziden und Herbiziden „stabilisiert“. Durch diese Methoden sind die Auswirkungen insbesondere auf Boden und Wasser sowie auf Lebewesen oft sehr hoch. Ein Beispiel dafür ist die in Monokulturen ohne Fruchtwechsel angebaute Baumwollpflanze.

Um den augenblicklich existierenden Bedarf an Baumwollfasern aus herkömmlichem Anbau, der zum Teil erhebliche Schädigungen der Umwelt verursacht, durch Fasern ökologisch angebauter Baumwollpflanzen zu ersetzten, müßten die Anbauflächen vergrößert werden. Diese zusätzlich benötigten Flächen würden in Anbauländern wie Ägypten, Indien, Pakistan, Brasilien usw. in der Nahrungsmittelerzeugung fehlen.[27] Um den Anteil der umweltverträglich gewonnenen pflanzlichen Naturfasern zu erhöhen, ohne jedoch die Anbauflächen in den zuvor genannten Ländern stark zu vergrößern, müssen geeignete Konzepte gefunden werden. Neben einer Verringerung des Konsums bietet sich beispielsweise die Nutzung heimischer Faserpflanzen an. Dieser Ansatz erscheint insbesondere angesichts der steigenden Anbauflächenstillegung in der EU sinnvoll.

Wie bereits eingehend beschrieben wurde, verfügt besonders die Hanfpflanze *(Cannabis sativa L.)* über positive Agrareigenschaften. In England wurden 1993/94 Hanfanbauversuche zur Prüfung der Eignung der Pflanze für die ökologische Landwirtschaft durchgeführt. Die Ergebnisse dieser Versuche sind durchaus positiv zu bewerten und erlauben bei geeigneter Fruchtfolge einen umweltverträglichen Anbau.[28]

Wenn die Wiederentdeckung heimischer Faserpflanzen Bestand haben soll, sind deren Nutzungsmöglichkeiten zu untersuchen. Der Einsatz im Bereich der Bekleidung ist sehr stark Modetrends unterworfen. Während es in einem Modejahr als chic gilt, sich in naturfarbene Bekleidung mit der leinentypischen Knitterneigung zu hüllen, kann es im darauf folgenden Jahr bereits wieder „in“ sein, bügelfreie Polyesterhemden zu tragen.

In der Diskussion über die Einsatzmöglichkeiten pflanzlicher Naturfasern sollten daher weniger imagegeprägte Fragen als die durchaus positiven Eigenschaften dieser Fasern Beachtung finden. Aus diesem Grund ist vor allem in technischen Anwendungen eine dauerhafte Chance zu sehen, zumal in diesen Bereichen wegen des hohen Einsatzes von Chemiefasern die Möglichkeiten der Substitution durch pflanzliche Naturfasern gegeben sind.

Einsatz in technischen Produkten

Die infolge jahrelanger Verdrängung pflanzlicher Naturfasern entstandene Dominanz der Chemiefasern beeinflußt die Diskussionen um eine mögliche Substitution negativ. Dies liegt darin begründet, daß häufig die Eigenschaften der Faserarten direkt miteinander verglichen werden. Die Frage darf aber nicht lauten: „Kann die pflanzliche Naturfaser die gleichen *Eigenschaften* wie die zu ersetzende Faser bieten?“, sondern: „Besitzen Naturfasern für die konkrete Anwendung den gleichen *Nutzen*?“[29] Eine Substitution von Chemiefasern durch Naturfasern erscheint vor allem dann sinnvoll, wenn das hergestellte Produkt nach relativ kurzer Zeit seine Funktion verliert und das Erzeugnis Entsorgungsprobleme verursacht.

Als Beispiel sind Textilien für den Baubereich, speziell für den Kulturwasserbau, zu nennen. Hierbei stellt insbesondere der Erosionsschutz von zu begrünenden Böschungen einen interessanten Einsatzbereich dar.[30] Durch eine Bepflanzung kann nach einer gewissen Zeit die Standsicherheit der Böschung durch die Wurzeln der Pflanzen gesichert sein.[31] Die Tragfähigkeit der eingesetzten Textilien ist somit in den meisten Fällen nur in der Stabilisierungsphase gefragt. Die Textilie verliert also nach einer bestimmten Zeit ihre Funktion. Beim Einsatz von nicht abbaubaren Textilien verbleiben diese vollständig ohne Nutzen im Boden. Für diesen Fall ist es sinnvoll, den Einsatz von biologisch abbaubaren Textilien aus pflanzlichen Naturfasern in Betracht zu ziehen.[32] Neben dem genannten Einsatz im Kulturwasserbau ergeben sich weitere Anwendungsmöglichkeiten für *Vliese*[33] und *Filze*[34] beispielsweise aus Hanf- oder Flachsfaserbündeln[35] im Erdbau:[36]

- Böschungs- und Erosionsschutz,
- Sanierung von Skipisten und Hängen,
- Trägervliese oder -filze für Rollrasen und
- Begrünungsvliese oder -filze mit Samen.

Bei der Prüfung der Substitution von Chemiefasern durch pflanzliche Naturfasern stellen sich auch Fragen der Gesundheitsschädlichkeit. Dieser Ansatz ist insbesondere beim Einsatz von natürlichen und industriell geschaffenen mineralischen Fasern wegen der Lungengängigkeit von staubförmigen Kurzfasern und der Gefahr der Krebsauslösung zu berücksichtigen.[37] So wird zur Zeit im Bereich der Wärmedämmung, angeregt durch Fragen der Gesundheitsschädigung und der Entsorgung, die Verwendung dieser Fasern diskutiert. Sinnvoll erscheint auch hier der Einsatz pflanzlicher Naturfasern, wie z.B. die Verwendung von Baumwollfasern, Flachs- oder Hanffaserbündeln in Dämmvliesen und -filzen zeigt. Wie aus einer Marktstudie hervorgeht, hat sich das Verbraucherbewußtsein im Bereich „Bauen und Gesundheit" positiv verändert. So sind beispielsweise 35 Prozent der Bauherren interessiert und 10 Prozent sehr interessiert an einer ökologischen Bauweise.[38] Unter Berücksichtigung eines Dämmaterialverbrauchs von 28 Mio. m^3 (1994)[39], einem zu erwartenden Zuwachs durch eine erhöhte Nachfrage in den neuen Bundesländern und der zu Jahresbeginn 1995 in Kraft getretenen Wärmeschutzverordnung,[40] ergeben sich interessante Einsatzmöglichkeiten für Dämmvliese oder Dämmfilze aus pflanzlichen Naturfasern.

Wertschöpfungskette Hanf

Für die Nutzung von pflanzlichen Naturfasern in technischen Produkten ist eine hohe Verfügbarkeit der Fasern von Bedeutung. Im Bereich der technischen Anwendung von Flachs und Hanf wird in der Regel nicht der hochwertige und aufwendig aufbereitete Schwinghanf oder Schwingflachs benötigt. Wie bereits zuvor beschrieben, kann es sogar – wie im Fall des Grünflachsaufschlusses – wegen der besseren mechanischen Eigenschaften der gewonnenen Faserbündel sinnvoll sein, auf herkömmliche Röstverfahren zu verzichten. In diesem Zusammenhang ist ebenfalls zu berücksichtigen, daß bei der traditionellen Tauröste die Gefahr von Ernteausfällen gegeben ist. Um diese Risiken zu minimieren, sind geeignete Aufschlußverfahren zu entwickeln.

Aufschlußversuch beim Unternehmen Temafa
(Quelle: Müssig 1995)

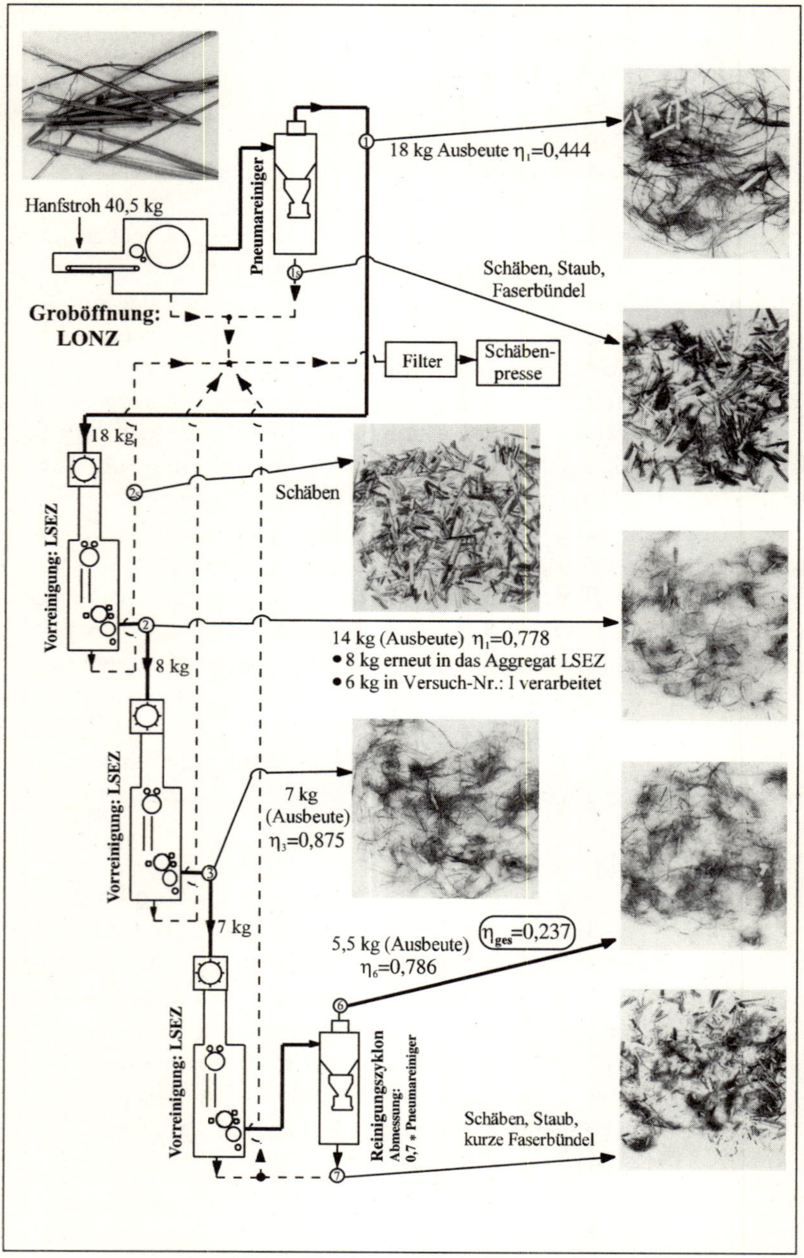

Aufschlußversuche von Hanfstroh

Ein mögliches Aufschlußverfahren stellt der mechanische Aufschluß dar. Im Rahmen eines von der Bundesregierung geförderten Projekts wurden die Entwicklung und die prototypische Erprobung einer Anlage für die Flachsaufbereitung im Industriemaßstab durchgeführt.[41] Dieses speziell für die Flachsaufbereitung entwickelte Technikum der Unternehmen Temafa wurde in Untersuchungen zum Aufschluß von getrocknetem Hanfstroh verwendet.[42] Im Rahmen der genannten Untersuchung wurde Hanf der Sorte Kompolti Hibrid TC verarbeitet. Die aus Anbauversuchen des Instituts für Pflanzenbau der Bundesforschungsanstalt für Landwirtschaft (FAL) stammenden Hanfpflanzen wurden sechs Wochen nach der Faserreife im Oktober 1994 geerntet. Das getrocknete Hanfstroh wurde von November 1994 bis April 1995 bei einer Temperatur von 20 °C und einer Luftfeuchtigkeit von 60 Prozent eingelagert, um einen möglichen Röstprozeß zu unterdrücken. Der „Reinfasergehalt" (Gehalt der Einzelfasern / Bündelfasern) der Sorte Kompolti Hibrid TC erreichte in Anbauversuchen 1992/93 Werte zwischen 19 Prozent und 25,8 Prozent.[43]

Die Ergebnisse der dargestellten Versuchsreihe sind äußerst positiv zu bewerten. Hier ergab sich ein Gesamtwirkungsgrad bei der Ausbeute von 23,7 Prozent bezogen auf das Ausgangsgewicht. Dieser Wert ist höher als der mittlere „Reinfasergehalt" der verwendeten Hanfsorte, was darauf zurückzuführen ist, daß neben den Einzelfasern (Bündelfasern) die Mittellamellen, die Reste der Rindenschicht und der Oberhaut sowie ein großer Anteil an Schäben das Gewicht der Ausbeute erhöht. Der in der Probe 6 verbleibende Gewichtsanteil an Schäben betrug im Durchschnitt 9,9 Prozent. Obwohl die Ergebnisse sehr vielversprechend sind, konnten spezielle Fragen zum Verschleiß der Aggregate bei der Verarbeitung des Hanfstrohs wegen des relativ geringen Durchsatzes nicht beantwortet werden. Dies erscheint insbesondere vor dem Hintergrund der Unterschiede bezüglich der Stengeldurchmesser und der Faserbündellängen zwischen Flachs und Hanf notwendig.

Verarbeitung der aufgeschlossenen Hanffaserbündel

Zur Beurteilung der Qualität des Faserbündelaufschlusses wurden neben der Einkürzung und der Verfeinerung der Faserbündel vor allem die möglichen Weiterverarbeitungsverfahren untersucht. Im Vordergrund der Betrachtung standen Verfahren, bei denen auf den Einsatz zusätzlicher Komponenten, die beispielsweise die Abbaubarkeit der Vliese oder Filze negativ beeinflussen, verzichtet werden kann. Aus diesem Grund

Herstellung mehrschichtiger Faserflore aus Hanffaserbündeln
(Quelle: Müssig 1995)

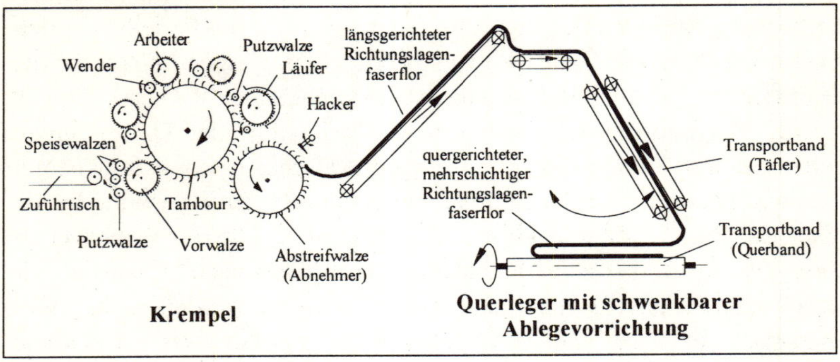

wurde die Nadelfilztechnik in ihrer Anwendbarkeit zur Verarbeitung der aufgeschlossenen Hanffaserbündel untersucht, die im folgenden kurz beschrieben wird.

Im Rahmen der Untersuchung wurden die Hanffaserbündel mit einer sogenannten Krempel mechanisch zum planaren Faserkollektiv (Faserflor) geordnet und anschließend zum mehrschichtigen Faserflor geschichtet. Die Aufgaben der Krempel sind hierbei:

- die Verfeinerung der Faserbündel,
- die Reinigung der Faserbündel,
- die Kürzung der Faserbündel sowie
- das Parallellegen der Faserbündel.

Entscheidend für den Zusammenhalt des Faserflors ist die genügend große Haftung der Faserbündel untereinander. Dies ist besonders wichtig, damit der Faserflor hinter dem Abnehmer an der Übergabestelle zum Transportband nicht zerfällt. Bei den verarbeiteten Hanffaserbündeln wurde dies ohne haftverbessernde Zusätze erreicht, die zum Teil über eine schlechte Umweltverträglichkeit verfügen. Probleme traten nur bezüglich der enormen Staubbelastung auf, so daß bei großtechnischer Verarbeitung eine leistungsstarke Absaugvorrichtung unbedingt erforderlich ist.

Die mehrschichtigen Faserflore wurden maschinell problemlos zu Nadelfilzen verfestigt. Bei diesem Prozeß werden die verfestigenden Faserverschlingungen – die Merkmal eines Filzes sind – durch wechselnd in den Faserflor ein- bzw. ausdringende Nadeln mit Widerhaken erzeugt. Die Nadelfilze aus den Hanffaserbündeln verfügen über eine hohe Gleichmäßigkeit und über gute mechanische Eigenschaften.

Schematische Darstellung einer Nadelfilzmaschine · (Quelle: Zehle 1962)

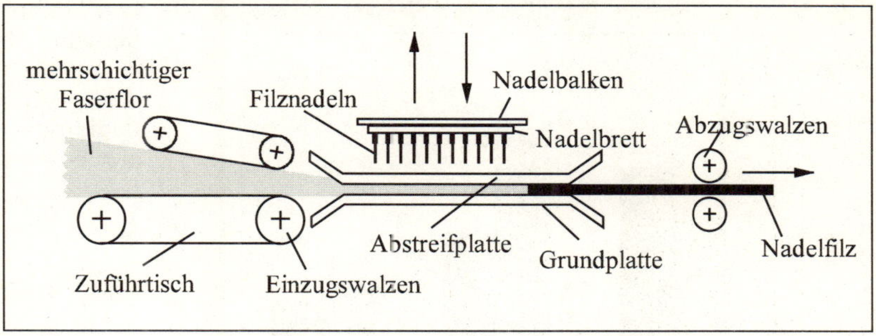

Die Wertschöpfungskette von getrocknetem Hanfstroh über den Aufschluß der Faserbündel bis hin zur Herstellung von Nadelfilzen stellt eine Möglichkeit der Verarbeitung von Hanf dar. Die Ergebnisse der Aufschlußversuche zeigen, daß die mechanische Aufbereitung getrockneten Hanfstrohs praktikabel ist. Da die verwendete Anlage jedoch speziell für den Flachs entwickelt wurde, sind Weiterentwicklungen und Anpassungen an die Eigenschaften des Hanfes notwendig.

Diese Ausführung zur technischen Anwendbarkeit heimischer Faserpflanzen gibt zwar nur einen kurzen Einblick, verdeutlicht jedoch die Vielfalt der Einsatzmöglichkeiten und das Ausmaß eines noch zu erforschenden Potentials im Bereich der nachwachsenden Rohstoffe.

In Zukunft: Hanfpapier

Die Papierherstellung aus Holz ist auch heute noch ein energie- und chemikalienaufwendiges Verfahren. Der Einsatz von Rohstoffen, Energie, Wasser und Chemikalien steht in Bezug auf die Menge des Endprodukts in einem sehr ungünstigen Verhältnis. Dieser schlechte Nutzungsgrad ist darauf zurückzuführen, daß die Holzstruktur völlig zerstört und unerwünschte Bestandteile (Lignine, Hemizellulosen, Harze, Gerbstoffe, Wachse) mit einem Gesamtanteil von über 50 Prozent chemisch herausgelöst werden müssen.

Im Gegensatz dazu können die gewachsenen Strukturen von Pflanzenfasern vergleichsweise leicht aus dem Stengel herausgelöst werden, wodurch Zellstoff und Papier aus Pflanzenfasern mit weniger Chemikalien und damit umweltfreundlicher hergestellt werden können. Wird die gesamte Hanfpflanze zur Zellstoffherstellung genutzt, liegt ihr Ertrag rund viermal höher als bei der Holznutzung. Papiere aus Pflanzenfasern sind haltbarer, reißfester und feuchtigkeitsunempfindlicher. Auch hinsichtlich seiner Zusammensetzung scheint die Hanfpflanze für die Pa-

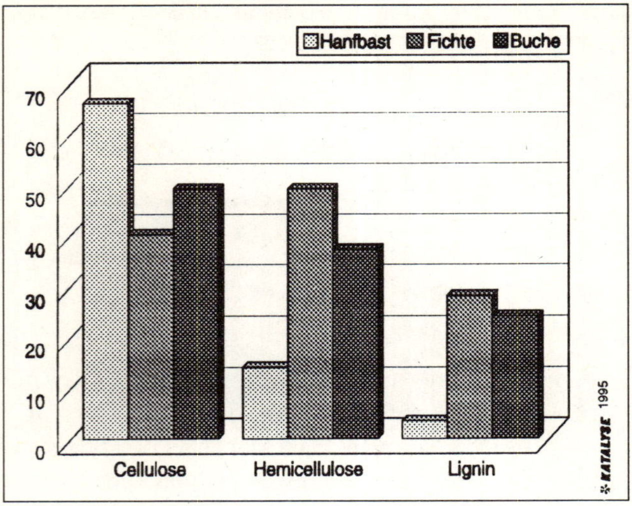

Zellulose- und Ligningehalte verschiedener Papierrohstoffe

pierherstellung besser geeignet: Sie hat einen außerordentlich hohen Zellulosegehalt, aber gleichzeitig einen geringeren Ligningehalt. Der Gehalt an Lignin bestimmt u.a. die Höhe des Chemikalieneinsatzes beim Herstellungs- und Bleichprozeß. Für das zurückbleibende Lignin gibt es derzeit aufgrund hoher Belastungen mit Schwefelverbindungen keine kommerzielle Verwendung, und es wird daher immer noch in Müllverbrennungsanlagen „entsorgt".

Wie in Kapitel 1 bereits kurz dargestellt, werden in Deutschland etwa 190 kg Papier pro Kopf und Jahr verbraucht. Das World Watch Institut schätzt, daß sich die weltweite Papiernachfrage bis 2010 verdoppeln wird. Rund 92 Prozent aller Papiere werden aus Holz hergestellt; damit wird der Druck der Abholzung auf die letzten naturnahen Wälder und Urwälder weiter zunehmen. Unter Berücksichtigung des steigenden Bedarfs müßten jedes Jahr etwa zehn Millionen Hektar Wald neu aufgeforstet werden. Auch wenn die Altpapierverwendung weiter steigt, reicht das Holzangebot in Zukunft zur Papierherstellung nicht mehr aus, und die Suche nach „neuen" Rohstoffen wird zur aktuellen Aufgabe.

Seit 1993 bietet der größte deutsche Papierhändler Druck- und Schreibpapiere aus Hanf-Altpapier-Mischungen an und seit 1994 eine komplette Kollektion verschiedenster Hanfpapiere. In England werden auch Hanfpapiere in Mischungen mit 70 Prozent Stroh angeboten. Während belgische und französische Zigarettenpapierhersteller schon lange Hanfzellstoff zur Herstellung einsetzen, stellte 1994 auch ein deutscher Zigarettenpapierhersteller seine Rohstoffbasis um. 1994 wurde von einer ungarischen Papierfabrik erstmals ein aus 100 Prozent Hanf bestehendes Schreib- und Druckpapier vorgestellt.

Heute kostet Zellstoff aus Hanf mit 3.400 bis 4.000 DM je Tonne noch rund dreimal soviel wie Zellstoff aus Holz. Rechnet man jedoch die Kosten der Zerstörung der Natur beim Holzanbau und Einschlag hinzu und berücksichtigt, daß es derzeit nur einen Anbieter für Hanfzellulose in Europa gibt, könnte Hanfzellulose für bestimmte höherwertige Papiersorten konkurrenzfähig werden. Erste Trends deuten sich an: Von Dezember 1994 bis Ende Februar 1995 stieg der Preis für Holzzellstoff von 1.000 auf 1.200 DM je Tonne, da die skandinavischen Hersteller die Holzpreise anhoben und ihre Kontingente verringerten. Auch die Planungen für weitere Zellstoffabriken für Hanfrohstoffe schreiten fort: Im brandenburgischen Ortrand wird seit zwei Jahren eine Zellstoffabrik auf der Grundlage von Einjahrespflanzen wie Hanf und Flachs geplant, und in Groningen wird im Herbst 1995 eine Kartonagenfabrik nach Umstellung seine Verarbeitung mit Hanfrohstoffen aufnehmen.

Vier Jahre lang wurde Hanfforschung zur Herstellung von Zellstoff und Papier im Auftrag der Provinzregierung Groningen und Drenthe durchgeführt. Das agrartechnologische Institut in Wageningen hat dabei untersucht, ob Hanf für die Papierindustrie rentabel angebaut und verarbeitet werden kann.

Auch die niederländische Landwirtschaft ist von Flächenstillegungen betroffen und an dem Anbau „neuer“ Kulturpflanzen interessiert. Viele Böden sind in den Niederlanden mit Parasiten und Schimmel befallen und können meist nur mit Hilfe chemischer Entseuchungsmittel von Schädlingen befreit werden. Hauptursache ist die jahrelange Nutzung der Böden für den Anbau der gleichen Nutzpflanze. Inzwischen wird wenigstens im Kartoffelanbau jedes dritte Jahr Weizen im Wechsel gepflanzt. Eine Verringerung der Parasiten und Schimmel ist dennoch nur mit Hilfe chemischer Mittel zu erreichen.

Im Forschungsprojekt wurde Hanf unter dem Aspekt der Bodenentseuchung und der Verwertung in der Papierindustrie untersucht. Immerhin besteht die getrocknete Hanfpflanze zu mehr als 50 Prozent aus Zellulose. Der Leiter des Projekts de Meijer sammelte in vielen botanischen Gärten und Genbanken der Welt rund 160 verschiedene Hanfpopulationen. Besonderer Wert wurde auf die Faserqualität und den Ertrag sowie den THC-Gehalt bei der Zucht gelegt. Hanfsorten, die einen langen Stengel und einen niedrigen THC-Gehalt haben, werden bevorzugt von der Papierindustrie genutzt. Gerade diese Sorten weisen eine hohe Resistenz gegen Parasiten und Schimmel (Bodenkrankheiten) auf. De

Anteile der Zellarten in verschiedenen Pflanzenarten

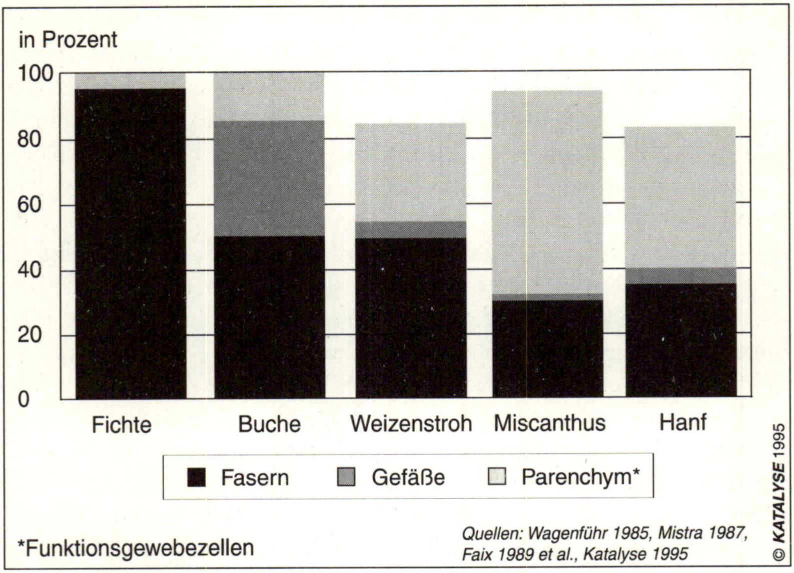

Meijer hat in seiner „Kollektion" Hanfpflanzen, die resistent gegen Parasiten sind und obendrein einen niedrigen THC-Gehalt aufweisen. Mit dem Anbau von Hanf wird die Fortpflanzung der Würmer unterbrochen, und die Aussichten für eine weniger chemieintensive, extensivere Landwirtschaft steigen. Große Hanffelder kann man in den Niederlanden jedoch noch nicht entdecken, da die wenigen Papierfabriken ihren fertigen Zellstoff meist aus dem Ausland beziehen. Eine zusätzliche Hürde sind Investitionen, um Hanfzellulose in den auf Holz fixierten Papierfabriken zu verarbeiten.

Heute fehlt es in erster Linie an einer Weiterentwicklung der Technologie des Faseraufschlusses für Einjahrespflanzen zur Zellstoffherstellung. Das Acetosolv bzw. Formacell-Verfahren scheinen für diese Aufgabe geeignet zu sein, Verfahren, die mit Hilfe von Essig- und Salzsäure bei etwa 110 °C den Aufschluß der Faser bewerkstelligen.

Die Verwendung von Hanfschäben

Zur Steigerung der Wirtschaftlichkeit der Hanfpflanze kann die Verwertung von Hanfschäben einen bedeutenden Beitrag leisten. Die beim Faseraufschluß anfallenden Holzreste (Schäben) des Stengels können als hochwertiges Bau- und Dämmaterial (Spanplatten, Schüttdämmung und Isolierputz) eingesetzt werden. In einigen Ländern werden Hanf-

Ökologische und gesundheitsbezogene Kriterien von künstlichen und naturnahen Dämmstoffen sowie Dämmstoffen auf Hanfbasis

Ökologische Kriterien	Künstliche Dämmstoffe	Naturnahe Dämmstoffe	Dämmstoffe auf Hanfbasis
Emissionsbelastung	sehr hoch, besonders bei Schaumkunststoffen (Styrol)	gering	gering
Energieaufwand	hoch, bei Schaumkunststoffen sehr hoch	mäßig	gering
Bindemittel	Kunstharze	Zement, Gips, Magnesit, Lignin	Lignin
Rohstoffe	nicht regenerativ	regenerativ	regenerativ
Gesundheitsbezogene Kriterien	**Künstliche Dämmstoffe**	**Naturnahe Dämmstoffe**	**Dämmstoffe auf Hanfbasis**
Fasern	bei Mineralfasern lungengängig und sehr beständig = krebserregend	nicht lungengängig	nicht lungengängig
Bindemittel	bedenklich	unbedenklich	unbedenklich
giftige Dämpfe	ja, besonders bei Schaumkunststoffen (Styrol)	bei minderwertigen Korkplatten (Benzyren)	keine

Quelle: Gernhardt/Kudlinski/Nagel/Schubert/Vogel 1995

schäben bereits seit Jahrzehnten für die Span- und Dämmplattenerzeugung verwendet. Hanfschäben haben den großen Vorteil, daß keine hohen Zerspannungskosten anfallen und eine intensive Trocknung wie bei Hölzern nicht mehr notwendig ist. Mit dem Inkrafttreten der neuen Wärmeschutzverordnung wird die Nachfrage nach Dämmstoffen, vor allem ökologisch und gesundheitlich unbedenklichen Dämmstoffen, steigen. Dämmstoffe aus Hanfschäben können diesen Kriterien gerecht werden:

♦ Hanfschäben haben die gleichen Grundbestandteile wie Holz, sind chemisch rein und besitzen gute bauphysikalische Eigenschaften.

♦ Der Energiebedarf zur Herstellung von Hanfschäben-Dämmplatten liegt bei einem Bruchteil konventioneller Dämmstoffsysteme wie synthetische Schäume, mineralische Fasern und Holzfaser-Dämmplatten. Damit ist die Höhe des CO_2-Ausstoßes bedeutend geringer als bei konventionellen Dämmstoffen. Das in den Hanfschäben gebundene CO_2 wird bei einer Verwertung in Bauprodukten langfristig gebunden und der Atmosphäre entzogen. Bei der Entsorgung kann der Dämmstoff durch Kompostierung CO_2-neutral in den natürlichen Kreislauf zurückgeführt werden.

Geht man von einem niedrigen Hanfstrohertrag von nur 8.000 kg/Hektar aus, liegt der Anteil Schäben bei etwa 4.000 kg. Bei einer Bewertung der Schäben mit einem Preis von 200 DM/Tonne können sie den Deckungsbeitrag um bis zu 25 Prozent steigern.

In Frankreich wurden bis 1993 etwa 500 Häuser weitgehend aus Hanfschäben gebaut, wobei das Produkt Isochanvre (Isohanf) als Bau- und Dämmstoff Verwendung fand. Die verwendeten Baustoffe weisen gute Wärmedämm- und Wärmekapazitätswerte auf, sind hervorragend für die Schallisolierung geeignet und feuerfest, unverrottbar, elastisch, entwässernd und wasserabweisend und werden von Insekten und Nagern nicht gefressen. Durch eine Behandlung mit Mineralsalzen (Borax) wird das Hanf-Dämmaterial gegen Fäulnis und Brand beständig gemacht. Als Baumaterial wird Isochanvre mit Fettkalk, Kalk oder Zement ohne Zusatzstoffe gemischt und in Schalungsstampf- und Trägergerüsttechnik für Fundamente, Mauern, Böden und Decken eingesetzt.

In einigen osteuropäischen Staaten werden schon seit langem Dämmplatten aus Hanfschäben hergestellt und verbaut. Aufgrund des hohen Volumens und des geringen Materialwerts ist ein Export nicht lukrativ; eine regionale Herstellung und Vermarktung in Regionen mit Hanfanbau lohnt sich indes auch wirtschaftlich. In Rumänien werden seit mehren Jahrzehnten Hohlraumsteine aus Hanfschäben, Zement und Lehm

Wesentliche Eigenschaften der wichtigsten künstlichen und naturnahen Dämmstoffe

Materialien	Wärmeleitfähigkeit λ in W/(mK)	Brandstoffklasse	Wiederverwendbarkeit
Künstliche Dämmstoffe			
Glasfaser	0,04	A1 bis B2	nein
Steinfaser	0,04	A1 bis B2	nein
Schlackenfaser	0,04	A1 bis B2	nein
Schaumglas	0,045	A1	nein
Schaumkunststoff	0,02 bis 0,04	B1/B2	nein
Naturnahe Dämmstoffe			
Holzweichfaserplatte	0,045	B2	ja
Holzwolleleichtbauplatte	0,09	B1	ja
Kokosfaser	0,045	B2	ja
Kork	0,045	B2	
Zellulose	0,04 bis 0,045	B2	ja
ISO-FLACHS	0,04	B2	ja
ISOCHANVRE (Hanf)	0,064 bis 0,072	A1	ja
Hanffaser	0,04 bis 0,053	B2	ja

Quelle: Gernhardt/Kudlinski/Nagel/Schubert/Vogel 1995 · Datenmaterial: König, Holger: Wege zum gesunden Bauen, 6. Aufl., Freiburg 1993, S. 101

hergestellt. Auch das deutsche Unternehmen Meha setzt bitumisierte Hanfschäben bereits seit 1957 mit Erfolg für Dämm- und Ausgleichsschüttungen im Fußbodenbau ein. Auch können Hanffasern als Verstärkungsfasern in Porenbeton eingesetzt werden, so daß die Biegefestigkeit von Porenbeton bis zu 30 Prozent erhöht werden kann. Der Einsatz von Hanffasern im Trockenmörtel verbessert deutlich die Festigkeit und das Trocknungsverhalten.

Das deutsche Marktpotential von Hanffasern für die Bauindustrie beträgt rund 30.000 Tonnen, für Dämmvliese und -filze als Isoliermaterial rund 20.000 Tonnen, für Mörtel rund 10.000 Tonnen und für alle anderen Anwendungen rund 5.000 Tonnen. Zusammen ergibt dies einen Bedarf von 65.000 Tonnen/Jahr, was einer Anbaufläche von etwa 25.000 Hektar entspricht.

2.6 Hanfpflanzen zur Energiegewinnung

In einem Versuch an der Gesamthochschule Kassel-Witzenhausen wurde 1994 überprüft, ob Hanf sich in einer Zweikulturnutzung zusammen mit Roggen als Energiepflanze zur thermischen Verwertung eignet. Im Versuch wurde nach etwa 120 Tagen Vegetationszeit geerntet. Die Erträge des Hanfs betrugen bei konventioneller Drillsaat zwischen 9,8 und 12 Tonnen Trockenmasseertrag je Hektar. Das Direktsaatverfahren hat sich als nicht geeignet erwiesen, da hier die Erträge deutlich niedriger lagen. Im Zweikultursystem konnten maximal 15 Tonnen Trockenmasse je Hektar geerntet werden, was etwa einem Äquivalent von 6.000 Litern Heizöl entspricht. Der Heizwert von Hanf liegt in der Größenordnung der meisten biogenen Brennstoffe, nämlich zwischen 16 und 18 MJ/kg Trockensubstanz. Durch einen späteren Erntetermin ist die Ölsynthese der Hanfpflanze weiter vorangeschritten, und es könnten noch etwas höhere Heizwerte erzielt werden.

Beim Ascheschmelzverhalten hat sich der Hanf als außerordentlich positiv erwiesen. Während andere Kulturarten wie Mais und Getreide zwischen 900 und 1.200 °C zur Verschlackung neigen, lag der Ascheschmelzpunkt von Hanf bei 1.300 °C.

Mit 0,16 Prozent zählt Hanf zu den Einjahrespflanzen mit den niedrigsten Chlorgehalten und ist aus dieser Sicht besonders als Energiepflanze geeignet, da chlorierte Verbindungen bei der Verbrennung zur Entstehung von Dioxinen und Furanen beitragen können.

1995 werden in Witzenhausen weitergehende Untersuchungen zur Nutzung des Hanfs als Energiepflanze durchgeführt.

2.7 Hanfsamen- und Hanfölnutzung

Eignung für die Lebensmittelindustrie und die Herstellung von Speiseöl

Hanfsamen weisen einen Ölgehalt von bis zu 35 Prozent auf. Durch Pressung entsteht ein hochwertiges Speiseöl mit bräunlichgelber, grüngelber oder dunkelgrüner Farbe. In allen Speiseölen ist stets ein Gemisch von Fettsäuren vorhanden. Der Anteil der ungesättigten Fettsäuren liegt bei vielen Pflanzensorten bei 80 Prozent und mehr. Die wichtigste ungesättigte Fettsäure ist die zweifach ungesättigte (cis-) Linolsäure. Linolsäure ist essentiell, da sie vom Menschen nicht aufgebaut werden kann.[44] Die wertbestimmenden Inhaltsstoffe bei Speiseölen sind aus ernährungsphysiologischer Sicht also zum einen ein hoher Gehalt an mehrfach ungesättigten, essentiellen Fettsäuren, zum anderen ausreichende Gehalte der essentiellen Linolsäure sowie der ebenfalls essentiellen Omega-3-Fettsäuren, zu denen auch die α-Linolensäure zählt.

Je nach Sorte und Anbaugebiet variiert der Anteil Linolsäure im Hanföl zwischen 46 und 70 Prozent und liegt damit im gleichen Gütebereich wie Sonnenblumen- und Sojaöl. Die im Hanföl enthaltenen Fettsäuren

Fettsäuregehalt verschiedener Fette (in Prozent)

Pflanze	Fettgehalt	gesättigte Fettsäuren	ungesättigte Fettsäuren	Linolsäure
Distel (Saflor)	18-50	10	90	75
Sonnenblumen	35-52	8	92	65
Sojabohnen	18-24	14	86	54
Mais	3- 7	17	83	50
Baumwollsaaten	15-25	25	75	50
Erdnüsse	45-53	19	81	31
Lein	30-48	10	90	14
Hanf	28-35	9	91	49
Raps	40-50	10	90	23
Ölpalme	40-52	46	54	10
Oliven	14-25	19	81	8
Kokosnuß	63-70	92	8	2
Palmkerne	67-69	83	17	2
Schweinefett		43	57	8
Rinderfett		54	46	3
Milch- u. Butterfett		61	39	2
Butter	81-85	49-68		2- 5*
Margarine	80	30-50		20-50*

*Gesamtheit der essentiellen Fettsäuren   Quelle: Neue Chemie in Lebensmitteln, KATALYSE 1995

sind nicht spezifisch, sondern kommen auch in anderen Ölsaaten, z. T. in höheren Konzentrationen vor. In einer japanischen Untersuchung wurde in Tierversuchen mit Ratten eine cholesterinsenkende Wirkung von Hanföl festgestellt. Hanföl ist wie alle Speiseöle mit hohem Linol- und Linolensäureanteil anfällig für Oxidation, was die Haltbarkeit, ähnlich wie beim Leinöl, gegenüber Raps- und Sojaöl verringert.

In der Geschichte der Hanfnutzung wurden Hanfsamen vielfach zur Speisen- und Ölherstellung verwendet. Im Mittelalter wurden die nahrhaften Hanfsamen als Nahrungsmittel genutzt und vielfach mit Gerste und anderem Getreide zusammen angebaut, gekocht und gegessen. In Usbekistan und Teilen Rußlands wurden sogar noch bis Ende der 60er Jahre Hanfsamen zur Gewinnung von Speiseöl gepreßt.

Eine Nutzung von Hanfsamen zur Speiseölherstellung würde sich heute vor allem für die kalte Küche als natives, kaltgepreßtes Speiseöl anbieten. Für den praktischen Gebrauch ist es günstig, daß Hanföl bis zu Temperaturen von -15 °C flüssig bleibt. In ersten Vermarktungsversuchen von nativem Hanfspeiseöl in den Niederlanden wird nach Herstellerangaben eine Mindesthaltbarkeit von drei Monaten bei einer Lagerung im Kühlschrank erreicht. Durch Zusatz von Vitamin E ist eine entsprechend längere Haltbarkeit zur erreichen. Auch zur Herstellung von Pflanzenmargarine eignet sich Hanföl, da es mehr als 30 Prozent Linolsäure enthält. Hanföl hat einen angenehmen, nußartigen Geschmack und ist hervorragend für die kalte Küche, vor allem für Salate geeignet. Schließlich haben Hanfsamen unter allen Pflanzen den höchsten Gehalt an essentiellen Fettsäuren, denn das Öl enthält nur etwa 9 Prozent gesättigte Fettsäuren. Gemahlene Hanfsamen können zu einer Paste, also zu Hanfbutter, verarbeitet werden, die stark an Erdnußbutter erinnert oder für die Zubereitung von Brot- und Kuchenteigen sowie für Eintöpfe und als Müslizutat verwendet wird.

Aufgrund des hohen Gehalts an freien Fettsäuren und seinem leicht nussigen Charakter ist Hanföl zum Kochen, Braten und Backen wenig geeignet. In Deutschland könnte natives Hanföl ein interessantes Produkt zur Erweiterung der Speiseölpalette für die Reform-, Bio und Naturkostwarenbranche sein. Insgesamt scheint eine breite Verwendung als Speiseöl jedoch nicht sinnvoll; allenfalls im Diätbereich und als Salatöl könnte Hanföl eine gewisse Bedeutung erlangen. Schließlich ist der Ölertrag zu gering, um heute mit anderen konventionellen Speiseölen zu konkurrieren – nur im Bereich der ökologisch produzierten Öle könnte Hanföl zukünftig eine gewisse Rolle bekommen. Bei einem hohen Hanfsamenertrag von 1.000 kg/Hektar können gerade mal 350 Liter

Hanf(roh)öl gewonnen werden – Raps erzielt auf der gleichen Fläche etwa 1.000 Liter Raps(roh)öl.

Weiterhin kann Hanföl zur Herstellung von Nahrungsmitteln in der Lebensmittelindustrie eingesetzt werden. Hanfsamen können auch als Müslizutat oder als Bestandteil von Vollkornriegeln verwendet werden. Hanfsamen bieten sich auch für eine Verwendung in der Küche an; sie bestehen aus bis zu 58 Prozent fettem Öl, Trigonellin, Eiweiß (etwa 25 Prozent), Harz, Zucker und Ballaststoffen. Die Hanfsamen können geröstet, gekocht oder zerkleinert werden – mahlen ist nur in speziellen Mühlen möglich – und lassen sich in einer Vielzahl von Gerichten einsetzen. Hanfsamen sind auch das ausgesprochene Lieblingsfutter aller Vögel; auch heute noch werden große Mengen vor allem aus China importiert und über den Tierbedarfshändler als Vogelfutter verkauft.

Technische Hanfölnutzung

Neben dem Speiseölbereich ist Hanföl auch für den Einsatz als technisches Öl geeignet. Bei der Herstellung von Ölfarben, Anstrichstoffen, Firnissen, weichen Kitten, Druckfarben beim Offsetdruck und Reinigungsmitteln in der Druckindustrie (Offsetdruck) sowie Treibstoffen und Schmiermitteln kann Hanföl eine Verwendung finden. Eine Weiterverarbeitung ist in zwei Richtungen denkbar:

- Eine Hydrolyse zu freien Fettsäuren und Glycerin, evtl. eine Hydrogenierung (Härtung), was etwa 92 Prozent Stearinsäure ergeben würde, für die als Industrierohstoff Bedarf besteht.
- Durch Umesterung zu Methylestern (z.B. als Biodiesel) oder anschließende Destillation und Hydrolyse zur Gewinnung von reiner Ölsäure, Linolsäure, Linolensäure usw.

Hanföl enthält vor allem Triacylglycerine, das sind verseifbare Fette, die sich in ein Molekül Glycerin und drei Moleküle Fettsäuren spalten lassen, und ist für die Verwendung in der Oleochemie geeignet, da die wichtigsten Fettsäuren des Hanföls zu den gebräuchlichsten Rohstoffen der Oleochemie gehören. Seit dem Frühjahr 1995 wird auch ein Vollwaschmittel auf der Basis von Hanföl hergestellt. Tenside aus Hanföl besitzten eine hohe Biokompatibilität und sind gut abbaubar. Für den fettfreundlichen Teil wird bei Tensiden Hanföl, für den wasserfreundlichen Teil werden Mikroorganismen, Bakterien und Hefen genutzt.

Insgesamt gesehen ist eine Kombinationsnutzung von Hanffasern und Hanföl durchaus sinnvoll – vor allem, da es das Einkommen der Landwirte erhöhen kann; ein breiter Einsatz als Speise- oder technisches Öl ist aufgrund der relativ geringen Erträge kaum zu erwarten.

2.8 Hanf als Medizin

Bereits seit mehr als 3.000 Jahren sind in China und anderen ostasiatischen Staaten die therapeutischen Wirkungen von Hanfextrakten und -tinkturen bekannt. In Indien wird Hanf bereits seit 800 v. Chr. als Arzneimittel verwendet; das Harz wird in alkoholischer Lösung getrunken oder in verschiedenen Formen geraucht. In Deutschland wurden im 12. Jahrhundert erstmals zahlreiche Rezepte für Arzneimittel und Extrakte aus Hanf dokumentiert. Ab dem 16. Jahrhundert findet Hanf als Heilpflanze in zahlreichen europäischen Kräuterbüchern Erwähnung. Seit 1843 wurden in Deutschland Hanftinkturen in der Volksmedizin verwendet. So enthielten die berühmten „Schwedentropfen" ursprünglich Hanf. Zwischen 1840 und 1890 standen Hanfextrakte an zweiter Stelle der verordneten Medikamente in den USA. Die damalige amtliche amerikanische Arzneimittelliste zählte Müdigkeit, Husten, Rheumatismus, Migräne, Krämpfe und Depressionen zu den Beschwerden, die mit Cannabis behandelt werden durften. Auch als Schmerzmittel leistete Cannabis außerordentlich gute Dienste und war in den USA jahrzehntelang das wichtigste Mittel, bis es von dem bekannten Aspirin abgelöst wurde. In Australien wurde im Juli 1995 Marihuana wieder als Medizin zugelassen.

Die Erforschung der medizinischen Wirksamkeit der Hanfinhaltsstoffe wurde von 1966 bis 1976 in den USA durch zahlreiche klinische Studien und Behandlungen belegt. 1975 wurden die positiven medizinischen Ergebnisse der Hanfforschung zusammengetragen und eine weitere medizinische Erforschung von Hanf gefordert. Aber die US-Regierung stellte sämtliche Forschungen am Hanf und seinen Inhaltsstoffen ein und beauftragte die Pharmaindustrie, diese fortzuführen, wobei sämtliche Forschungsergebnisse der Pharmaindustrie überlassen wurden. In den Folgejahren beschränkte sich die Hanfforschung jedoch nur noch auf das Delta-9-THC (Tetrahydrocannabinol), die restlichen 400 potentiell wirksamen Hanfinhaltsstoffe wurden nicht weiter auf ihre medizinische Wirksamkeit untersucht.

Die heutige medizinische Hanfforschung ist fast weltweit zum Erliegen gekommen. In China und einigen asiatischen Staaten sind nach wie vor die traditionellen Anwendungen von Hanftinkturen und Arzneimitteln bekannt und werden angewendet. Eine moderne medizinisch-therapeutische Forschung wird jedoch kaum betrieben. Vor einigen Jahren wurde in Amsterdam das Institute of medical Marijuhana gegründet, das die medizinische Forschung am Hanf vorantreiben will. In Deutschland werden keine klinischen Studien und Prüfungen mit Hanfpräparaten durchgeführt, obwohl das Bundesgesundheitsamt eine therapeutische Forschung auf Genehmigung erlaubt. Dabei sind heute eindeutig eine Reihe von therapeutischen Anwendungsmöglichkeiten belegt. Meist werden die krampflösenden Wirkungen, die Förderung von Appetit, die Beseitigung von Übelkeit und Schmerzen für eine therapeutische Verabreichung von Hanf-Arzneimitteln genutzt.[45]

Krebs- und Aidskranke, die sich einer Chemotherapie unterziehen, leiden meist unter Übelkeit, Erbrechen und Appetitlosigkeit. Gegen diese Symptome werden häufig Medikamente verschrieben, die nicht immer und bei jedem Patienten wirken. Durch das Rauchen von Cannabis können Symptome wie Übelkeit und Erbrechen gemildert oder sogar abgestellt werden, so daß sich diese Patienten meist wieder besser ernähren, was den Allgemeinzustand wesentlich verbessert. Die häufigste Ursache für die Erblindung ist der *Grüne Star (Glaukom)*, der insbesondere bei älteren und stark zuckerkranken Menschen auftritt. Gegen das Fortschreiten werden häufig Augentropfen mit sogenannten Beta-Blockern verschrieben, die schwere Nebenwirkungen wie Asthma hervorrufen können. Die Verabreichung von Cannabis reduziert den Augeninnendruck für 4 bis 5 Stunden und zeigt therapeutische Wirkung bei der Behandlung des Grünen Star, so daß auf Medikamente mit beta-Blockern teilweise verzichtet werden kann. Bei Krankheiten wie *Epilepsie, multiple Sklerose* und *chronischen Schmerzzuständen* treten häufig extreme Krämpfe auf. Cannabis wirkt hier mit seinen krampflösenen Eigenschaften und mildert die Symptome dieser Krankheiten. Bei *Neurodermitis* wird durch Cannabis der Juckreiz gelindert, Entzündungen verschwinden schneller, und das infektiöse Potential von *Herpes-Viren* sinkt.

Natürlich können durch die Verabreichung von Cannabis leichte Nebenwirkungen auftreten wie Augenrötungen, leicht beschleunigter Herzschlag und Verhaltens- und Reaktionsänderungen, Nebenwirkungen, die ebenfalls bei vielen anderen Medikamenten auftreten.

Hinsichtlich des Risikos und der Gesundheitsschädlichkeit von Cannabis kann der nachfolgende Vergleich einen Anhaltspunkt geben:

Risiken und Gesundheitsschädlichkeit von Cannabis

Substanz	Wirksame Dosis	Tödliche Dosis	Sicherheitsfaktor**
Secobarbital (Schlafmittel)	100 - 300 mg	1 - 5 g	3 - 50
Alkohol	0,05 - 0,1 %	0,4 - 0,5 %	4 - 10
Tetrahydrocannabinol	50 µg/kg	2.160.000 µg/kg*	40.000*

*Menschliche Todesfälle sind nicht dokumentiert, daher bezieht sich die tödliche Dosis auf Mäuse
**Tödliche Dosis dividiert durch wirksame Dosis. Je höher der Sicherheitsfaktor, desto ungiftiger die Substanz

2.9 Cannabis: Droge oder Genußmittel?

Die Etablierung einer restriktiven Drogenpolitik und der Prohibition von Cannabis war das Werk von Harry Anslinger, der 1937 Chef des US-Federal Bureau of Narcotics wurde. Er ließ verbreiten, daß Cannabis die Ursache vieler Verbrechen sei und daß es zu Unmoral, Vergewaltigung und Mord reize. Es dauerte mehr als dreißig Jahre, bis zumindest teilweise die Verfolgung eingestellt wurde und die Diskussion über die Entkriminalisierung des Cannabisbesitzes und -konsums rationale Formen annahm: Oregon war 1973 der erste amerikanische Staat, der die strafrechtliche Verfolgung einstellte; es folgten Alaska, Colorado, Kalifornien, Maryland, Maine, Ohio, South Dakota, Pennsylvania, Minnesota und New York. Außerhalb der USA wird in folgenden Ländern der Besitzt kleiner Cannabismengen oft gar nicht und der Konsum meist mit Geldstrafen geahndet: Kolumbien, Niederlande, Nepal, Österreich, Jugoslawien und Italien.

Hanfkonsum und Gesundheitsgefährdung

Die Gesundheitsrisiken von Cannabis sind mit denen harter Drogen nicht vergleichbar. Nachfolgend im Vergleich die vier wichtigsten Wirkungen von Alkohol- und Cannabiskonsum:

♦ Cannabisprodukte besitzen nur geringe körperliche Wirkungen, während beispielsweise Alkohol fast alle Organe und Organsysteme erreicht und zerstören kann.

♦ Nach dem Absetzen von Alkohol treten Entzugserscheinungen auf, die bei Cannabis nicht beobachtet werden konnten.

♦ Übermäßiger Alkoholkonsum führt zu schweren psychischen Schäden, während bei Cannabisprodukten höchstens eine leichte psychische Abhängigkeit auftritt.

♦ In Deutschland sterben nach Schätzungen pro Jahr rund 40.000 Menschen an den Folgen des Alkoholkonsums, für Cannabisprodukte konnte bisher keine einzige Todesfolge dokumentiert werden.

Körperliche Entzugserscheinungen sind beim Cannabiskonsum nicht zu beobachten, lediglich leichte Schlafstörungen, Unruhe und Irritiertheit können auftreten – Schwierigkeiten, die nach abendlichem Bier- oder morgendlichem Kaffeekonsum ebenso auftreten können und in stärkerem Maße bei Einstellung des Rauchens zu beobachten sind. Medizinisch gesehen dürfte der Genuß von ein bis zwei Cannabiszigaretten täglich unschädlich sein, zumindest aber weniger schädlich als der tägliche Konsum von Alkohol oder 20 Tabakzigaretten. Unabhängig vom

Streit um THC-arme und normale Hanfsorten kann man feststellen, daß aus wissenschaftlicher Sicht der Versuch, eine besondere Schädlichkeit von Cannabis als Droge nachzuweisen, fehlgeschlagen ist. Denn bis heute ist weltweit kein Todesfall ursächlich auf die vielbeschworene Schädlichkeit des Cannabiskonsums zurückzuführen.

Hanf ist ein Genußmittel

Im Welt-Drogen-Bericht 1993 schätzt man allein in Deutschland vier bis sieben Millionen Cannabisverbraucher, das heißt über 10 Prozent der Bevölkerung verstoßen regelmäßig gegen das Betäubungsmittelgesetz (BtmG). Die derzeitige Drogenpolitik basiert auf Fehlinformationen, Tabus und Ideologisierung, und es werden kaum Wege zur Entkrampfung gesucht.

Die Frage der verfassungsmäßigen Anwendung des Strafrechts beim Besitz und Konsum von Cannabisprodukten ist nicht neu und wird seit den 70er Jahren in Literatur und Rechtsprechung diskutiert. Mit dem Lübecker Beschluß des Richters Neskovic im Februar 1992 gab es ein erstes Urteil, das die Verfassungsmäßigkeit in Frage stellte und die Befürwortung der Straffreiheit bei Besitz und Konsum von Cannabisprodukten forderte. Die Kammer war der Auffassung, daß das Recht auf Rausch im Rahmen der freien Entfaltung der Persönlichkeit geschützt ist. Das Urteil entfachte einen wahren Boom der Berichterstattung um die verbotene Hanfpflanze und deren Konsumprodukte und eine intensive öffentliche Diskussion. Im April 1994 erließ das Bundesverfassungsgericht ein Urteil, nach dem der Umgang mit Hanf zwar weiterhin verboten bleibt, der gesetzliche Rahmen aber überdacht und geändert werden soll. So sprechen sich SPD und Grüne für eine Liberalisierung aus, während FDP und CDU/CSU auf Altbewährtes verweisen und am Verbot als Präventionsmaßnahme festhalten. Über ein Jahr ist seit dem Urteil vergangen, in dem keine Vereinheitlichung der Rechtsprechung erzielt werden konnte. Das Gegenteil wurde erreicht: Durch die äußerst unterschiedliche Auslegung in verschiedenen Bundesländern ist eine große Rechtsunsicherheit entstanden, die sich zunehmend auch bei behördlichen Stellen ausbreitet.

Das Bundesverfassungsgericht hat in seinem Urteil vom 9. März 1994 den Besitz von Cannabis weiterhin verboten, wobei im Normalfall (geringe Menge, gelegentlicher Konsum) von einer Bestrafung abgesehen werden muß. Bestraft werden soll nur noch der Genuß bei Fremdgefährdung. Da die Begriffe „geringe Menge“ und „gelegentlicher Genuß“ vom Bundesverfassungsgericht nicht definiert wurden, tagten am 5. Mai

1994 die Innenminister der Bundesländer, um eine einheitliche Menge festzusetzen – was jedoch nicht gelang. So steht man nun vor dem Dilemma unterschiedlicher Bewertungen, was als „geringe Menge“ anzusehen ist. Nach §31 des Betäubungsmittelgesetzes können Verfahren unter gewissen Voraussetzungen eingestellt werden:

Baden-Württemberg: Bisher keine Festlegung, was eine geringe Menge ist.

Bayern: Es gelten immer die Umstände des Einzelfalls – als gering werden höchstens 6 Gramm eingestuft. Bei Wiederholungstätern wird das Verfahren grundsätzlich nicht eingestellt.

Berlin: Die geringe Menge wurde als bis zu 4 Gramm definiert, bei 6 bis 15 Gramm wird unter Umständen von einer Strafverfolgung abgesehen.

Brandenburg: Die geringe Menge wurde als bis zu 6 Gramm definiert. Eine Einstellung ist auch bei Wiederholungstätern möglich.

Bremen: Als geringe Menge werden bis zu 8 Gramm, im Einzelfall auch 10 Gramm angesehen. Die Einstellung des Verfahrens im Wiederholungsfall ist nicht ausgeschlossen.

Hamburg: Eine geringe Menge zum Eigenverbrauch ist soviel, wie in eine Streichholzschachtel paßt – also ungefähr 20 Gramm.

Hessen: Als eine geringe Menge werden bis zu 30 Gramm angenommen.

Mecklenburg-Vorpommern: Nach Einzelfallprüfung wird entschieden, ob das Verfahren eingestellt wird, aber nur, wenn weniger als 5 Gramm im Besitz waren.

Niedersachsen: Eine geringe Menge ist mit bis zu 6 Gramm, in Einzelfällen bis zu 15 Gramm definiert. Strafrechtliche Verfolgung nur bei Fremdgefährdung.

Nordrhein-Westfalen: Die geringe Menge kann bis zu 10 Gramm betragen.

Rheinland-Pfalz: Eine geringe Menge ist als bis zu 10 Gramm definiert. Auch die Einstellung bei wiederholter Strafbegehung ist möglich.

Saarland: Bis zu 10 Gramm werden als geringe Menge angesehen.

Sachsen: Als geringe Menge werden 4 bis 6 Gramm angesehen.

Sachsen-Anhalt: Als geringe Menge werden bis zu 6 Gramm angesehen.

Schleswig-Holstein: Als geringe Menge werden bis zu 30 Gramm angesehen. Auch in Wiederholungsfällen wird von einer Strafverfolgung abgesehen.

Thüringen: Keine geringe Menge definiert/festgesetzt.

Deutlich gesagt werden muß, daß die Verfahrensweise (Ermittlung, Vernehmung, Anzeige usw.) weiterhin bestehen bleibt und daß nur bei Vorliegen der Kriterien (geringe Menge und gelegentlicher Konsum) von einer Bestrafung abgesehen wird. Tatsache ist, daß die allermeisten Cannabiskonsumenten ihren Konsum zum Zwecke des Genusses betreiben. Angesichts der weitgehenden faktischen Unbedenklichkeit von Cannabisprodukten wäre es nur konsequent, eine Regelung des Besitzes und Konsums von Cannabisprodukten im Lebensmittel- und Bedarfsgegenständegesetz (LMBG) zu verankern, wie es auch für andere Genußmittel üblich ist. Cannabis durch das LMBG zu regeln, wirft keine größeren Schwierigkeiten auf, da mit Tabak respektive Nikotin bereits ein Genußmittel geregelt ist, das durch Inhalation in die Lunge aufgenommen wird – ebenso wie dies bei Cannabis in der Regel der Fall ist.

Die Diskussion über Cannabisprodukte wird einseitig im Hinblick auf die Bestrafung geführt. Beispiele aus den Niederlanden, Kalifornien und Jamaika zeigen Möglichkeiten auf, den Besitz und Konsum von Cannabis am unteren Ende der Drogenskala einzuordnen. Tatsächlich stellt sich die Frage, ob eine Gesellschaft gegen alles, was möglicherweise gesundheitsschädlich ist, durch Androhung harter Strafen vorgehen muß, und ob dadurch nicht das Recht auf Freiheit zu sehr eingeengt wird, wenn der Einzelne nicht mehr über sein persönliches Risiko entscheiden darf. Sinnvoll erscheint es, den Druck des Strafrechts allmählich durch Erziehung im weitesten Sinne zu ersetzen, so daß Strafvorschriften für den Besitz und Konsum von Cannabisprodukten überflüssig werden. Eine Reform der derzeitigen Drogenpolitik muß daher auf der gesellschaftlichen Akzeptanz der Bevölkerung beruhen und einen vernünftigen Umgang mit der „Droge“ Cannabis zum Ziel haben.[46]

2.10 Rechnet sich der Hanfanbau?

Bei der Wiederbelebung des Anbaus alter Nutzpflanzen spielt die Wirtschaftlichkeit der Rohstoffe eine große Rolle. Ein Anbau macht wenig Sinn, wenn die erzeugten Rohstoffe nicht konkurrenzfähig sind. Wir haben unter folgenden Annahmen eine Deckungsbeitragsrechnung erstellt:

Es wird monözischer Hanf mit einem Gesamtfasergehalt von 35 Prozent und einem Gesamtertrag von 8.000 kg/Hektar Hanfstroh angebaut. Das entspricht in etwa 2.800 kg Fasern und etwa 1.000 kg Samen pro Hektar. Aus dem Faseranteil können 40 Prozent Langfasern und 60 Prozent Kurzfasern gewonnen werden. Der verbleibende Rest besteht zu etwa 3.800 kg aus Schäben und Abfall. Aus den 1.000 kg Samen wird 30 Prozent Hanföl gewonnen, der hocheiweißhaltige Preßkuchen (70 Prozent) wird als Viehfutter verwendet. Als Preise wurden die 1994 erzielbaren Rohstoffpreise veranschlagt. In den Anbaukosten sind die variablen Kosten für Saatgut, Düngung und Maschinen sowie die Ernte enthalten. Die Transport- und Faseraufbereitungskosten beeinflussen die Erlössi-

Kalkulation für Hanf bei kombinierter Faser- und Samennutzung

Hanfnutzung	Ertrag (kg/ha)	Preis (DM/kg)	Erlös (DM)
Langfasern	1.200	2,00	2.400
Kurzfasern	1.600	1,20	1.920
Schäben	3.800	0,25	950
Abfall	zur Energieerzeugung oder Kompostierung		
Hanföl	330	0,70	231
Hanfkuchen	670	0,25	210
Marktleistung	5.711 DM/ha		
EU-Beihilfe	1.510 DM/ha		
Gesamterlös	7.221 DM/ha		
Anbaukosten	-2.500 DM/ha		
Transport- und Aufbereitungskosten	-2.800 DM/ha		
Deckungsbeitrag	1.921 DM/ha		
Quelle: Katalyse 1995			

tuation sehr stark und können gesenkt werden, wenn die Faseraufbereitung (Entholzung) vor Ort, also im landwirtschaftlichen Betrieb, stattfindet.

Das Ergebnis der Kalkulation zeigt, daß der Hanfanbau unter den genannten Annahmen wirtschaftlich ist – allerdings unter der Voraussetzung, daß für die Rohstoffe Abnehmer vorhanden sind. Weitere Voraussetzungen sind eine hohe Faserqualität und ein relativ gleichbleibender Ertrag. Die Entwicklung des potentiellen und tatsächlichen Abnehmermarktes ist derzeit kaum abzuschätzen, auch wenn 1994 die westeuropäische Nachfrage das Angebot bei weitem überstieg und zum Teil horrende Preise für Hanfrohstoffe und Saatgut verlangt wurden.

Kapitel 3

Flachs

Flachs, oder auch Lein genannt, ist eine alte Kulturpflanze, deren Stengel die Flachsfaser und deren Samen das Leinöl liefern. Man unterscheidet Faserlein von Öllein, da Flachssorten mit hohem Ölertrag Fasern schlechter Qualität liefern und umgekehrt. Der Leinsamen enthält zwischen 38 und 44 Prozent Öl und eignet sich für Herstellung von Lacken, Farben und Linoleum-Fußbodenbelägen. Im Bogen-Offsetdruck werden heute bereits etwa 30 Prozent pflanzliche Öle in Form von Leinöl eingesetzt.

Die Versuche, Faserlein „wiederzubeleben", sind technisch und ökologisch gerechtfertigt. Während sich die Flachsfasern für einige Bereiche des Textilsektors gut eignen, ist das Stroh aus dem Leinölanbau zwar nicht für die Herstellung von Textilien, aber für die Produktion von Zellstoff und Papieren und anderen technischen Anwendungen geeignet. Flachs bedarf im Vergleich mit den meisten anderen Kulturpflanzen einer relativ geringen Düngung, hat eine kurze Vegetationszeit von 100 bis 130 Tage (Öllein 145 bis 160 Tage) und ist gut für den extensiven Landbau geeignet.

3.1 Geschichte, Entwicklung und Niedergang des Flachses

Lein (lat. Linum usitatissimum, das heißt: der sehr nützliche Lein) ist eine der ältesten Kulturpflanzen der Welt. Die frühesten Funde von Leinsamen stammen aus Mesopotamien, den heutigen Ländern Türkei und Irak; auch in Grabungsstätten im Iran wurden 7.000 bis 9.000 Jahre alte Leinsamen und Kapseln der wilden Flachsform und in Syrien gar hunderte Samen einer kultivierten Flachsform gefunden. Bei den Ägyptern wurde Flachs bereits vor mehr als 5.000 Jahren als „gewebtes Mondlicht" bezeichnet und für die Kleidung der Priester, Pharaonen und als Leichentücher für die Mumien genutzt. Funde von Kleidungsstücken und Darstellungen auf Alltagsgegenständen aus Ägypten und Babylonien sind rund 5.800 Jahre und aus Svendburg in Dänemark rund 5.000 Jahre alt. Sie belegen, daß der Flachs sehr früh weit verbreitet war. Im Altertum wurde Flachs von den Griechen, Römern und Germanen angebaut und zu feinen Garnen und Geweben verarbeitet. Bei Ausgrabungen von Pfahlbauten in der Schweiz (2.700 v.Chr.) wurden Leinenfunde gemacht. Funde aus Spanien, Irland, Schottland und England stammen aus der Bronzezeit (2.000 bis 500 v.Chr.). Der Leichnam von Jesus soll in Leinentücher gehüllt gewesen sein, weshalb auch heute noch Altartücher nur aus Leinen bestehen dürfen. Große Bedeutung hatte die Leinenkultur in Gallien und Germanien. Zahlreiche Berichte über den Leinanbau in belgischen und flämischen Gebieten und die große Bedeutung der Leinenweberei in den Niederlanden machen deutlich, daß Flachs die wichtigste Textilfaser der europäischen Geschichte war.

Die Herstellung und der Handel mit Leinengeweben war eine der wirtschaftlichen Säulen der mittelalterlichen und frühneuzeitlichen Kulturzentren Norditaliens (Venedig, Mailand) und des süddeutschen Raums (Augsburg, Ulm, Kempten) sowie Flanderns (Gent, Brügge, Antwerpen, Kortryk). Im Mittelalter waren Garne und Gewebe aus Leinen die bedeutendsten Textilprodukte, Hanf hingegen hatte als grobere Faser traditionell mehr Bedeutung im Seilerwarenbereich. Die Handelszentren der Niederlande und die Hanse der Nord- und Ostsee befaßten sich intensiv mit dem Handel von Leinenprodukten.

Die deutschen Hauptanbaugebiete lagen zunächst im Bodenseegebiet und in Schlesien und weiteten sich schließlich auf das Allgäu, die Schwäbische Alb, das Wuppertal, die Ravensburger und Osnabrücker Region, die Gegend von Hannover und Braunschweig sowie in Freiland, Sachsen, Thüringen, Böhmen und Ostpreußen aus. Im 12. und 13. Jahrhundert war Deutschland im Flachsanbau weltweit führend. Eine blühende Leinenproduktion entwickelte sich in Schlesien, Schwaben und Westfalen.

An Leine und Weser – ein Beispiel der Flachsgeschichte

Flachsanbau und Leinenerzeugung wurden an der Leine und Weser bereits seit dem frühen Mittelalter betrieben.[0] Zunächst versorgte die Leinenherstellung die eigene Familie und Bevölkerung, später bildeten sich die speziellen Berufe wie Leinenweber und Färber heraus. Ab dem 16. Jahrhundert war der Flachs neben dem Getreide die wichtigste Ackerpflanze für die hannoversche Landwirtschaft. Flachsreiche Regionen waren die Fürstentümer Hildesheim, Göttingen und Osnabrück. Fast auf jedem Hof gab es einen Webstuhl. In der Folge gewann die Berufsweberei immer mehr an Bedeutung und bot der armen Bevölkerung die

Möglichkeit, ihr Einkommen zu verbessern. Gegen Ende des 17. Jahrhunderts erlebte der norddeutsche Flachsanbau und Leinenhandel einen großen Aufschwung, der auf den gesteigerten Bedarf der amerikanischen Kolonien zurückzuführen war. Mitte des 18. Jahrhunderts setzte dann ein Rückgang des Leinenhandels ein, der 1760 fast zum Zusammenbruch der Leinenindustrie führte. Mit der Einführung staatlicher Leinenschauanstalten (Leggen) wurde noch ein letzter Aufschwung eingeleitet, der bis etwa 1800 anhielt, als die Flachsspinnerei an erster und die Leinenweberei an zweiter Stelle unter den Gewerbezweigen auf dem Gebiet des heutigen Niedersachsens standen.

Der Flachs wurde in der Regel am 100. Tag des Jahres gesät und drei bis vier Wochen später vom sprießenden Unkraut befreit. Nach etwa 100 Tagen erreichte er seine optimale Reife. Bei der Flachsernte halfen Verwandte und Bekannte, wobei die eigentliche Erntearbeit vorwiegend von Frauen ausgeführt wurde. Die Flachspflanzen wurden mit Wurzel aus dem Boden gerissen (raufen), kreuzweise übereinander gelegt, gebündelt und zum Nachtrocknen auf dem Feld in sogenannten „Hütten" zusammengestellt. Der trockene Flachs wurde geriffelt, indem er von

Zeitaufwand bei der traditionellen Flachsverarbeitung

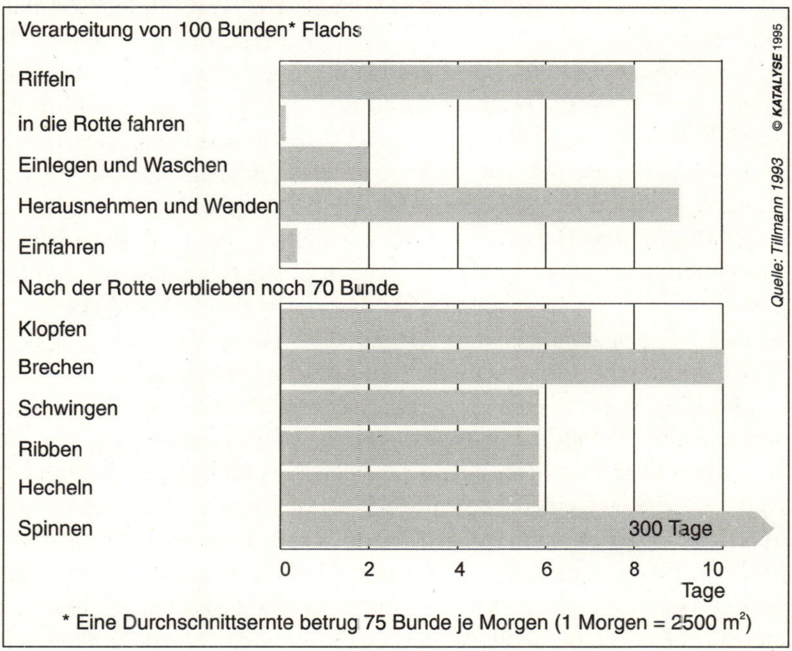

den Frauen durch eiserne Kämme gezogen wurde und die Samenkapseln vom Stengel fielen. Die Flachsstengel bündelte man zu großen Wasserbunden (Bündel), schichtete sie in Teichen und Rottekuhlen auf und beschwerte sie. Unter Wasser vollzog sich ein Fäulnisprozeß, wodurch die Lösung der Bastfaserbündel aus dem Stengel bewirkt wurde. Je nach Wassertemperatur dauerte die Rotte eine Woche oder länger. Neben der Wasserrotte gab es auch die Taurotte, wobei der Flachs solange Witterungseinflüssen ausgesetzt wurde, bis er den gewünschten Rottegrad erreichte. Nach der Rotte schloß sich die Trocknung der Flachsbündel an, wobei es nicht regnen durfte, da der Flachs sonst verfaulte. Deshalb hat man ihn oft am Herd oder in Backöfen getrocknet und anschließend die holzigen Bestandteile des Stengels mit einem Holzhammer weichgeklopft. Große Mengen Flachs wurden auch in wasserbetriebenen Mühlen mit Stampfwerken bearbeitet. Am Schwingbock entfernte man die noch an den Faserbündeln haftenden Holzteilchen mit einem Schwingbrett.

Ab Mitte des 19. Jahrhunderts erledigte diese Arbeit eine Schwingmaschine mit rotierenden Messern, die über eine Handkurbel angetrieben wurde. Durch das anschließende Hecheln wurde eine gleichmäßige Ausrichtung der Faserbündel erreicht, eine notwendige Voraussetzung für das Verspinnen der Flachsfasern. Die parallelen Faserbündel hat man dann abgenommen und zu Zöpfen zusammengedreht.

Das Spinnen von Flachs mit der Handspindel und seit dem 15. Jahrhundert mit dem Spinnrad hat im Leben der Frauen eine große Rolle gespielt. Das Spinnrad ermöglichte eine sitzende und relativ geräuschlose Arbeit und wurde in den Wintermonaten in geselliger Runde in sogenannten Spinnstuben betrieben. Die Spinnerinnen verwendeten den zu Zöpfen gedrehten Hechelflachs, der mit Hilfe einer etwa 80 cm langen Stange auf die Spinnräder aufgesetzt wurde. Beim Spinnen wurden die einzelnen Faserbündel zusammengedreht und auf eine Spule gewickelt, so daß ein gleichmäßiger und fortlaufender Faden entstand. Vor dem Weben wurde das Garn gesäubert und mit Buchenholzasche gekocht.

Das Bleichen von Leinengeweben ist traditionell wie die Leinenherstellung eine Nebenbeschäftigung der Landbevölkerung gewesen. Im hessischen Dorf Vernawahlshausen existierte im 18. und 19. Jahrhundert eine der größten Leinenbleichereien Hessens. Fast jeder Bewohner des Ortes war Bleicher, und die Menge gebleichten Leinens war beachtlich. Ende April kamen die ersten Lieferungen Rohleinen aus Göttingen, Einbeck, Kassel und Köln an. Das Rohleinen war meist 80 cm breit und fünf Steigen (57 m) lang. An die vier Ecken der Bahnen nähten die Frauen je

Einsatz einer Maschinenbreche (Wibbecke, um 1910)

unten: Arbeiten am Schwingbock (Wibbecke, um 1910)

Flachs am Hechelblock durchhecheln (Wibbecke, um 1910)

S. 97 oben:
Spulen mit der Garnwinde
(vmtl. Gladebeck um 1919)

S. 97 unten:
Schoninger „Spinnemädchen“ in Sollingtracht

Auf dem Bleichplan (Sohlingen, um 1900)

eine Schlaufe. Auf Schiebekarren wurde das Leinen zum Buiken (von Buche) gefahren: Das Leinenlaken wurde ausgebreitet, mit Buchenholzasche bedeckt und mit kochenden Wasser übergossen. Dann ließ man es in der Lauge mehrere Stunden lang ziehen. Die Pottasche aus der Asche löste sich heraus und entfernte den Schmutz, mit dem es eine Verbindung einging. Mit der Tragbahre wurde das Leinen zur Bleichstelle transportiert und an den Schlaufen aufgezogen. Die Bahnen wurden gestrafft und die Schlaufen mit Pflöcken in den Boden geschlagen. Acht Tage lang mußte das Leinen auf dem Boden liegen. Dreimal am Tage näßten es die Bleicher mit Wasser aus den Seitengräben, denn es durfte nicht trocken werden, da sich sonst die Lauge festbrannte. Das Buiken und Auslegen des Leinens erfolgte mehrfach, und nach vier bis fünf Wochen erreichte das Leinen den gewünschten Weißgrad.

Nach dem Lager- und Steuerbuch von Vernawahlshausen schätzte man 1786 die jährliche Leistung pro Bleicher auf 300 bis 500 Steigen, was etwa 3,5 bis 5,7 Kilometer Leinentuch entsprach. Für die Blüte der Leinenbleicherei waren einige Voraussetzungen nötig:

- ausreichend große Rasenflächen,
- ein genügender Vorrat an Pottasche und
- vor allem klares und weiches Wasser, das aus zahlreichen Quellen stammte.

Anfang des 19. Jahrhunderts begann der rasche Niedergang, als mit dem Fortschritt der Chemie Pottasche und Sonnenkraft ersetzt wurden. Während 1842 noch rund 39.000 Steigen gebleichter Leinen den Ort verließen, waren es 1861 gerade noch 6.000 Steigen.

Der Flachs wurde nicht wegen seiner Gebrauchseigenschaften durch Baumwolle und Kunstfasern ersetzt, sondern aus ökonomisch-technischen Gründen, da die Flachsverarbeitung vergleichsweise arbeitsintensiv war. Baumwolle weist außerdem zwei entscheidende Vorteile auf: Sie hat eine größere Weichheit, und mit den damaligen Verfahren war eine intensivere Färbung möglich.

In Oberschwaben wurde dies bereits im 14. Jahrhundert erkannt und sogenannter Halbleinen, eine Kombination aus Leinen und Baumwolle, hergestellt. So bestand bei Halbleinen der Kettfaden aus Leinen und der Schuß aus der weicheren Baumwolle. Entscheidend war aber, daß die Mechanisierung des Spinnprozesses bei der Baumwolle rund 50 Jahre früher möglich war als beim Flachs. Die Baumwollspinnmaschinen waren nämlich nicht für die Verarbeitung von Flachsfaserbündeln geeignet, da diese wesentlich länger sind und unregelmäßigere Strukturen aufweisen.

Bis zum Ende des 18. Jahrhunderts war Flachs neben Schafwolle weltweit die wichtigste Textilfaser.[1] Auch in Europa war Flachs neben Schafwolle bis weit ins 19. Jahrhundert hinein der wichtigste Faserrohstoff. Im 19. Jahrhundert stagnierte der Leinenverbrauch zunächst und halbierte sich dann bis 1913. Heute liegt der Pro-Kopf-Leinenverbrauch gerade mal bei 200 Gramm im Jahr, was einem Anteil von ein bis zwei Prozent am deutschen Gesamtfaserverbrauch entspricht. Durch das rasche Vordringen der Baumwolle im 19. Jahrhundert setzte ein stetiger Niedergang der Flachskultur ein. Insbesondere Baumwolle aus englischen Kolonien konnte zu niedrigen Preisen angeboten werden, und die Verarbeitungstechnologien für Baumwolle wurden schnell und effektiv weiterentwickelt. Bereits Mitte des 19. Jahrhundert verarbeiteten die Webereien Preußens genausoviel Baumwolle wie Leinen. In der zweiten Phase nahm die Entwicklung und Verbreitung der synthetischen Fasern dem Flachs einen weiteren Anteil am Fasermarkt. Hinzu kam die Verdrängung des Faserleins von den besseren Böden durch Nahrungsmittelpflanzen. In Deutschland hatte der Flachsanbau nur noch dann große wirtschaftliche Bedeutung, wenn aufgrund politischer Ereignisse die Handelsbeziehungen gestört waren. Das gilt sowohl für den Ersten als auch Zweiten Weltkrieg.

1875 wurden 215.000 Hektar Flachs angebaut, während es 1914 noch 14.000 Hektar waren und 1920 der Anbau wieder auf über 50.000 Hektar stieg und in den letzten Jahren des Zweiten Weltkriegs mit über 100.000 Hektar ihren letzten Höhepunkt erreichte. Nach dem Krieg sank die Anbaufläche kontinuierlich, der Anbau wurde 1956 eingestellt, und die traditionelle Wertschätzung des Flachs war in Vergessenheit geraten. Auch weltweit gesehen spielt Flachs heute nur eine untergeordnete Rolle mit etwa 2 bis 3 Prozent in der Naturfaserproduktion. Erst seit etwa zehn Jahren wird dem Flachs in Deutschland wieder größeres Interesse beigemessen. Das heutige Interesse am Flachs ist im wesentlichen auf folgende Gründe zurückzuführen:

♦ Die Textilwirtschaft trägt der Nachfrage der Bevölkerung nach Naturfasern im Bekleidungs- und Heimtextilbereich Rechnung und setzt wieder zunehmend auf Flachs- und andere Naturfasern bei der Herstellung. Erst als die Mode sich auch unweigerlich mit der Forderung nach Natürlichkeit und Gesundheit auseinandersetzen mußte, wurden Naturstoffe wie Leinen wiederentdeckt und kehrten auch in das Bewußtsein der Bevölkerung zurück. Die Abwanderung der Textilindustrie in Billiglohnländer birgt viele nicht abschätzbare Risiken für Handel, Verbraucher und Produkt, die häufig mit Umweltbelastungen, Folgekosten und Imageverlust verbunden sind. Leinen hat dagegen bis heute seine ausprägte Identität behalten, obwohl auch seine Herkunft nur selten bekannt ist.

♦ Flachs besitzt aufgrund seiner spezifischen Eigenschaften ideale Voraussetzungen für Sommerkleidung. Der seidige Glanz des Flachses, sein natürliches Image und auch der relativ hohe Preis haben ihn auf die Stufe anderer wertvoller Fasern wie Seide und feiner Wolle gehoben.

♦ Die Landwirtschaft sucht nach Alternativen zum Überschußanbau im Nahrungsmittelbereich. Hier kommt dem Flachs eine gewisse Bedeutung zu, da ein Marktpotential vorhanden ist.

Faserflachsanbau in Deutschland

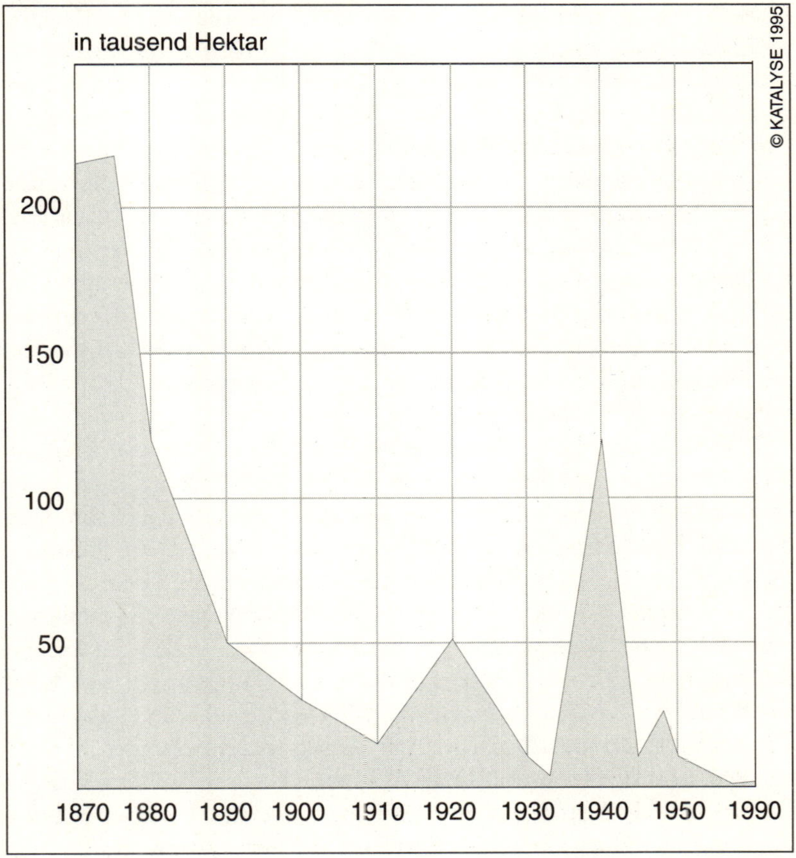

3.2 Länderberichte: Flachsanbau weltweit

Weltweit wurden 1994 rund 350.000 Hektar mit Faserlein angebaut, was im Verhältnis zur Öllein-Anbaufläche gering ist, da im gleichen Jahr weltweit rund 3 Millionen Hektar Flachs zur Ölgewinnung angebaut wurden. Die größten Faserleinproduzenten sind China, Rumänien, Rußland, die qualitativ bedeutendsten Anbauländer sind Frankreich, Belgien und die Niederlande.

In Westeuropa hat sich nach dem Zweiten Weltkrieg der Flachsanbau nur in Belgien, Frankreich und den Niederlanden gehalten. Auch hier ging das Interesse jedoch stark zurück. So sank die Anbaufläche von 1988 bis 1993 um die Hälfte. Heute liegen die bedeutendsten Anbaugebiete in Nordfrankreich und Belgien. 1990 haben beide Länder ihre Anbauflächen aufgrund günstiger Absatzprognosen für den japanischen Markt erheblich auf insgesamt 70.000 Hektar ausgedehnt. Die Nachfrage blieb jedoch aus, und 1992 wurden die Anbauflächen wieder auf 40.000 Hektar reduziert. Seit einigen Jahren versuchen Irland, Großbritannien, Dänemark, Österreich und Deutschland, einen Neueinstieg in den Flachsanbau und die Rohstoffnutzung zu finden. Die europäische Flachsförderung wurde für die Jahre 1996/97 mit 1.824 DM festgelegt. Hierbei handelt es sich um eine Flächenbeihilfe, die eine pauschale Prämie je Hektar Anbaufläche vorsieht. Voraussetzung ist die Verwendung bestimmter Saatgutsorten, die eine Mindestqualität garantieren sollen. Außerdem muß die Aussaatfläche bis zum 30. Juni angemeldet und bis zum 30. November ein Beihilfeantrag eingereicht werden. 10 Prozent der Flächenbeihilfe wurde durch die EU als sogenannter Absatzförderungsbetrag einbehalten.

1956 kam der Flachsanbau in West-*Deutschland* völlig zum Erliegen, während in der ehemaligen DDR in den 60er Jahren noch rund 7.500 Hektar Faserlein angebaut wurden. Erst Ende der achtziger Jahre wurden erste Forschungsprojekte und Fördermittel in West-Deutschland für die Entwicklung des Flachsanbaus und der Fasernutzung bereitgestellt. In den Jahren 1982 und 1983 nahm das Bundeslandwirtschaftsministerium (BML) zur Wiedereinführung des Flachsanbaus erste Kontakte mit der Industrie, Pflanzenzüchtern und der Forschungsanstalt für Landwirtschaft (FAL) in Braunschweig auf. 1984 wurde auf dem Gelände des Fürsten zu Thurn und Taxis ein erster Versuchsanbau gestartet, der von der FAL und der Füssener Textil AG betreut wurde. 1985 wurde die Fachhochschule Reutlingen, Institut für angewandte Forschung (IAF), mit der Entwicklung eines wirtschaftlichen Verfahrens zum Stengel- und

Flachsanbau in Europa

Deutschland	**Belgien**	**Frankreich**	**Niederlande**
1870: 215.000*	1911: 20.000	1911: 24.000	1911: 13.000
1875: 218.000*	1960: 30.000	1960: 46.000	1960: 24.000
1878: 124.000*	1970: 8.000	1970: 39.000	1970: 5.000
1883: 105.000*	1974: 9.000	1974: 42.000	1974: 6.000
1893: 55.000*	1975: 9.000	1975: 44.000	1975: 5.000
1900: 30.000*	1980: 7.000	1980: 46.000	1980: 4.000
1914: 14.000*	1981: 6.300	1981: 40.000	1981: 3.000
1930: 10.000*	1982: 7.600	1982: 40.000	1982: 3.300
1933: 4.500*	1983: 7.300	1983: 42.000	1983: 3.400
1935: 15.000*	1984: 9.900	1984: 49.000	1984: 4.300
1940: 120.000*	1985: 10.600	1985: 55.000	1985: 4.500
1943: 100.000*	1986: 7.700	1986: 47.000	1986: 3.300
1945: 10.000	1987: 10.000	1987: 51.700	1987: 4.300
1948: 25.000	1988: 8.000	1988: 56.000	1988: 4.700
1950: 10.000	1989: 11.500	1989: 59.200	1989: 5.500
1956: 3.000			
1986: 1.000	**Österreich**	**Italien**	**UdSSR**
1987: 870	1873: 153.300	1911: 9.000	1975: 1.215.000
1988: 1.800	1900: 5.000	1975: 3.000	1980: 1.120.000
1989: 2.200	1912: 3.000	1980: 2.000	1981: 946.000
1990: 2.500	1930: 5.000	1982: 2.000	1982: 1.014.000
1993: 1.000	1940: 1.800	1983: 1.000	1988: 970.000
1994: 1.700	1945: 5.500	1984: 1.000	
	1948: 3.200	1985: 1.000	**Rußland**
Polen	1955: 500		1911: 1 380.000
1970: 100.000	1988: 350	**Rumänien**	1994: 140.000
1980: 82.000	1989: 450	1980: 71.000	1995: 130.000
1982: 42.000	1990: 500	1988: 83.000	
1987: 30.000		1990: 21.300	**Ungarn**
1988: 31.000	**Bulgarien**	1992: 11.400	1980: 4.000
	1980: 6.000	1994: 2.700	1988: 5.000
		1995: 3.500[1]	

Bemerkungen: [1] Schätzung * Flachsfaser- und Ölleinanbau gesamt
Zusammenstellung: Katalyse 1995

Faseraufschluß beauftragt; gleichzeitig starteten Ringversuche zum Faserleinanbau in fast allen Bundesländern. 1986 wurde vom BML eine erste große Informationsveranstaltung zur Wiederbelebung des Flachsanbaus veranstaltet und ein Forschungsauftrag zur Optimierung der Ernte und Zwischenaufbereitung von Flachs vergeben. Ein Gesamtkonzept zur Förderung des Flachsanbaus wurde 1987 entworfen, das mit dem Bundesforschungsministerium abgestimmt wurde. Im gleichen Jahr nahmen erste Schwinganlagen, die durch Bundes- und Länderförderung mitfinanziert wurden, ihre Arbeit auf, und ein Forschungsvorhaben zur Flachsschäbennutzung wurde begonnen. In einem Modellvorhaben beauftragte man 1988 das Institut für angewandte Forschung (IAF), den Dampfdruckaufschluß von Flachs zu entwickeln.[2]

Die heute noch laufenden Forschungsvorhaben beschäftigen sich mit der Entwicklung und Erprobung innovativer Verfahren und Verwendungsmöglichkeiten für Flachsfasern. Hierbei steht die gezielte Entwicklung von Ernte- und Aufbereitungsverfahren für eine kostengünstige Bereitstellung von kurzen Faserbündeln im Vordergrund.

1984 wurde der erste Versuchsanbau durchgeführt, und Ende der achtziger Jahre haben vier Schwinganlagen ihre Arbeit in Deutschland aufgenommen. So wird der Flachsanbau seit etwa fünf Jahren im größeren Rahmen von der Europäischen Union und in Deutschland gefördert. 1991 umfaßte der Flachsfaseranbau (Faserlein) in Deutschland etwa 5.000 Hektar. Die Weltmarktpreise für Flachsfasern erreichten jedoch 1993 einen neuen Tiefststand, und auch der Anbau sank im gleichen Jahr auf 1.000 Hektar. Weder Anbauer noch Verarbeiter konnten Gewinne erzielen, was dazu führte, daß zwei der vier deutschen Flachsschwingen schließen mußten.[3] Auch der Landesrechnungshof Schleswig-Holstein hat festgestellt, daß das regionale Flachsprojekt als nicht ökonomisch zufriedenstellend angesehen werden kann, obwohl die dortige Flachsschwinge 1994 rund 500 Hektar Flachs verarbeitet hat, wovon 120 Hektar in Schleswig-Holstein angebaut wurden.[4]

Trotz eines hohen Fördermitteleinsatzes – bis 1994 wurden etwa 49 Mio. DM vom Bund und etwa 8 Mio. DM von verschiedenen Bundesländern zur Verfügung gestellt – konnte die Wertschöpfungskette in vielen Bereichen der Flachsfasernutzung nicht geschlossen werden. Die ausbleibenden Erfolge werden auf regionale Konkurrenzen, zu geringe Anbauerfahrungen der Landwirte, wenig zielgerichtete Forschungskoordination und ineffektive Umsetzung zurückgeführt.

Inzwischen sind in Deutschland nur noch einige wenige kleine Anbaugebiete in Schleswig-Holstein, Bayern und Niedersachsen und in den neuen Bundesländern vorhanden. 1994 wurde bundesweit eine Anbaufläche von 1.700 Hektar bestellt. Allein im Kreis Prignitz/Brandenburg werden davon rund 900 Hektar Faserflachs angebaut.

Um den Niedergang des Flachsanbaus aufzuhalten, wurde bereits 1849 in *Frankreich* das Comité linier de France gegründet. 1873 wurden in Frankreich erstmals Subventionen für den Anbau von Faserlein vergeben, die den rasanten Rückgang jedoch nicht aufhalten konnten. In *Belgien* wurde der Flachsanbau nie ganz eingestellt. Bis 1986 wurden zwischen 8.000 und 12.000 Hektar angebaut, erst 1986 waren es weniger als 8.000 Hektar. Belgische Schwingereien verarbeiten heute die Flachserträge von 17.000 bis 20.000 Hektar, wobei der Hauptteil aus Frankreich importiert wird. Der Belgische Flachsverband hat rund 145 Mitgliedsunternehmen der verarbeitenden Branche, die überwiegend Flachsgewebe und Garne für die Textilindustrie herstellen, anderen Verwertungsformen des Flachses werden in Belgien kaum Chancen eingeräumt.[5]

In *Österreich* findet der Flachs vor allem in vielen Gebirgsregionen gute Standortbedingungen vor und wurde daher in großem Umfang angebaut. Wichtige Anbaugebiete waren Tirol, Oberösterreich, Steiermark, Kärnten und die Gebiete entlang der kroatischen Grenze sowie die damals zu Österreich gehörenden Gebiete Böhmen und Mähren. Im Zweiten Weltkrieg gab es auch in Österreich einen kleinen Aufschwung des Flachsanbaus. 1962 wurde die letzte Schwunganlage geschlossen und der Anbau fast vollständig eingestellt.

Die Bedeutung der *ehemaligen Staaten der UdSSR* sowie der anderen osteuropäischen Staaten für die Flachsproduktion ist insgesamt in den letzten Jahren sehr stark zurückgegangen. In erster Linie ist dies auf den Zusammenbruch der UdSSR zurückzuführen, die größter Nachfrager nach heimischer und importierter Flachsfaser war. Seit einigen Jahren hat sich die Situation umgekehrt: Die eigene Flachsproduktion wird auf dem Weltmarkt angeboten. Die osteuropäischen Anbieter sind jedoch wenig konkurrenzfähig, was vor allem auf eine sehr geringe Mechanisierung bei der Verarbeitung des Flachses sowie auf weniger guter Faserqualitäten zurückzuführen ist. Die Öffnung des Marktes nach Westeuropa hat die Situation somit nicht verbessert, viele osteuropäische Flachsanbauer und Verarbeiter mußten seither aufgeben. Mehrere Mißernten führten schließlich dazu, daß der Flachsanbau in vielen Regionen zu Gunsten des Getreideanbaus eingeschränkt wurde. Die Hauptanbaugebiete der ehemaligen UdSSR liegen heute in Weißrußland, der Ukraine und den Provinzen am Kaukasus; dort wurden auch sämtliche Spezialerntemaschinen sowie Schwung- und Spinnmaschinen selbst hergestellt. Überwiegend wurde das Stroh wassergeröstet und an eine zentrale Schwingerei geliefert. Eine gesonderte Behandlung verschiedener Flachsqualitäten wurde nicht vorgenommen. 1920 war Rußland der größte europäische Faserleinproduzent und weltweit das bedeutendste Anbauland.[6]

Bis vor einigen Jahren noch wurde eine für *Polen* typische und wenig effektive Aufbereitungsmethode für Flachs durchgeführt: Der Flachs wurde geerntet, in eine Fabrik gebracht und ausgedroschen, dann zurück auf das Feld verbracht und zum Rösten ausgebreitet. Inzwischen bemüht man sich in Polen, die Mechanisierung stärker voranzutreiben und europäische Hochleistungssorten einzuführen und anzubauen. Der polnische Anteil an der Weltflachserzeugung lag Ende der siebziger Jahre noch bei rund 8 Prozent und macht heute weniger als ein Prozent aus.

In der *Tschechoslowakei* wurde der Flachsanbau zwischen 1971 und 1982 um mehr als ein Drittel ausgedehnt. 1988 betrug die Anbaufläche rund 24.000 Hektar. Tschechische Aufarbeitungsergebnisse von Langfasern und Schwungwerg haben bisher nur Anwendung in schwer vermarktbaren technischen Geweben gefunden. Neue Verfahren zur effektiveren Säuberung und Verfeinerung der Faserbündel werden mit Hilfe der Kotonisierung erreicht. Kotonisierte Flachsfasern werden insbesondere zur Herstellung von Mischgarnen mit Baumwolle, Wolle und synthetischen Fasern eingesetzt (Handelsname Kotex). Durch eine zusätzliche chemische Behandlung sind sehr feine, gleichmäßige Garne herstellbar. Gute Spinnergebnisse wurden mit Flachsfasern auf Rotorspinnmaschinen erzielt. Waren die Fasern zusätzlich chemisch behandelt, konnten sie auch auf Ringspinnmaschinen verarbeitet werden. Im Naßspinnverfahren wurden allerdings die besten Ergebnisse hinsichtlich des Erhalts der spezifischen Leineneigenschaften und des Aussehens erzielt.[7]

Eine gewaltige Ausdehnung hat der Flachsanbau im *fernen Osten* erfahren. Bis Ende der siebziger Jahre ging die gesamtchinesische Anbaufläche nicht über 4.000 Hektar hinaus, wurde dann aber bis 1987 auf etwa 130.000 Hektar gesteigert, was etwa 10 Prozent der Welt-Flachsproduktion ausmacht. In *Neuseeland* wurde im Zweiten Weltkrieg mit der Faserleinproduktion begonnen. Auf dem *amerikanischen Kontinent* konnte Flachs nie richtig Fuß fassen; die größte Verbreitung fand er in Brasiliens südlichstem Staat Rio Grande do Sul.

3.3 Botanik, Pflanzendaten und züchterisches Potential

Die verschiedenen Flachsformen

Flachs gehört zur Familie der Linaceae (Leingewächse), zu der unter anderem die Gattung Linum mit ungefähr 200 Arten gehört. Zahlreiche wilde Arten wie beispielsweise L. austriacum, L. flavum und L. catharticum gehören hierzu. Wirtschaftlich wird vor allem L. usitatissimum wegen seiner festen Faser und seines fettreichen Samens genutzt. Der Samen wird „Lein"; die Pflanze meist „Flachs" genannt, die Gewebe „Leinen", „Linnen" oder „Leinwand". Lein ist zweikeimblättrig, einjährig und vorherrschend selbstbefruchtend. Bei einer Mindesttemperatur von 6 °C bilden die Leinsamen schnellwachsende Keimwurzeln aus. Die zwei gefalteten blaßgelben Keimblätter ergrünen bald und halten Nachtfröste bis etwa -4 °C aus. Es bildet sich eine Pfahlwurzel mit weniger starken Seitenwurzeln aus. Je nach Art des Bodens und Wasserverhältnissen kann die Wurzel zwischen 60 und 100 cm lang werden. Der Flachsstengel zeichnet sich durch ein schnelles Längenwachstum aus, wobei die Anzahl der Verzweigungen von der jeweiligen Flachssorte (Faserflachs sollte möglichst wenig Verzweigungen aufweisen) und den Wachstumsbedingungen beeinflußt wird. Die Flachspflanze wird etwa 1,2 m hoch. Die Blüten entstehen bereits in einer Höhe von 15 cm und sind vorwiegend blau oder weiß. Die Frucht ist eine Kapsel, in deren Fächer sich bis zu zehn Samen befinden.

Während bei Öllein das Schwergewicht in der Leinölgewinnung liegt, steht bei Faserlein oder Ölfaserlein (Lein zur Gewinnung von Fasern und Öl) die Fasererzeugung im Mittelpunkt. Öl- und Faserlein unterscheiden sich in ihrem Größenverhältnis zwischen der Krone mit Kapseln und dem Strohhalm. Öllein hat einen kürzeren Halm (50 bis 70 cm) und eine relativ gut ausgebildete Krone mit Kapseln. Faserlein ist dagegen durch einen längeren Stengel und eine kleinere Krone mit weniger Kapseln gekennzeichnet.

Unterschiede zwischen den verschiedenen Nutzformen:

♦ Öllein: stark verzweigt, großsamig, 4 bis 8 Kapseln pro Pflanze, niedrige Wuchsform, Tausendkorngewicht etwa 14 Gramm, 600 bis 800 Pflanzen/m^2

Besonders geeignete Anbaugebiete in Deutschland

♦ Ölfaserlein: großsamig, 4 bis 8 Kapseln, mittel bis hochwachsend, 1.000 Pflanzen/m^2

♦ Faserlein: wenig verzweigt, 1 bis 3 Kapseln, kleinsamig, hochwachsend, Tausendkorngewicht etwa 4 Gramm, 1.500 - 2.000 Pflanzen/m^2.

An der Universität Bonn werden Flachssorten gezüchtet, die eine Kombinationsnutzung für eine parallele Reife von Kurzfasern, Samen und Nebenprodukten ermöglichen.[8] Landwirtschaftliche Rentabilitätssteigerungen können über Kombinationslein erreicht werden. Seit 1991 werden Anbauversuche mit unterschiedlicher Saatstärke und den Flachs-Kombinationssorten Liflora und Bionda durchgeführt.

Flachs bevorzugt kühles, gemäßigtes maritimes Klima und kann fast überall in Deutschland angebaut werden. Die besten Wachstumsbedingungen findet der Flachs in küstennahen Gebieten von Schleswig-Holstein, Niedersachsen und Mecklenburg-Vorpommern vor. In Schleswig-Holstein und den neuen Bundesländern wird Flachs im integrierten und ökologischen Pflanzenbau erzeugt. Probleme mit Schädlingen, Pilzen und Beikräutern werden durch geeignete Fruchtfolgen, Bodenbearbeitung, Sorten und Bestandesdichtenauswahl gering gehalten. Auf Totalherbizide zur Erleichterung der Ernte (Entlaubung) wird grundsätzlich verzichtet.

Lein stellt keine besonderen Bodenansprüche. Böden, die leicht austrocknen oder leicht verschlämmen oder Staunässe aufweisen, sowie humusreiche Böden sind ungeeignet. Flachs bevorzugt lehmige Sande bzw. sandige Lehme sowie einen sauren bis neutralen Boden. Sein Wärmebedarf ist in etwa mit dem von Sommergetreide zu vergleichen. Flachs ist allerdings empfindlich gegen Trockenperioden, so daß unter Umständen eine Bewässerung notwendig ist. Der Wasserbedarf in der Hauptwachstumsphase liegt bei etwa 120 bis 150 mm. Beste Qualitäten werden in feuchten Lagen (küstennah, waldreiche Regionen, Höhenlagen) mit möglichst langen Perioden gewisser Boden- und Luftfeuchtigkeit (700 bis 1000 mm Jahresniederschlag) erzielt. Dies gilt im besonderen Maße für die Monate April bis Juni und die Dauer der Tauröste, die je nach Standort meist ab Juni durchgeführt wird. Trockenheit vor der Blüte wirkt sich stark ertragsmindernd aus, während Trockenheit nach der Blüte sich qualitätsmindernd auswirkt. Die Vegetationsdauer beträgt 90 bis 120 Tage, wobei die optimale Faserqualität nach etwa 100 Tagen und vor der natürlichen Abreife erreicht ist. Die Dauer der Röste beträgt je nach Witterung und Ansprüchen drei bis sechs Wochen.

Flachs ist durch einen geringen Stickstoffbedarf und einen niedrigen Pflanzenschutzmittelaufwand im Vergleich zu anderen Kulturpflanzen eine ökologisch günstige Anbaualternative und lockert die bestehenden Fruchtfolgen auf. Als selbstunverträgliche Pflanze erzwingt der Flachs eine gut geplante Fruchtfolge. Lange wurde die Kartoffel als die optimale Vorfrucht zum Lein angesehen, das hat sich jedoch heute geändert: Kartoffeln, Leguminosen, Ölfrüchte, Rotklee, Luzerne und frischer Weideumbruch werden heute als Vorfrucht abgelehnt, da sie zu den Kulturarten zählen, die hohe Stickstoffreserven oder große Mengen organischer Reststoffe im Boden belassen. Als geeignete Vorfrüchte werden heute Getreide, vor allem Hafer und Weizen, aber auch Gerste, Roggen und Rüben empfohlen. Als Fruchtfolgeglied wird der Weizen empfohlen.

Flachs kann nur alle sechs bis sieben Jahre auf dem selben Feld angebaut werden, da sonst die sogenannte „Flachsmüdigkeit" mit Pilzkrankheiten und schädigenden Wurzelausscheidungen auftritt. Die häufigsten Flachs-Krankheiten sind: Flachsrost, Welke, Mehltau, Wurzelfäule, Fußkrankheit, anthraknoise Alternaria-Blattflecken und die Pasmokrankheit.

Flachs ist nicht sehr konkurrenzstark. Unkräuter beeinflussen daher über den Standraum, Wasser- und Nährstoffbedarf das Wachstum des Flachses. Da Lein nach der Aussaat zunächst langsam wächst, ist eine mechanische Unkrautbekämpfung wie etwa mit dem Hackstriegel oder eine chemische Unkrautbekämpfung durch Herbizide notwendig. Hat sich einmal ein geschlossener Bestand entwickelt, sind Pestizide nur noch bei Schädlingsbefall notwendig. Mit dem Auftreten von Erdflöhen muß bereits beim erstmaligen Anbau gerechnet werden. Besonders gefährlich ist ihr Auftreten im Keimblattstadium bis zu einer Höhe von 7 cm. Der schwarze Käfer fällt durch seinen typischen Lochfraß auf und kann den Flachs zu unerwünschten Verzweigungen anregen oder die Pflanze zum Absterben bringen. Vor der Aussaat wird eine Grunddüngung mit Phosphat von 60 bis 100 kg/Hektar empfohlen, wohingegen bei der Stickstoffdüngung große Vorsicht angebracht ist. Während Stickstoffmangel zum Faserertragsrückgang führt, mindern zu hohe Stickstoffgaben den Ölgehalt der Samen und knicken die Stengel, so daß die Pflanzen am Boden liegen. So gelten im Leinölanbau 30 bis 60 kg und Faserleinanbau 20 bis 40 kg Stickstoff/Hektar inklusive des Bodengehaltes als Obergrenzen, die nicht überschritten werden sollten. Eine gewisse Bedeutung kommt der Kaliumdüngung zu, bei der sehr schnell das Optimum überschritten werden kann: 70 bis 120 kg werden daher als ausreichende Menge angesehen. Der Phosphorbedarf liegt meist zwischen 70 und 100 kg/Hektar. Der Flachs kann gut auf Grenzertragsflächen in Mittelgebirgslagen und in Einzugsgebieten der öffentlichen Trinkwasser-

Sortenversuche mit Faserlein

Gruppe	Strohertrag dt/ha TM	Versuchsstandort	Bundesland
1	67–87	1. Schenby 2. Weihenstephan 3. Emelshausen 4. Wangen 5. Berlin 6. Wahn	Schleswig-Holstein (Flensburg) Bayern (München/Nord.) Rheinland-Pfalz (Koblenz) Bayern (Allgäu) Berlin Nordrhein-Westfalen (Köln)
2	90–110	1. Völkenrode 2. Lohhof 3. Wehnen	Niedersachsen (Braunschweig) Bayern Niedersachsen
3	120–152	1. Großmalchow 2. Alzey 3. Stockach 4. Maßhaiderbuch 5. Völklingen	Mecklenburg Rheinland-Pfalz (Rheinhausen) Baden-Württemberg (Bodensee) Baden-Württemberg (Alb) Saarland (Saarbrücken)

nach Dambroth und Seehuber 1988

versorgung ohne Stickstoff- und Phosphatgaben angebaut werden. Allerdings sollte Flachs nicht in großräumigen Monokulturen kultiviert werden, sondern ist eher für den kleinräumigen Fruchtwechsel geeignet.

Die Aussaat wird meist mit normalen Getreidedrillmaschinen, nach Möglichkeit in Engsaat von 7 bis 10 cm Abstand (bei Öllein 20 cm) vorgenommen. Bei späteren Aussaaten ist mit Ertragseinbußen zu rechnen. Die Saattiefe sollte zwischen 1 und 2 cm liegen, damit das Leinsamen noch mit dem feuchten Erdreich in Berührung kommt. Als optimale Bestandesdichte werden heute 1.800 bis 2.000 Pflanzen/m² angesehen, was bei einem Tausendkorngewicht von 4 bis 7 Gramm etwa 100 bis 150 kg Saatgut je Hektar entspricht. Dichte Bestände bringen dünnere Stengel und feinere Fasern hervor. Geringere Bestände führen zu dicken und groben Stengeln mit mehr Bastfaserbündeln. Für den Faseranbau werden Stengeldurchmesser von 2 bis 2,5 mm als optimal angesehen.

Unter guten Bedingungen sind 6.500 bis 7.000 kg/Hektar Röstflachs zu erreichen. Das genetische Ertragspotential liegt im deutschen Klimabereich über 10.000 kg Röstflachs/Hektar. Der Flachsstrohertrag sagt allerdings wenig über die Faserqualität aus. Die Fasererträge von Flachs lagen 1988 in Westeuropa zwischen 1.300 und 1.860 kg/Hektar und in Osteuropa zwischen 333 und 870 kg/Hektar.[9] Die höheren Erträge Westeuropas sind auf Fortschritte in der Pflanzenzüchtung und der Entwicklung und Anwendung eines modernen, angepaßten Maschinenparks und sorgsameren Umgang beim Schwingen der Flachsfaserbündel zurückzuführen. Teilweise sind auch klimatische Faktoren für die niedrigen Erträge in Osteuropa verantwortlich, da der Flachs im maritimenfeuchten Klima bessere Wachstumsbedingungen als im trockenen Kontinentalklima vorfindet. Der Gesamtfasergehalt kann bis zu 28 Prozent betragen; durchschnittlich wird ein Fasergehalt von rund 24 Prozent erreicht. Während die Langfaser (60 bis 120 cm) einen Anteil von 13 bis 18 Prozent erreicht, liegt die Kurzfaser (2,5 bis 6 cm) bei 8 bis 10 Prozent. Gute Samenerträge liegen bei 700 kg/Hektar; spezielle Ölleinsorten bringen bis 1.400 kg/Hektar. Fasern bzw. Faserbündel für technische Anwendungen, bei denen geringere Ansprüche an die Faserfeinheit gestellt werden, lassen sich durch verminderten Saatguteinsatz ohne Ertragseinbußen erzielen.[10]

Die Einzelfasern der Flachs-, Hanf- und Jutepflanzen sind in der Rindenschicht zu Faserbündeln zusammengeschlossen. Die einzelnen Bündelfasern sind miteinander verklebt und verkittet. Die Länge der Einzelfaser nimmt von unten nach oben zu und schwankt zwischen 10 und 35 μm und einer Breite von 10 bis 35 m. Die Zahl der Bastfaserbündel schwankt zwischen 20 und 50, ist aber innerhalb einer Pflanze konstant. Durch züchterische Maßnahmen ist es in den vergangenen Jahren gelungen, den Fasergehalt kontinuierlich zu steigern. Die Fasergehalte stiegen von etwa 18 Prozent auf über 25 Prozent an.[11]

Die meisten Flachssorten stammen aus den Niederlanden, einige aus Frankreich und nur wenige aus Belgien. Hinsichtlich der Fasererträge schneiden Sorten wie Ariane, Belinka, Berber, Regina und Viking gut ab. In der Anbaupraxis ist es ratsam, mehrere Flachssorten gleichzeitig einzusetzen, bei Auftreten von Flachsbrand oder anderen Pilzen ist der Einsatz resistenter Sorten sinnvoll.

3.4 Die Flachsernte

Der Bedeutungsschwund des Flachs hängt auch damit zusammen, daß für die vielfältigen Probleme im Anbau, bei der Ernte und der Weiterverarbeitung die traditionellen Methoden kaum noch weiterentwickelt wurden. Um Produkte aus Faserlein konkurrenzfähig zu gestalten, wird seit einigen Jahren nach neuen Verfahren und Technologien gesucht.
Die Bestimmung des optimalen Erntezeitpunktes ist eines der größten Probleme der Flachsbauer. Der optimale Zeitpunkt der Ernte wird optisch bestimmt und setzt eine gewisse Erfahrung des Landwirts voraus.

Erst kürzlich wurde ein Meßverfahren zur Bestimmung des Reifegrades entwickelt.[12] Zur Ernte werden normale Flachsmäher mit Doppelmesser verwendet. Nach vier bis sechs Tagen wird der Flachs mit dem Mähdrescher oder speziellen Raufmaschinen bearbeitet. Die traditionelle Erntetechnik besteht aus drei Schritten: dem Raufen, Rösten und Schwingen. Die Feldröste, eine Art Rotteprozeß, bei dem sich die Fasern von den holzigen Stengelbestandteilen lösen, ist äußerst witterungsabhängig (Niederschläge, Temperatur, Luftfeuchtigkeit usw.). Die Faserbündel werden beim Röstprozeß durch niedere Pilze und Bakterien von der Rindenschicht getrennt. Durch freigesetzte Fermente wird die Rinden-

Vom Flachsanbau zur Nutzung (ohne Samengewinnung)

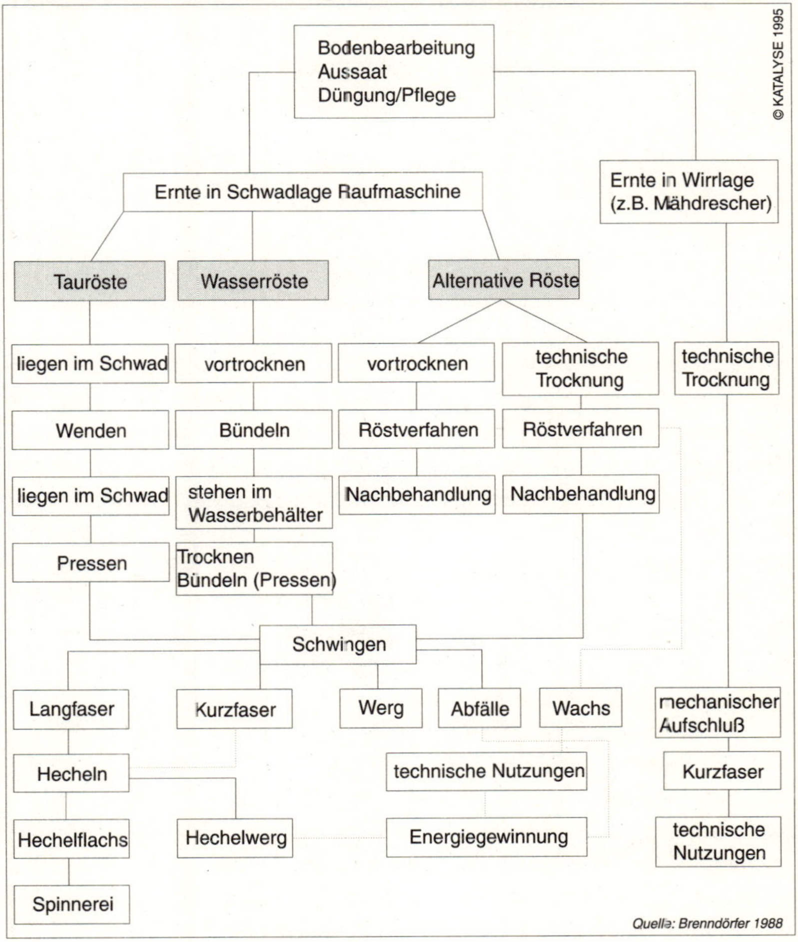

schicht zerstört. Die Entfernung der Holzteile erfolgt durch mechanische Bearbeitung im Knick- und Schwingprozeß.

Die traditionell bewährte Erntemethode startet mit der sogenannten Raufe. Die Raufe beginnt mit der Gelbreife des Flachses, wenn die Blätter im unteren Drittel des Stengels abgefallen sind. Die reifen Pflanzen werden mit Teilen der Wurzel aus dem Boden gezogen und im Raufwerk zwischen Rollen und starken Gummibändern eingequetscht. Dadurch werden die Stengel beschädigt, wodurch die Pilze bei der Röste besser angreifen können. Anschließend wird der Flachs auf dem Feld getrocknet, wobei die Oberhaut aufreißt und Mikroorganismen mit der Feuchtigkeit in den Flachsstengel eindringen können. Die etwa 60 cm langen Faserbündel legt man nach dem Abstreifen der Kapseln (Riffeln) gebündelt zur sogenannten Röste in stehendes oder langsam fließendes Wasser (Wasserröste) oder läßt sie in taureichen Gebieten in wohlgeordneten Lagen (Schwaden) auf dem Feld liegen (Tauröste) oder durch Beflammen auf dem Feld stehen (Standröste).

Auch beim traditionellen Tauröstverfahren wird der Abbau der Rindenschicht durch Pilze und Bakterien erreicht. Hierzu muß der Wachstumsprozeß der Pflanze unterbrochen und müssen die Pflanzen getrocknet werden. Beim Trocknen reißt die Oberhaut (Epidermis) auf, und Mikroorganismen können mit der Feuchtigkeit (Tau) eindringen. Das Mycelium des Pilzes durchwächst die Rindenschicht und zerstört durch ausgeschiedene Fermente die Pektine. Damit die abgelegten Flachsstengel (Schwad) gleichmäßig geröstet werden, müssen sie, wenn die Oberseite ausreichend geröstet ist, mindestens einmal gewendet werden. Durch die Verwendung eines normalen Heuwenders entstehen nur niedrige Kosten, und mehrmaliges Wenden des Schwads ist möglich, wodurch eine Verbesserung der Faserqualität errreicht wird. Der Röstprozeß muß rechtzeitig unterbrochen werden, weil sonst die Pilze und ihre Enzyme auch die Fasern angreifen und diese zerstören können. Wichtig ist die Dauer und Bestimmung des Röstendes, das entscheidenden Einfluß auf die produzierte Faserqualität hat. Folgende Kriterien gelten hier:

– Leichte Ablösbarkeit der Faser,
– Grau-blaue Färbung des Stengels,
– Ausreichende Reißfestigkeit der Faser,
– Feuchtegehalt unter 15 Prozent.

Neben der natürlichen Röste auf dem Felde werden auch vereinzelt chemische Verfahren unter Zuhilfenahme von Tensiden oder einer Alkalibehandlung (Natronlauge) angewendet. Für bestimmte Anwendungen im technischen Bereich wird heute verstärkt Grünflachs eingesetzt. Hierbei wird durch eine Vorabtrocknung bzw. eine technische Trocknung dem Flachs die Feuchtigkeit entzogen, und er wird anschließend trocken gelagert, um ohne Röste oder nur mit sehr kurzer Anröstung weiter bearbeitet zu werden.

Die traditionelle Wasserröste ist mit einer starken Geruchsbelästigung und großen Abwasserbelastungen verbunden. Die früher vielerorts durchgeführte Wasserröste wurde bereits 1918 in Deutschland verboten. Aber erst mit Schließung der letzten Flachsverarbeitungsanlage stellte 1960 der letzte deutsche Wasserröstbetrieb seine Arbeit ein. Während in früheren Jahrhunderten eine Kaltwasserröste in Teich-, Graben- und Grubenrösten durchgeführt wurde, wird bei der Warmwasserröste das Flachsstroh für drei bis vier Tage in mit 28 bis 40°C warmem Wasser gefüllte Bassins gegeben. Die Warmwasserröste wird auch heute noch in Osteuropa, Belgien, China und Ägypten mit erheblichen Wasserbelastungen durchgeführt. Eine Wasserröste ist unter heutigen ökologischen Ansprüchen nur akzeptabel, wenn das Wasser aufbereitet und möglichst lange im Kreislauf geführt sowie anschließend einer ausreichenden Klärung zugeführt wird.

Vergleich der Arbeitsgänge von Tau- und Standröste

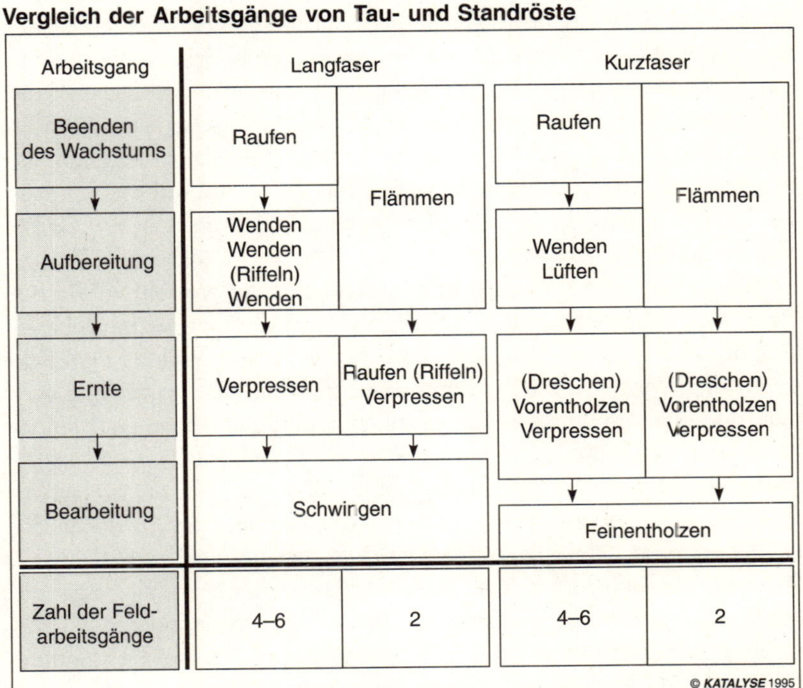

Heute dominiert auf mindestens drei Vierteln aller Anbauflächen der Welt die umweltfreundlichere Tauröste. Auch in den heute noch bestehenden Faserflachsanbaugebieten in Schleswig-Holstein und Mecklenburg-Vorpommern wird die Tauröste durchgeführt. Gravierender Nachteil der Tauröste ist der hohe Arbeitsaufwand, vorteilhaft wirken sich die gegenüber der Wasserröste geringeren Kosten und vergleichsweise einfache Handhabung aus. Bei der Tauröste, die auf den Anbauflächen durchgeführt wird, werden die anfallenden Abbauprodukte an Ort und Stelle in den natürlichen Stoffkreislauf eingebracht. Hierdurch kann Dünger eingespart und die gute Vorfruchtstellung des Flachses bei der Tauröste genutzt werden. Die Tauröste birgt vor allem bei langanhaltendem Regen wirtschaftliche Risiken, da sich dann die Röste unkontrolliert fortsetzt und die Flachsfasern angegriffen werden können, was zu Qualitätsverlusten bis zum Totalverlust der Ernte führen kann. 1981 und 1983 kam es in Frankreich und Belgien zu solchen Mißernten. Aus diesem Grunde muß der Flachs ständig überwacht und mindestens ein- bis zweimal gewendet werden, um die Tauröste zu beschleunigen.

Trotz allem Optimismus, der in den Flachsanbau gesetzt wurde, gibt es immer wieder Rückschläge. Niedrige Marktpreise und hohe Lagerbestände haben die Euphorie gedämpft. Und die Unberechenbarkeit der Tauröste führte zu schwankenden Faserqualitäten bis hin zu Totalausfällen. So rechnet man in sieben Anbaujahren mit einem Totalausfall der Flachsernte. Die industriellen Verwender von Flachsfasern erwarten jedoch annähernd gleiche Faserqualitäten, und diese Ansprüche können von der Landwirtschaft kaum erfüllt werden. Allerdings sollte es Aufgabe der Industrie sein, sich auf gewisse Schwankungen bei Flachs- wie bei allen anderen Naturfasern einzustellen.

Risiken der Röste sollen durch neu entwickelte Verfahren wie der Standröste minimiert werden. Hierbei hat sich die thermische Behandlung der Pflanze bewährt. Das Wachstum der Pflanze wird auf dem Feld durch die Wärmewirkung einer offenen Gasflamme unmittelbar über dem Boden unterbrochen. Dabei können zwei verschiedene Gasbrenner verwendet werden:

- Propanbrenner: Die „buschige“ Flamme soll nicht nur die Stengelbasis erwärmen, sondern durch Aufsteigen der Heißluft das Aufreißen der Epidermen und damit eine schnellere Röste bewirken.
- Acetylenbrenner: Die lange, schmale Flamme erwärmt vorrangig die Stengelbasis und verzögert damit die Röste und Trocknung.

Nach dem Beflammen ist der Pflanzenbestand gleichmäßig abgestorben, und die Flachsstengel haben sich bis über 30 cm Bodenhöhe geneigt. Bei günstigerer Witterung trocknet der Flachsbestand in ein bis zwei Tagen, und die Röste setzt ein. Die Besiedelung mit Mikroorganismen erfolgt von der Stengelbasis aufwärts und erreicht nach ein bis zwei Wochen eine gleichmäßige Verteilung. Die Flachsstengel können je nach Witterung über einen Zeitraum von bis zu drei Wochen entholzt werden. Die Standröste bietet damit gegenüber der Tauröste einen relativ langen Zeitraum der Erntetätigkeit. Während bei der Tauröste der Schwad häufig gewendet wird, entfallen diese Arbeitsgänge und Kosten bei der Standröste. Bei Versuchen mit standgeröstetem Flachs konnte dieser gut geschnitten und zügig bearbeitet werden.[13] Die Standröste unterstützt neue mobile und stationäre Ansätze der Faseraufbereitung, da gegenüber den traditionellen Verfahren nur noch zwei Arbeitsgänge notwendig sind und bei Kurzfaserbündeln eine mobile Entholzung möglich wird. Die Gas- und Maschinenkosten beim Flämmen werden mit etwa 300 DM je Hektar beziffert.[14]

3.5 Die Gewinnung und Verarbeitung von Flachsrohstoffen

Die Flachsbearbeitung: Das Schwingen

Nach vier bis sechs Wochen (Tau-)Röste werden die Stengel erneut getrocknet. Das Flachsstroh wird in Ballen gepreßt und an die Schwingerei geliefert. Während in Deutschland Liefer- und Abnahmeverträge im Vertragsanbau zwischen Erzeuger und Schwingerei geregelt werden, sichern in Belgien beispielsweise die Schwingereien sich ihre Rohstoffversorgung durch die Pachtung von landwirtschaftlichen Flächen.

Moderner Faseraufschluß und Aufbereitung

Die Röste ist ein biologischer Prozeß, bei dem kaum alle Parameter gesteuert werden können. Dies schlägt sich in der Qualität der Flachsfasern nieder, so daß man in den letzten Jahren ständig bemüht war, die Qualität der Fasern über neue Verfahren möglichst konstant auf einem hohen Niveau zu halten und gleichzeitig eine Separierung nach Faserbündellängen vorzunehmen, wodurch ein breiter Markt für Flachsfasern eröffnet werden könnte. Solche Verfahren sehen eine direkte mechanische Gewinnung von entholzten Grünflachsfasern vor, wobei die Entholzung auf dem Feld erfolgt. Die Schäben verbleiben dort und werden dem natürlichen Stoffkreislauf zugeführt; damit sinken die Transport- und Lagerkosten.

Diagramm der Flachsverwertung

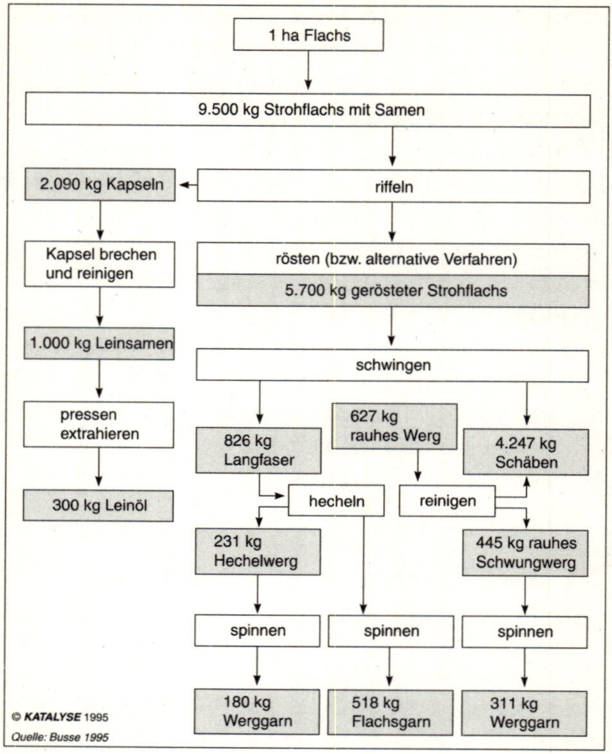

Moderne Gewinnung von Flachs-Lang- und Kurzfasern

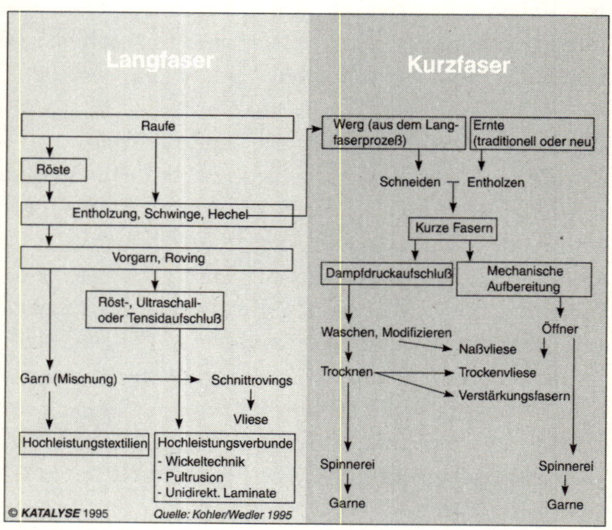

Die Durchführbarkeit eines enzymatischen Aufschlußverfahrens wurde ebenfalls überprüft. Hierbei werden die Enzyme vor der Ernte auf die stehenden Flachspflanzen aufgespritzt. Der Prozeß kann gegenüber der Tauröste auf zwei Wochen verkürzt werden, wodurch das Risiko einer Mißernte durch schlechte Wetterverhältnisse entscheidend gesenkt werden kann. Hauptproblem der enzymatischen Behandlung von Flachs ist die mangelnde Wirtschaftlichkeit. Ähnlich sieht das bei den chemischen Aufschlußverfahren aus, zumal dieses Verfahren aufwendige Abwasserreinigungsanlagen notwendig macht und bisher qualitativ gesehen keine befriedigenden Ergebnisse erzielt werden konnten. Immerhin belaufen sich die Kosten für 200 mg der erforderlichen Enzyme (Ligninasen und Pektinasen) auf etwa 4.000 DM, was zusätzliche Kosten von ca. 0,20 DM pro Kilogramm Flachsstroh verursachen würde. Das Problem der hohen Kosten konnte nicht gelöst werden, was dazu führte, daß die Forschungsaktivitäten hinsichtlich eines enzymatischen Aufschlußverfahrens weitgehend eingestellt wurden.

Der Faseraufschluß mit Hilfe von Tensiden ist nur für die Gewinnung von hochfeinen Flachs-Langfasern geeignet. Da es sich beim Langfasermarkt aber um ein sehr begrenztes Volumen handelt, hat sich diese Technologie nicht durchsetzen können. Eine Alternative zu den verschiedenen Röstverfahren kann der Aufschluß mittels Ultraschall darstellen. Durch Über- und Unterschalldruck werden hierbei die Flachsfasern aus dem Stroh gelöst.[15,16] Auch das Dampfdruckaufschlußverfahren, mit dem überwiegend kurze Flachsfaserbündel in wirrer Streulage verarbeitet werden[17,18], könnte sich zukünftig als das adäquate Flachsfaseraufschlußverfahren durchsetzen. Bei diesem Verfahren wurde die aus der Bioethanol- und Papierherstellung bekannte Dampfdrucktechnologie für die Gewinnung von Flachskurzfasern nutzbar gemacht und auf die speziellen Anforderungen adaptiert. Vor dem Dampfdruckaufschluß werden die Fasern aus den angerösteten Stengeln mit einer Brechwalzen- und Rotorentholzung fein entholzt sowie eine Reinigung und Separierung von Sand, Staub und Schmutzbestandteilen durchgeführt. Die verbliebenen Faserbündel werden in einen Kocher verbracht und mit Natronlauge versetzt. Die natürlichen Bindemittel (Lignine, Pektine etc.) werden angelöst und der Imprägnierschutz der Fasern durch heißen Dampf herabgesetzt. Nach einigen Minuten wird die Lauge abgelassen und der Kocher mit überhitztem Wasserdampf bei einem Überdruck von 8 bis 10 bar gefüllt. Der heiße Wasserdampf dringt in die feinen Kapillarsysteme zwischen den Flachsfasern ein, und die Bindestoffe werden abgebaut. Nach wenigen Minuten erfolgt eine Absenkung auf Normaldruck, wodurch sich das Wasser in den Fasern ausdehnt und die Bündel auseinanderdrückt und in Einzelfasern separiert. Anschließend werden die Fasern gewaschen, um Reste der Bindestoffe zu entfernen. Flachskurzfasern, die nach dem Dampfaufschlußverfahren hergestellt werden, eignen sich für die Herstellung neuer Garne mit einem Leinenanteil von 20 bis 50 Prozent. Hierbei können die Flachsfasern in Mischungen mit Baumwolle, Viskose, aber auch mit Kunstfasern wie beispielsweise Polyester versponnen werden, ohne daß Modifikationen an den Baumwollmaschinen vorgenommen, sondern lediglich geringe Veränderungen der Einstellungen notwendig werden.[19]

Aus dem Niedergang des Flachses in Deutschland und Europa stellt sich grundsätzlich die Frage, weshalb die traditionellen mechanischen Flachsaufbereitungsverfahren sich nicht durchgesetzt und den Flachs im Vergleich zu Baumwolle und Jute konkurrenzfähig gemacht haben. Die Gründe sind:

- zu geringe Ausbeute an hochqualitativen Flachsfasern,
- es konnten nur Rohstoffe mit hohem Röstgrad eingesetzt werden,
- die eingesetzten Maschinen hatten einen schlechten Wirkungsgrad,
- die Flachsfasern wurden durch die mechanischen Verfahren geschädigt
- die Staubentwicklung am Arbeitsplatz war ein Problem.

Heute versucht man, mit neuen Konzepten der Ernte und der Entholzung eine bessere Effektivität und höhere Erträge zu erreichen. Die Wiederbelebung des sogenannten Kotonisierungsverfahren (Cotton; engl. Baumwolle), wie es bereits in den dreißiger und vierziger Jahren für Flachs- und Hanffasernutzung im textilen Bereich angewendet wurde, soll in modifizierter Form wieder zum Tragen kommen.[20] Bei diesen Verfahren können vorentholzter Flachs, Schwungwerg (Langfasern) und Flachsstroh (in Wirrlage abgepreßtes Stroh) eingesetzt werden. Beim Kotonisierungsprozeß werden die Flachsfaserbündel in Elementarfasern zerlegt, wodurch aber die typische Struktur des Leinen und einige vorteilhafte Eigenschaften des Garn und Gewebes verlorengehen.

Für die Weiterverarbeitung ist jedoch die Beschaffenheit des Flachses entscheidend und hängt von der Flachssorte, dem Reifegrad, der Röstmethode, der Röstdauer sowie der Erntetechnik ab. Hierbei stellt sich als großes Manko heraus, daß Qualitätskriterien für Flachs wie auch für alle anderen Naturfasern nicht allgemein gültig festgelegt sind. Beispielsweise existiert keine Klassifizierung der verschiedenen Röstgrade, obwohl dies eine Anpassung der Aufbereitungsanlage an das Rohmaterial erfordert.[21]

Das „Schwingen“ (Herausschlagen der Holzteilchen aus den Faserbündeln) erfolgt auf rein mechanische Weise und arbeitet die Flachsfasern aus dem Röststroh. Nach dem Abtrennen der Samenkapseln werden die anhängenden Rinden- und Holzteile (Schäben) in einer Schwinge gebrochen, geklopft und entfernt. Der Flachs wird zwischen Riemen eingeklemmt und in zwei Turbinen verschwungen. Da der Fuß

Produkte der Flachsaufbereitung und -verarbeitung

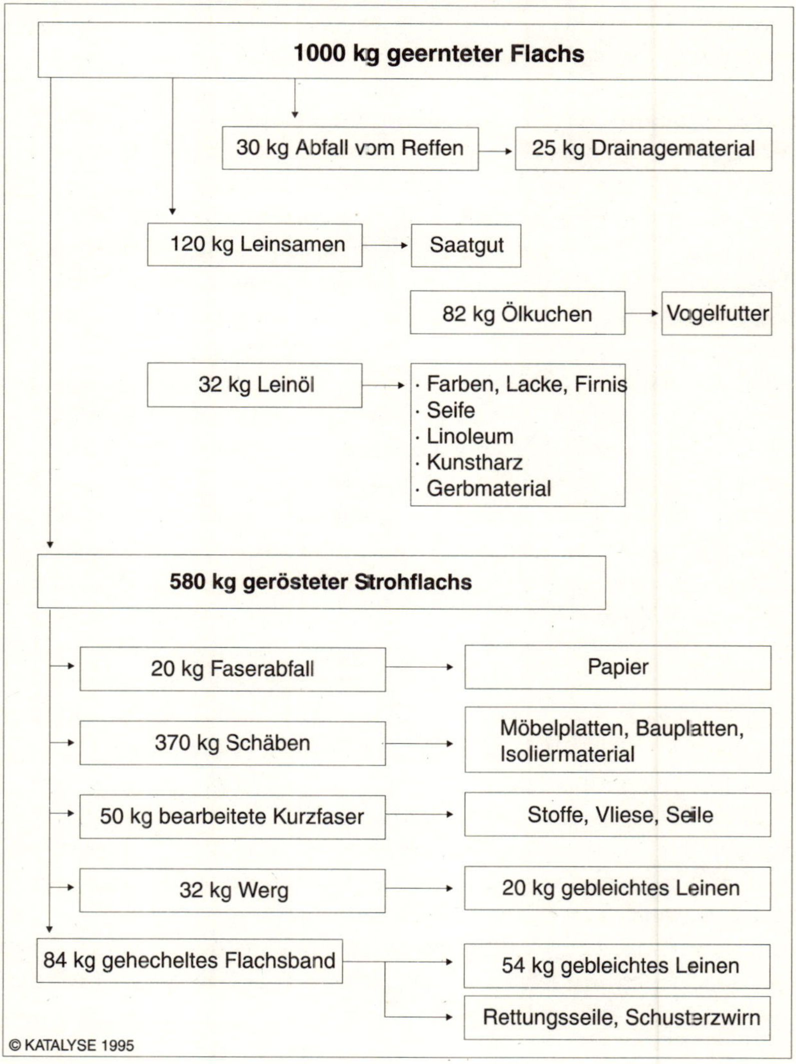

stärker verholzt ist, wird er stärker geschwungen, wodurch die Flachsfaserbündel freigelegt und über ein Nagelbrett ausgekämmt und parallelisiert (Hecheln) werden. Anschließend werden die im Verhältnis 1:3 anfallenden Langfasern und das Werg getrennt.[22] Die Langfaser wird von einem Arbeiter nach Verlassen der letzten Schwingturbine in sogenannten „Handvollen“ (500 bis 1000 g) abgenommen, von Hand nach Qualität sortiert, zu Zöpfen verdreht, abgelegt und später in einer Spinnerei zu Garn versponnen. Kurze Faserbündel und Einzelfasern fallen als sogenanntes Werg an. Die Schäben und das Schwungwerg werden in einer Wergreinigungsanlage getrennt.

Garnherstellung, textile und technische Flachsanwendungen

Flachsgarne haben in Deutschland heute mit einem Marktanteil von etwa einem Prozent an der Gesamtproduktion eine geringe Bedeutung und werden überwiegend als Spezialprodukt eingesetzt, wobei der textile Einsatzbereich führend ist. Der Niedergang des Flachses begann mit der günstigen Verarbeitung von Baumwolle, wovon in der Europäischen Union 1992 rund 350.000 Tonnen in Spanien und Griechenland angebaut wurden.

Baumwollfasern wachsen als einzellige, kurze Haare am Samen und werden durch einen Entkernungsprozeß gewonnen, während Flachsfaserbündel aus mehreren Einzelfasern in der Rindenschicht des Stengels miteinander zum Bündel verkittet sind. Die Baumwollfasern lassen sich ohne zusätzliche Prozesse verspinnen, während beim Flachs aufwendige Aufbereitungsschritte notwendig sind. Aufgrund der hohen Gleichmäßigkeit der Baumwollfasern konnten moderne Spinnmaschinen und mechanische Webstühle daher in der Baumwollindustrie viel eher Anwendung finden. Auch beim Verspinnen selbst war die Garnherstellung aus Baumwolle kostengünstiger: So waren nach Darstellung Böcklers (1937) zur Bedienung von 10.000 Flachsspindeln etwa 400 bis 500 Arbeiter notwendig, während für die gleiche Zahl Baumwollspindeln nur 40 bis 50 Arbeiter benötigt wurden.[23]

Beim Spinnprozeß werden Fasern zu Fäden versponnen, wobei mit Spinnen das filiforme Zusammensetzen von Fasern zum Faden gemeint ist. Eine Verspinnbarkeit der Fasern liegt vor, wenn sie zu Fäden gefügt und z. B. durch Faserumdrehungen verfestigt werden können. Hierbei ist zwischen der Lang- und Kurzfaserverarbeitung und zwischen Naß- und Trockenspinnverfahren zu unterscheiden. Die Langfasern werden meist naß zu hochwertigen Fäden versponnen, die Kurzfasern zu gröberen und billigeren.

Die Schwingflachs-Fäden werden durch immer feiner werdende Kämme gezogen (Hecheln) und wie beim Schwingen abwechselnd zuerst das eine, dann das andere Ende gekämmt. Dabei fallen Kurzfasern, das sogenannte Hechelwerg an. Die Langfasern werden zu einem Faserband vereinigt und anschließend mehrmals gestreckt und mit anderen Bändern vermischt (doubliert), damit eine homogene Qualität entsteht. Das Strecken wird solange fortgeführt, bis ein feiner homogener Faden ohne dicke und dünne Stellen entsteht. Im Falle des Naßverspinnens schließt sich ein Warmwasserbad bei 70°C an, wodurch verbliebene Pektine gelöst werden. Die Fasern lassen sich nun leichter gegeneinander verziehen, so daß feinere Garne hergestellt werden können. Der Faden wird verdreht auf Garnrollen aufgerollt und bei 80 °C getrocknet.

Bei den Kurzfaserbündeln wird aus dem wirren Fasergut durch Kardieren (Aufrauhen) ein flächiges „Vlies" produziert, das zu einem Band reduziert wird. Dieses Band wird gekämmt (gehechelt), um die zu kurzen Fasern und Holzteilchen zu entfernen, anschließend gestreckt und doubliert (gemischt/homogenisiert). Dieser Arbeitsgang wird als Karden- oder Krempelprozeß bezeichnet und hat zur Aufgabe:

- die Verfeinerung der Faserbündel
- die Reinigung der Fasern vom Staub, Schäben, zu kurzen Faserbündeln und Einzelfasern
- die Kürzung der Faserbündel sowie
- das Parallellegen der Faserbündel.

Bei der Krempel wird der Faserflor in Krempelbänder aufgeteilt. Bei der Karde wird der Faserflor zum Kardenband zusammengefaßt (vgl. auch Abbildung S. 74). Die Bänder werden bis zur gewünschten Fadenfeinheit gleichmäßig verzogen und anschließend durch Faserdrehung verfestigt. Kurzfasern werden meist trocken versponnen, die entstehenden Garne sind rauh und fühlen sich gleichzeitig weich an.

Das Spinnen erfolgt durch die Teilschritte Faservorbereitung, Vorgarnherstellung und Endverspinnung. Bei der Faservorbereitung werden die wertvollen Langfasern über Nadelfelder gezogen, dabei verfeinert und zu einem Band vereinigt. Das Werg wird durch ineinandergreifende Nadelwalzen gereinigt, verfeinert, parallelisiert und ebenfalls zu einem Band zusammengelegt. Danach werden die Bänder verstreckt, durch Kämmen nochmals gereinigt und vergleichmäßigt. Je nach gewünschter Garnfeinheit werden diese Arbeitsschritte mehrfach wiederholt.

Sollen heute Flachsfasern auf modernen Spinnmaschinen verarbeitet werden, darf die Faserlänge 65 mm nicht übersteigen, da längere Fasern Störungen im Spinnprozeß verursachen. Außerdem müssen die Fasern soweit wie möglich von Holzbestandteilen (Schäben) befreit sein. Schäben können Fadenrisse auslösen, die den Spinnprozeß erschweren und extrem verteuern. Während bei Baumwollfäden die Fadenrisse pro Arbeitstag etwa bei 200 bis 300 liegen (entspricht 0,5 bis 1 Fadenriß pro Kilogramm Baumwollgarn), können bei Flachsfasern 1.000 bis 2.000 Fadenrisse pro Arbeitstag auftreten (entspricht 3 bis 8 Fadenrisse pro Kilogramm Flachsgarn). Dies gilt für Fasern, die nach dem Dampfdruckverfahren aufgeschlossen wurden; bei mechanisch aufgeschlossenem Fasermaterial kann die Fadenrißquote noch wesentlich höher liegen.

Durch Kochen und Bleichen kann die Spinnbarkeit des Garns deutlich verbessert werden. Durch Zugabe von Soda beim Kochen gewinnt man ein wertvolles Garn, das sich später als Stoff durch seinen weichen Griff auszeichnet.

Neue Ziele für die Flachsspinnerei

Der hohe Automatisierungsgrad der Spinnereien läßt kaum Spielraum für flachsspezifische Optimierungen, da wichtige Entwicklungen in anderen Bereichen verfolgt werden. Die europäische Spinnkapazität beträgt etwa 12.000 Tonnen Garne, wovon 40 Prozent im groben Garnbereich bis 4 Nm für technische Anwendungen genutzt werden.

Das Institut für Textil- und Verfahrenstechnik (Düsseldorf) sieht zwei Ansätze, um den Einsatz von Flachsfasern im textilen Bereich zu steigern:

♦ Die Entwicklung wirtschaftlicher Spinnverfahren mit hoher Automatisierung, damit die Fertigungskosten sinken, bei gleichzeitiger Verwendung von Kurzfasern (Werg) und weniger guten Faserqualitäten. Als Alternative zum heutigen Ringspinnen bietet sich das Rotorspinnen an, das Garne in einer Feinheit von 0,5 bis 12 Nm herstellen kann. Rotorspinnmaschinen wurden ursprünglich für die Chemiefaserverarbeitung und nicht zur Flachsgarnherstellung konzipiert. Daher müssen grundlegende Spinnelemente verändert und angepaßt werden. Beim Rotorspinnen entfällt das Vorspinnen und z.T. auch das anschließende Umspulen auf Kreuzspulen, wodurch sich der Produktionsprozeß erheblich verkürzt. Kann das Rotorspinnverfahren für Flachs nutzbar gemacht werden, eröffnen sich für Flachsgarne neue Märkte: etwa für Erntebindegarne und Bindegarne für den Obstanbau mit einem Bedarf von 30.000 Tonnen/Deutschland und 100.000 Tonnen/EU. Nachteil des Rotorspinnverfahrens ist allerdings, daß die Wirtschaftlichkeit mit zunehmender Garnfeinheit abnimmt.

♦ Die Ausspinngrenzen von Flachsfasern müssen hin zu feineren Garnen verschoben werden, so daß neue Einsatzgebiete im Bekleidungssektor erschlossen werden können. Erste Versuche mit modifizierten Ringspinnverfahren unter Einsatz eines Filament (einer chemisch-technisch hergestellten Endlosfaser) haben bei Flachsfasern zu einer Feinheit von etwa 16 μm geführt, was etwa der feinsten zur Verarbeitung kommenden Wollfaser entspricht. Das größte Problem bei der feinen Verspinnung ist die natürliche Schwankungsbreite der Flachsfaser. Das Filament verhindert den möglichen Fadenbruch und überbrückt die „Störstelle". Wird kein Filament eingesetzt, so liegen die Fadenbrüche bei 12 Nm, rund doppelt so hoch wie dies in Spinnereien tolerierbar ist. Bei Einsatz von zwei Prozent Filament werden stabile Spinnverhältnisse im Bereich Nm 12 erreicht. Die industrielle Ausspinngrenze von 12 Nm kann derzeit nur durch den Einsatz teuren Hechelwergs erreicht werden, was aber aufgrund der stark steigenden Rohstoffkosten eine Vermarktung der erzeugten Garne sehr stark einschränkt.[24] Ob der Einsatz eines synthetischen Filaments in Naturfasern sinnvoll ist, muß allerdings unserer Meinung nach in Frage gestellt werden, da es einem Naturfaserkonzept hoher Ansprüche widerspricht.

Leinenweberei und Veredelung

Das Verweben von Leinenfäden ist technisch wesentlich schwieriger als die Verarbeitung von Baumwollfäden. Dies liegt in der niedrigen Elastizität und damit geringeren Dehnung der Leinengarne begründet. Um die Zahl der Maschinenstillstände nicht ansteigen zu lassen, werden die Kettfäden mit einer leicht auswaschbaren Wachs-Wasser-Emulsion benetzt. Darüber hinaus werden keine Schlichten oder andere Chemikalien eingesetzt. Neue Verfahren, die das Benetzen der Kettfäden überflüssig machen, sind in der Entwicklung.

Unter Veredelung versteht man die Verarbeitung des Rohgewebes zum fertigen Leinen. Die Art der Durchführung der entsprechenden Arbeitsschritte – das heißt Abkochen, Bleichen, Färben, Ausrüsten – ist neben der Rohstoffgewinnung entscheidend für die ökologische Beurteilung der gesamten textilen Kette. Grundsätzlich wirft die Flachsfaser bei der Ausrüstung durch ihre größere Sprödigkeit Probleme auf, während natürlich Licht-, Wasch-, Schweiß- und Reibechtheit der leinenen Gewebe gegeben sein sollten.

Das Bleichen erfolgte früher vor der Verwendung von Chemikalien durch Sonnenlicht, Sauerstoff aus der Luft und Wasser. Später wurden Sodalösung und Natronbleichlauge verwendet, und heute kommen meist Chlorlaugen, Chlordioxid und Wasserstoffperoxid zum Einsatz. Je aggressiver die eingesetzten Substanzen, desto größer ist natürlich die

Gefahr einer Faserschädigung. Alkalische Mittel müssen darüberhinaus neutralisiert werden, was zu einer hohen Salzbelastung der ohnehin nicht gerade unproblematischen Abwässer führt. Während bei Baumwolle nur drei Veredelungsstufen für ein weißes Garn notwendig sind, benötigen Flachsgarne bis zu sechs Stufen.

Im Färbeprozeß werden synthetische Farbstoffe und Färbehilfsmittel eingesetzt. Eine Ausrüstung für Quellfestigkeit mit Formaldehyd und für Knitterfestigkeit mit Kunstharzen gehört heute immer noch zu den konventionellen Ausrüststoffen.

Umweltfreundlich produzierte Flachstextilien

Leinengewebe werden häufig alkalisch vorgewaschen, wobei Verunreinigungen entfernt und das Leinen weichgemacht wird. Der natürliche Braunton des Leinens kann durch Abkochen zwar graduell variiert werden, er bleibt dennoch weitgehend erhalten. Das Bleichen sollte ausschließlich auf der Basis von Sauerstoff mit Wasserstoffperoxid geschehen; auf optische Aufheller sollte völlig verzichtet werden. Zum Färben eignen sich aus Sicht des Umweltschutzes besonders Reaktivfarbstoffe, denn sie benötigen wenig Wasser, haben eine gute Farbstoffausbeute und weisen gute Gebrauchseigenschaften auf. Die natürliche Schönheit von Pflanzenfarben kann allerdings nicht erreicht werden. Bei der Ausrüstung werden die Gewebeeigenschaften meist durch Chemikalien massiv verändert. Dadurch gelangen Chemikalien bis zum Verbraucher und kommen dort in Kontakt mit der Haut. Einige Leinenprodukte werden heute bereits ohne Chemikalien nur durch eine mechanisch-thermische Nachbehandlung ausgerüstet. Die erhöhte Knitterneigung von Leinenstoffen kann nur durch eine Pflegeleicht- und Knitterfestausrüstung ausgeglichen werden. Allerdings steht der Einsatz gesundheitlich bedenklicher Substanzen wie etwa Formaldehyd im Mittelpunkt der Verbraucherkritik, und es werden zunehmend möglichst naturbelassene Leinengewebe gewünscht, wobei sie gleichzeitig keinen hohen Pflege- und Reinigungsaufwand verursachen sollen.

Flachsfasern erzeugen aufgrund ihrer hohen Wärmeleitfähigkeit eine angenehme kühl wirkende Trageeigenschaft. Die Faser sind gut zu verspinnen und als Garn zu verweben. Eine Färbung des Garnes als auch des fertigen Gewebes ist heute auch mit leuchtenden Farben möglich, wobei allerdings höhere Farbstoffkonzentrationen notwendig sind. Die Lichtbeständigkeit von gefärbtem Leinen ist nicht besonders gut, auch an Abriebstellen können die Farben verblassen. Im technischen Einsatzbereich sind häufig Steifigkeit und gute Oberflächenhaftung gefragt.

Wie alle Naturfasern zeigt Flachs eine gute Recyclingfähigkeit und Abbaubarkeit.

Flachsfasern zeichnen sich durch eine hohe Reißfestigkeit aus. Man unterteilt wie beim Hanf in Lang- und Kurzfasern. Langfasern sind spinnfähig und werden in der Textilindustrie verarbeitet. Sie erzielen Preise von 2,50 bis 3 DM/kg, außerordentliche Qualitäten können bis über 10 DM/kg liegen. Kurzfasern erzielen dagegen meist nur Preise von 0,50 DM/kg, da sie allenfalls als Beimischung zu Baumwoll- und Chemiefasern versponnen werden können.

Gegenüber den meisten Natur- und Kunstfasern sind damit Flachsfasern höherer Qualität wesentlich teurer. Qualitätskriterien für Flachsfasern sind u.a. Feinheit, Sauberkeit und Röstgrad. Flachsfasern müssen hohe Qualitäten erreichen, da ansonsten günstigere Fasern wie Baumwolle oder Glasfasern eingesetzt werden. Die Textilindustrie ist nach wie vor der wichtigste Flachsfaserabnehmer. Dieser Markt ist jedoch den Modetrends unterworfen, so daß hier nicht unbedingt von einer langfristig gesicherten Rohstoffabnahme ausgegangen werden kann. Insgesamt können Flachsfasern bisher aufgrund des großen Preisdrucks durch Baumwolle und Kunstfasern nur ein kleines Marktsegment besetzen.

Leinenstoffe zeichnen sich durch eine hohe Festigkeit aus. Leinen saugt etwas weniger Feuchtigkeit als Baumwolle auf. Die Wärmerückhaltung ist geringer als bei Baumwolle, da weniger Luft eingeschlossen wird. Die Leinenzellen sind dicker als die der Baumwolle, weshalb Leinen steifer, weniger elastisch ist und leichter knittert. Leinengewebe hat in nassem als auch in trockenem Zustand eine hohe Knitterneigung. Der „Pflanzenleim", der die Einzelfasern der Faserbündel verkittet, wird an den Knickstellen verschoben und führt zu den charakteristischen Knikken und Falten. Durch feuchtes Bügeln wird der „Pflanzenleim" verformbar und die Knicke können beseitigt werden. Die glatte Oberfläche der Flachsfaser nimmt wenig Schmutz an und verfügt über eine leichte Schmutzabgabe beim Waschen. Die Oberfläche der Fasern ist bakterienhemmend, so daß sie als Ärztekittel und Taschentücher besonders geeignet sind.

Leinenstoffe sind sehr strapazierfähig, haltbar und haben einen seidigen Glanz und Weiße sowie eine geringe Fusselneigung. Untersuchungen aus Italien ergaben, daß der Schlaf in Leinenlaken erfrischender als in Baumwollaken ist. Unterwäsche aus Leinen wirkt nicht reizend auf der Haut, erniedrigt die Temperatur und Muskelanspannung. Gegenüber Hanf besitzt Flachs nur ein geringes Wasserbindevermögen. Großen Einfluß haben vor allem die elektrischen Eigenschaften (elektrostatische Aufladung) von Geweben auf das menschliche Wohlbefinden. Hierbei hebt sich Flachs, aber auch der Hanf gegenüber anderen Stoffen hervor. Auch die Nutzung minderwertiger Flachsfasern in Bekleidungs- und Heimtextilien wird daher als gesundheitlich positiv bewertet.

Bisher wird die Qualität von Flachsfasern aufgrund von Erfahrungen und subjektiven Merkmalen wie Glanz, Festigkeit, Griff, Geruch und Farbe beurteilt. Überprüfbare, verläßliche und reproduzierbare Kriterien sind noch im Entwicklungsstadium. Sie sind aber dringend notwendig, da für die Verwender eine definierte Ausgangsbeschaffenheit der Fasern zwingend notwendig ist. Qualitätsmerkmale, die für eine Wertbestimmung herangezogen werden können, sind u.a.: Form der Bastfaserbündel, der Faserzellen und der Zellwand, Gehalt an Lignin und Pektin sowie Faserlänge, Festigkeit und Feinheit. Für die Qualität der Faser ist eine regelmäßige Kontrolle von der Aussaat bis zum Endprodukt unerläßlich:

- während der Wachstumsphase und Reife,
- während Aufschluß und Verarbeitung,
- und nach Herstellung des Endproduktes.[25]

Während das „Masters of Linen"-Zeichen Volleinen-Textilien auszeichnet, können beim „Schwurhand" oder „L"-Zeichen der Schuß (der quer verlaufende Faden) aus Baumwolle und die Kette (der längs verlaufende Faden) aus mindestens 40 Prozent Leinen bestehen. Der Zusatz „Kette reine Baumwolle, Schuß reines Leinen" muß deutlich lesbar sein.

3.6 Technischer Flachsfasereinsatz

Während die Flachsfasern im Textilsektor in erster Linie mit Baumwolle konkurrieren, sind in den technischen Einsatzbereichen Naturfasern wie Jute, Ramie, Sisal und Hanf die größten Konkurrenten, da sie alle ähnliche Fasereigenschaften aufweisen.

Sollen größere Mengen beispielsweise an die Automobilindustrie abgesetzt werden, müssen Qualität und Fasermenge langfristig ausgeweitet und stabilisiert werden. Mögliche Einsatzgebiete von Flachs:
- Flachsfasern als Asbestersatz in Brems- und Kupplungsbelägen,
- Isolier- und Dämmaterialien oder verrottbare Pflanzenzuchtbecher,
- Blumenbindegarne und landwirtschaftliche, kompostierbare Mulchpapiere,
- Gewebe, Vliese, Filze und Mehrweg-Transport-Verpackungen.

Der Einsatz in der Automobilindustrie ist erst im Aufbau begriffen; langfristig werden bis zu 50.000 Tonnen Flachsfasern beim Automobilbau Anwendung finden können. Hierbei wird Flachs in erster Linie in Form von Geweben, Vliesen und Filzen verarbeitet und für Türinnenverkleidungen, Dachhimmel und zur Dämmung, aber auch als Außenteile in Stoßstangen, Stoßfängern und Spoilern verwendet.

Neue Werkstoffe mit Naturfasern *(Jörg Müssig)*
Der Einsatz von Naturfasern zur Verstärkung von Bauteilen aus Kunststoff kann technologische und ökonomische Vorteile bieten. In neuentwickelten Preß- und Schäumverfahren kann man aus Naturfasern verstärkte Werkstoffe herstellen, die vergleichbare Kennwerte glasfaserverstärkter Kunststoffe besitzen. Naturfasern sind leichter als Glasfasern und können so zur Gewichtsreduzierung im PKW-, LKW-, Bahn- und Flugzeugbau beitragen. Neben dem konventionellen Röstflachsverfahren ist für den Bereich der technischen Anwendungen die Grünflachsgewinnung sehr interessant. Dieses Verfahren ist auch für die Anwendung bei anderen Naturfasern wie Hanf, Ramie oder Kenaf geeignet. Die verwendete Grünflachsfaser wird nicht wie die Flachsfasern für die Textilindustrie durch Bakterien, sondern mechanisch aufgeschlossen. Die Grün-Flachsfaser besitzt bessere mechanische Eigenschaften, da die Fasern nicht durch mikrobielle Vorgänge wie bei der Röste geschädigt werden. Und während die Tauröste bis zu 30 Tagen dauert, kann Grünflachs bereits nach 36 Stunden entholzt werden.

Im Automobilbereich werden die Grünflachsfasern überwiegend als Bauteile für die Strukturverstärkung und Innenraumverkleidung verwendet. Die Wirtschaftlichkeit der Flachsfaser kann noch weiter gesteigert werden, wenn der Grünflachs aus Öllein gewonnen werden kann, da über die Flachspflanze dann sowohl Leinsamen als auch Leinfasern zur Verfügung gestellt werden können. Die Kalkulation beider Rohstoffe ermöglicht günstigere Preise für die Grünflachsfaser. An der Universität Bonn werden Faserleinsorten gezüchtet, die hohe Leinsamenerträge und hochwertige Kurzfasern für technische Anwendungen bieten sollen.

Während für die Herstellung von Dämmvliesen aus Flachs- und Hanffaserbündeln der Grad des Faseraufschlusses und der Reinigung sowie die Feinheit der Faserbündel von Bedeutung sind,[26] steht bei anderen Anwendungen die Festigkeit oder die Dehnung der eingesetzten Fasern oder Faserbündel im Vordergrund der Betrachtung.

Die dargestellten Reißlängen[27] von Flachs- oder Ramiebündelfasern sind annähernd so hoch wie bei den derzeitig häufig verwendeten E-Glasfasern[28]. Hanfbündelfasern erreichen sogar höhere Werte als E-Glasfasern.[29] Diese Angaben sind jedoch nicht als feste Größe für eine Faserart zu sehen, da es sich um Naturprodukte handelt, die infolge Anbaubedingungen, Klima, Röst- und anderen Aufschlußverfahren starken Schwankungen unterliegen. Bei der Verarbeitung werden in der Regel

Reißlänge verschiedener Naturfasern

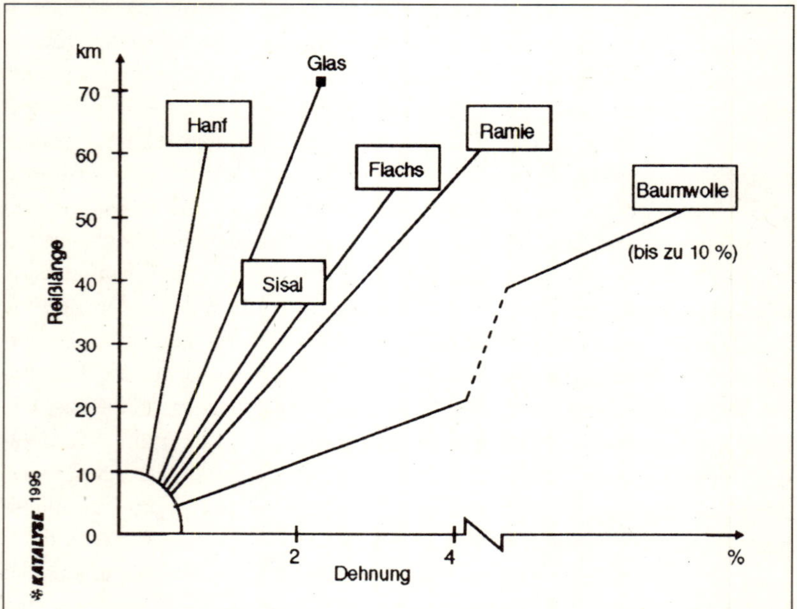

auch die *Faserbündel* und nicht die *Einzelfasern* eingesetzt. Die Festigkeit der Einzelfaser ist in der Regel höher als die eines Faserbündels. Wie bereits erwähnt, hat beispielsweise die Tauröste einen entscheidenden Einfluß auf die Fasereigenschaften. Die für den Abbau der Rindenschicht verantwortlichen niederen Pilze und Bakterien schädigen in gewisser Weise die Fasern. Eine Möglichkeit, diese Faserschädigung zu vermeiden, besteht bei der Flachsverarbeitung im sogenannten Grünflachsaufschluß. Derartig aufgeschlossene Faserbündel sind in der Regel gröber als die durch ein Röstverfahren aufgeschlossenen Faserbündel, verfügen jedoch über bessere mechanische Eigenschaften.[30]

Wegen den vergleichbaren Festigkeiten einiger pflanzlicher Naturfasern mit E-Glasfasern erscheint es sinnvoll, vor allem die mögliche Substitution dieser Glasfasern durch pflanzliche Naturfasern zu untersuchen. Einsatzbereiche wie die Kraftfahrzeugindustrie werden zum größten Teil von Glasfasern beherrscht.[31] Von Seiten der Automobilhersteller wird in den letzten Jahren verstärkt an der Wiedereinführung von pflanzlichen Naturfasern im Bereich des Fahrzeugbaus geforscht. Einen möglichen Anwendungsfall stellen nadelfilzverstärkte Thermoplaste dar.[32,33]

Bei der Mercedes-Benz AG beispielsweise verwendet man Werkstoffkombinationen: Kurze Flachsfaserbündel und Werg werden als Nadelfilze in Kunststoff eingebettet. Die Faserbündel werden in einem Krempelprozeß mechanisch zu einem Faserflor geordnet, anschließend in mehreren Florschichten zum Nadelfilz verfestigt. Die Verfestigung wird durch Faserverschlingungen erreicht, so daß auf Kleber oder Binder verzichtet werden kann, wie dies beispielsweise bei Glasklebevliesen notwendig ist.

Für eine optimale Aufnahme und Verteilung des Kunststoffs müssen die Vliese offene Strukturen aufweisen, aus groben Faserbündeln hergestellt sein, eine geringe Dichte aufweisen und möglichst wenig Verunreinigungen wie Schäben enthalten.[34]

Die nadelfilzverstärkten Polypropylen - (PP) - Bauteile, die derzeit bei Mercedes-Benz zum Einsatz kommen, sind im Vergleich mit glasvliesverstärkten Bauteilen rund 25 Prozent leichter und können gleichzeitig bis zu 60 Prozent der Materialkosten einsparen. Aufgrund des chemischen Aufbaus von PP geht der Kunststoff keine direkte Verbindung mit den Naturfasern ein, und es muß ein Haftvermittler eingesetzt werden. Flachsfasern in Kunststoff einzubetten, wirft einige Probleme auf, da sie temperaturempfindlich sind und nicht über 230 °C erhitzt werden können. So wird neben dem schmelzbaren Polypropylen auch der „duromere“ Kunststoff Polyurethan eingesetzt, der sich bei relativ niedrigen Temperaturen zu Hartschaumsystemen und leichten Bauteilen verarbeiten läßt. Seit 1995 werden beispielsweise neuartige Türinnenverkleidungen der Mercedes C-Klasse in Serienfertigung auf Basis nachwachsender Rohstoffe hergestellt. Dies entspricht einem jährlichen Naturfaserbedarf von 350 Tonnen. Die neuen Bauteile bestehen aus Flachs-Sisal-Filzmatten, die mit Epoxidharz gebunden werden. Die neuen Bauteile sind rund 20 Prozent leichter als vorher und bieten einen erhöhten Aufprallschutz, da sie beim Aufprall nicht zersplittern.[35] Die hiermit erzielte Gewichtsreduzierung des superschweren Fahrzeuges der C-Klasse ist jedoch nur gering und mutet eher wie ein schlechter Werbegag an.

In Untersuchungen wurden *Nadelfilze*[36] aus Flachswerg, aus Flachsfaserbündeln aus dem Grünflachsaufschluß sowie Nadelfilze aus Sisalfaserbündeln mit Polypropylen (PP) durchtränkt und anschließend verpreßt. Um Aussagen über den möglichen Ersatz von Glasfasern durch pflanzliche Naturfasern treffen zu können, sind in der untenstehenden Abbildung neben den Festigkeiten der nadelfilzverstärkten Thermoplaste die Werte herkömmlicher glasfaservliesverstärkter Thermoplaste dargestellt. Beim Einsatz der Flachsfaserbündel aus dem Grünflachsaufschluß werden Zugfestigkeiten erreicht, die sogar bei geringeren Bauteildichten die Festigkeiten des glasfaservliesverstärkten Polypropylens erreichen und somit eine weitere Rohstoffersparnis erlauben. Eine Wiederverwertung der hergestellten nadelfilzverstärkten Thermoplaste aus pflanzlichen Naturfasern kann allerdings nur in einem „Downcyclingprozeß" erfolgen.[37] Die Bauteile werden nach Gebrauch geschreddert. Hierbei entsteht ein thermoplastisches Granulat, verstärkt mit kurzen

Zugfestigkeit bezogen auf die Bauteildichte (Quelle: Fölster 1994)

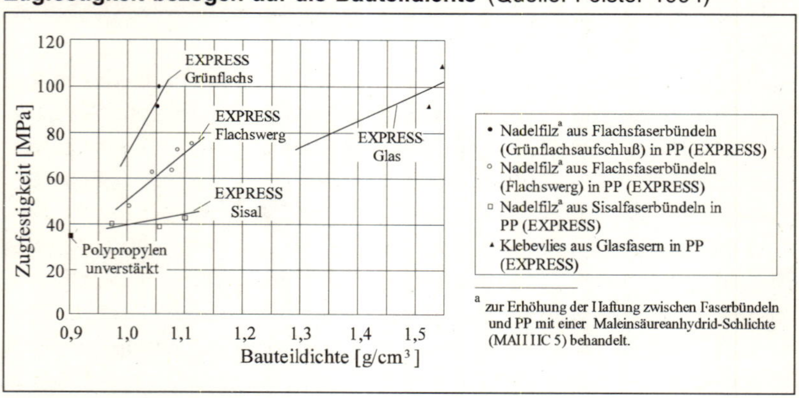

Möglicher Einsatz von Pflanzenfasern (in g/Auto)

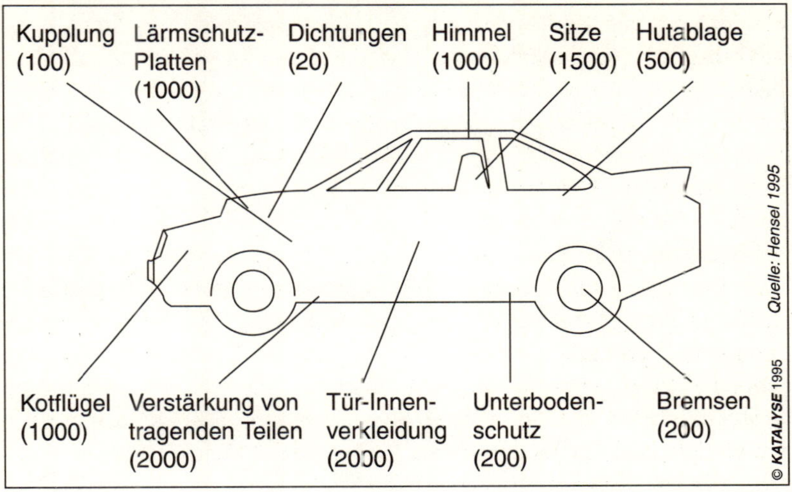

Naturfasern bzw. Naturfaserbündeln.[38] Eine Verarbeitung des Granulats in üblichen Kunststoffverarbeitungsmaschinen ist wegen der vergleichsweise geringen abrasiven Eigenschaft der Flachsfasern maschinenschonend durchführbar. Da die Wärmebeständigkeit der Flachsfasern relativ hoch ist – Zersetzungserscheinungen treten erst ab etwa 280 °C auf –, werden sie durch die bei der Verarbeitung auftretenden hohen Temperaturen nicht geschädigt und können somit relativ unproblematisch im „Downcyclingprozeß" weiterverarbeitet werden.[39]

Zur Herstellung biologisch abbaubarer nadelfilzverstärkter Kunststoffprodukte wäre der Einsatz spezieller Polymere auf Basis nachwachsender Rohstoffe notwendig. Die Verwendung von Thermoplasten auf Stärke-, Zucker- und Zellulosebasis in gewebe- sowie fadenverstärkten Kunststoffprodukten wurde in Laborversuchen bereits untersucht.[40] Zum Einsatz kamen Fäden, gesponnen aus pflanzlichen Naturfasern wie Ramie, Flachs und Hanf. Die Fäden wurden in ein Thermoplast auf Zellulosebasis in „längsgerichteter Richtungslage" eingebettet. Zum Vergleich wurden E-Glasfasern in gleicher Richtungslage in Epoxidharz gebettet. Die spezifischen Festigkeiten der biologisch abbaubaren fadenverstärkten Thermoplaste betragen etwa 60 Prozent der spezifischen Festigkeit des glasfaserverstärkten Epoxidharzes. Die spezifischen Steifigkeiten der flachs- und ramiefadenverstärkten Thermoplaste erreichen etwa 50 Prozent und die hanffadenverstärkten Thermoplaste sogar 100 Prozent des glasfaserverstärkten Epoxidharzes. Aus den Ergebnissen der

Untersuchungen geht hervor, daß sich die pflanzlichen Naturfasern in Verbindung mit dem verwendeten Thermoplast auf Zellulosebasis hervorragend verarbeiten lassen. Mögliche Einsatzgebiete sind z.B. Verkleidungselemente mit tragenden Einbauten im Automobil- und Waggonbau, die Möbelindustrie sowie große Teile der Freizeitindustrie.

Bei der Volkswagen AG werden zur Herstellung von Formteilen Reststoffe aus dem Ölleinanbau verwendet. Das nach der Leinsamenernte verbleibende Ölleinstroh wurde lange Zeit auf den Feldern verbrannt, wobei der wertvolle Faseranteil von etwa 25 Prozent ungenutzt blieb. Da die Verwendung von Fasern für Formteile nicht so hohe Anforderungen an die Faserqualität stellt wie das im Textilbereich der Fall ist, werden inzwischen Formteile auf der Basis von Ölleinstroh eingesetzt. Hierbei handelt es sich in erster Linie um Verkleidungsteile wie die Gepäckraumabdeckung des VW Golf und die Schalldämmung des Fahrgastraums.[41] Schwierigkeiten macht der starke Geruch des Öllein-Strohs im Fahrzeug, der von Kunden beanstandet wurde.

Marktpotentiale für Flachsfasereinsatz

Die breite Anwendung von Naturfasern im Fahrzeug- und Automobilbau ist durchaus zu begrüßen. Bei konsequentem Einsatz könnte das Gewicht der Fahrzeuge und der Einsatz fossiler Rohstoffe entscheidend verringert werden. Weniger zukunftsweisend ist jedoch die Anwendung als Kombinationsprodukt aus Naturfasern und konventionellen Kunststoffen. Letztendlich können diese Fasern wohl kaum wieder einem technischen oder dem natürlichen Stoffkreislauf zugeführt werden. Inwieweit die Entwicklung von Bio-Kunststoffen auf der Basis nachwachsender Rohstoffe dieses Problem beseitigen kann, ist wohl erst zu beurteilen, wenn entsprechende Bauteile nicht nur im Test- und Labormaßstab hergestellt werden, sondern in der breiten Praxis zur Anwendung kommen, und die Akzeptanz der Verbraucher ermittelt wurde.

Das deutsche Marktpotential für Pflanzenfasern in der PKW-Produktion umfaßt etwa 50.000 Tonnen im Jahr: Stoßstangen und Schallisolierung je 5.000 Tonnen, Verkleidungen 15.000 Tonnen, tragende Elemente 10.000 Tonnen, Bremsbeläge 1.500 Tonnen und Sitzbezüge u.ä. etwa 7.500 Tonnen. Der Bedarf aller Privat- und Nutzfahrzeuge in Deutschland summiert sich fast auf eine Gesamtmenge von 200.000 Tonnen Rohfaser/Jahr. Dieses Potential beruht auf der Annahme, daß alle synthetischen und mineralischen Fasern durch Pflanzenfasern ersetzt werden. Realistisch ist in den nächsten zehn Jahren ein Marktanteil von 10 bis 20 Prozent.[42]

Die Entwicklung von Reibebelägen mit Flachsfasern für Trommel- und Scheibenbremsen sowie Kupplungsbeläge wurden in einem Projekt des Bundesministeriums für Forschung und Technologie gefördert. Flachsfasern erfüllen selbst die hohen Anforderungen, die an Bremsbeläge gestellt werden, und schneiden im Vergleich mit den Aramidfasern gut ab, wodurch die Möglichkeit besteht, teure Chemiefasern teilweise auszutauschen.[43] Beim Einsatz von Flachsfasern als Asbestersatz kann die Flachsfaser eine Haupteigenschaft des Asbest nicht erfüllen, nämlich die hohe thermische Beständigkeit. In Mischung mit Aramid-, Dralon- und Glasfasern übernehmen Flachsfasern daher die Funktion als Festigkeitsträger und können gleichzeitig als Haftvermittler und Füllstoff fungieren. Bis 1985 wurden Asbestgewebe aus 15 Prozent Zellgewebe und

Rohdichte von Werkstoffplatten aus nachwachsenden Rohstoffe

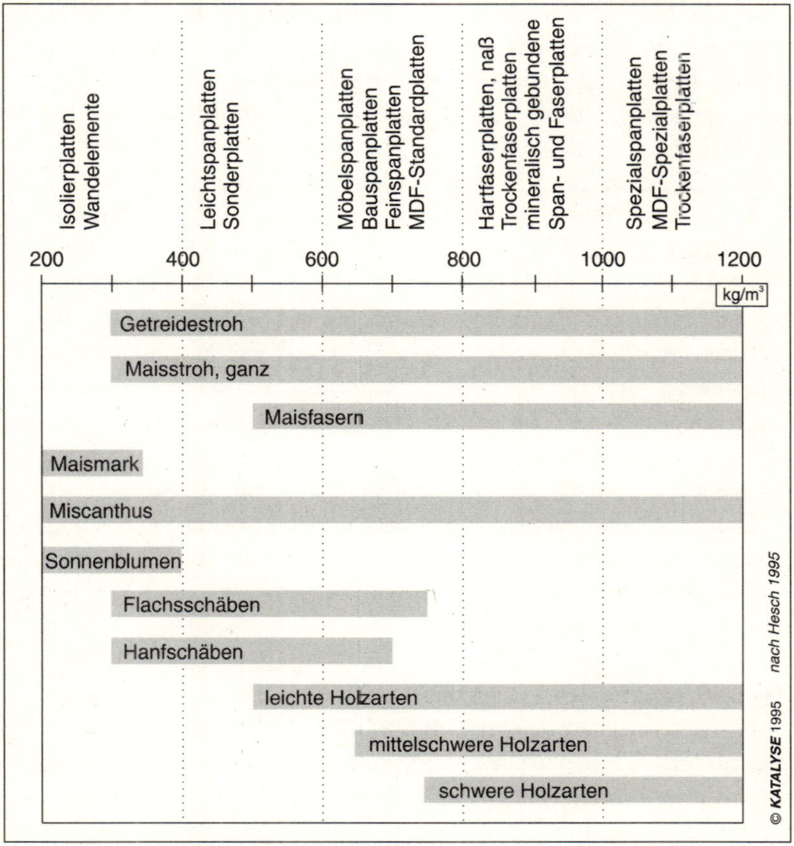

85 Prozent Asbest verwendet. Als Asbestersatz mit Hitzeschutz haben sich Gewebe sowie Nadelfilze vor allem aus Aramidfasern in einer Mischung von 10 bis 25 Prozent Flachsfasern bewährt. Bei höheren Flachsanteilen ist zusätzlich eine flammhemmende Ausrüstung notwendig.[44]

Die Neckermann Versand AG und das Unternehmen Bio Pack haben ein Mehrwegverpackungssystem aus Flachsstoffen und Vliesen für den Transport von Kasten- und Polstermöbeln entwickelt und in die Praxis umgesetzt, womit rund 1.000 Tonnen Verpackungsmaterial pro Jahr eingespart wird. Die Mehrwegverpackung ist für mindestens 50 Umläufe einsetzbar; nach dem Gebrauch werden die Verpackungen kompostiert oder aber durch Recycling zu neuen Verpackungen verarbeitet.[45]

Bisher hat die Flachsfaser, gemessen an der Verwendung in Deutschland (10.000 t pro Jahr), nur eine geringe Bedeutung, selbst im EU-Textilmarkt liegt ihr Marktanteil unter einem Prozent.

Flachs könnte sich jedoch in Mischung mit Baumwolle bewähren. Unter der Option, daß Flachs preislich mithalten kann und eine 30-prozentige Beimischung von Flachs zu Baumwolle praktiziert würde, umfaßt allein der deutsche Markt zwischen 40.000 bis 50.000 Tonnen Flachsfasern.

Der Bausektor hat sich bisher für die Verwendung von Flachsfasern nicht geöffnet. Bereits die Herstellung von ein Prozent Dämmstoffen aus Flachsfasern in Deutschland würde zu einer zusätzlichen Nachfrage von 2.000 Tonnen Flachsfasern führen. Interessant für den Baubereich ist der Einsatz von Zwirnen aus Flachsfasern als Verstärker von Betonmatrizen (textile Gitterkonstruktionen) als Bewehrung von Leichtbeton-, Porenbeton- und Gipselementen. Durch das Einlagern von Gewirken (Faserflächengefüge, deren Verbindungen aus Fadenverschlingungen bestehen) aus Flachsfasern konnte bei Porenbeton eine Erhöhung der Biegezugfestigkeit um 115 Prozent und bei Zementmörtel von bis zu 18 Prozent erreicht werden.[46] Aus den Schäben bei der Entholzung und Flachsfasern können Faserdämmstoffe hergestellt werden. Es wurden umfangreiche Verfahren zur Faseraufbereitung, Filz- und Vliesherstellung zu diesem Zwecke erprobt.[47]

Zellstoff und Papier aus Flachs?

Flachs gehört neben Papyrus, Pergament und Hanf zu den ältesten Papierrohstoffen. Wie bei Hanf wurde auch beim Flachs nicht eine Primärfasernutzung, sondern über Lumpen und Hadern die Verwendung von Sekundärfaserstoffen betrieben. Die abgetragenen Leinen- und Hanftextilien wurden unter Einsatz von Pottasche oder Kalkmilch in Stampfwerken bis zu den Einzelfasern aufgelöst.

Bis in die sechziger Jahre wurden Leinenhadern vermischt mit Baumwollfasern für wenige Spezialpapiere eingesetzt. Auch diese Spezialpapiere sind inzwischen vom Markt verschwunden, da die Rohstoffbasis, nämlich reine Leinentextilien kaum noch vorhanden sind. Kurzfaserige Produktionsabfälle aus flachsverarbeitenden Spinnereien wurden vereinzelt ohne chemische Aufbereitung zur Herstellung von Packpapieren und Rohfilzkarton verwendet, aber nicht für höherqualitative Produkte eingesetzt.

Mit der Wiederentdeckung der Einjahrespflanzen Hanf, Flachs und Nessel gilt es auch diese Einsatzmöglichkeiten näher zu untersuchen. Als besondere Einsatzgebiete für Flachsfasern ergeben sich Produktgruppen wie Schleifrohpapier, Elektroisolierpapier, Landkartenpapiere, Lebensmittelverpackungspapiere und Dekorationsmaterialien. Als Rohstoffbasis bieten sich Abfallfasern aus Spinnereien, Werg undÖlleinstroh an, wobei die Fasern möglichst schäbenfrei sein müssen.[48]

Neben den konventionellen Aufschlußverfahren, die bei der heutigen Zellstofferzeugung angewendet werden, sind auch neue umweltfreundlichere Technologien für die Verarbeitung von Faserflachs und Faserhanf geeignet. Hier kommt man mit einem deutlich geringeren Chemikalieneinsatz aus, erreicht eine akzeptable Reinheit und höhere Ausgangsweißgrade. Ähnliches gilt für das Bleichverfahren, bei denen heute weitestgehend auf chlorhaltige Bleichmittel zugunsten von Wasserstoffperoxid verzichtet wird. Ein Aufschluß von Flachs- und Hanffasern mit Hilfe von Alkali und Sauerstoff ergibt sogar eine bessere Bleichbarkeit als bei einem konventionellen Faseraufschluß. Die gewonnenen Fasern müssen vor der Blattbildung mit speziellen Mühlen gemahlen werden. Die besten Ergebnisse hinsichtlich der Festigkeit und Neigung der Fasern, Häufungen und Verschlingungen zu bilden, wurden mit Faserlängen von 4 bis 6 mm erzielt.

Die in der Papierindustrie eingesetzten Faserstoffe bestehen genau wie die Flachs- und Hanffaser vorwiegend aus Zellulose. Damit können diese ohne Probleme mit anderen üblichen Papierrohstoffen kombiniert werden, wodurch sich die Eigenschaften des Papiers hinsichtlich Reißwiderstand und Zugfestigkeit verbessern.[49]

In den Jahren 1988 bis 1990 wurden verschiedene Versuche mit der Herstellung von Flachszellstoff durch das umweltfreundlichere Organocell-Verfahren gemacht. Zum Einsatz kamen grüner und gerösteter Faserlein unter verschiedenen Aufschlußbedingungen, um die Eignung von

Flachs zur Zellstoffherstellung nach diesem Verfahren zu untersuchen. Es zeigte sich, daß aus Flachs mit Schäben nur Zellstoff geringer Qualität erzeugt werden konnte. Nach Entfernung der Schäben konnten Zellstoffqualitäten mit hoher Qualität erzeugt werden.[50] Auch die Technische Hochschule Darmstadt hat bis 1991 umfangreiche Untersuchungen und Versuche zur Flachsschäben- und Wergaufbereitung für die Papierherstellung im Auftrag der EU-Kommission durchgeführt. Danach können Flachsschäben nicht zur Papierherstellung eingesetzt werden, da bereits ein Gehalt von 10 Prozent die Festigkeit des Papiers entscheidend beeinträchtigt. Beim Flachswerg ist eine Aufbereitung für die Papierherstellung möglich; die Herstellungskosten für eine Tonne Flachszellstoff würden aber weit über 2.000 DM/Tonne liegen. Nach Berechnungen des Instituts für Papierfabrikation würde eine spezielle chemisch-mechanische Aufschlußanlage (CTMP) zur Flachszellstoff-Herstellung erst ab 100.000 Jahrestonnen rentabel arbeiten. Um für diese Produktionsmenge die Rohstoffe bereitzustellen, würden in Deutschland mehr als 200.000 Hektar für den Flachsanbau benötigt, was als nicht realisierbarer logistischer Aufwand gewertet wurde.[51]

Schäbenverwendung

Mit bis zu 45 Prozent bilden die Holzanteile des Stengels (Schäben) den Hauptbestandteil der verwertbaren Flachsteile. In den Schwinganlagen können innerbetrieblich die Schäben als Heiz- und Brennmaterial zur Energiegewinnung genutzt werden. Mit ihrem hohen Heizwert können 2,5 bis 3 Kilogramm Schäben einen Liter Heizöl ersetzen. Die Mehrkosten für die Errichtung einer speziellen Verbrennungsanlage müssen allerdings berücksichtigt werden. Eine direkte Nachfrage nach Schäben aus der Flachsverarbeitung besteht seitens der Spanplattenindustrie bisher erst in größerem Umfang in Belgien und Frankreich. Dort werden die Schäben aufgrund ihrer Leichtigkeit im Möbelbau und im Hochbau zur Dachisolierung eingesetzt. Weitere Verwendungsmöglichkeiten bestehen bei der Herstellung von Hohlraumziegeln für die Wärmedämmung und als Mulchmaterial beim Landschaftsbau. Positive Erfahrungen wurden auch mit Flachsschäben in Baumschulsubstraten gemacht. In Baumschulen werden häufig Reisspelzen, Mineralwolle, Holzhäcksel und Kompostsubstrate verwendet, wobei 20 Prozent Flachsschäben als Zusatz verwendet werden können.

Leinsamen- und Leinölverwertung

Etwa 11 Prozent des Erntegewichts des Flachses entfällt auf die Samen. Die Samen fallen ebenfalls beim Faserleinanbau als nicht unwichtiges Nebenprodukt an. Deutschland ist der größte Leinsaatenimporteur der Welt, wobei 90 Prozent des Leinsamens zu technischem Leinöl verarbeitet wird und u.a. in der Naturfarbenherstellung zum Einsatz kommt.

Der Importbedarf Deutschlands betrug 1990 etwa 200.000 Tonnen Leinsaat, 70.000 Tonnen Leinkuchen und 20.000 Tonnen Leinöle. Der deutsche Ölleinanbau lag 1992 bei 20.000 Hektar und stieg bis heute auf etwa 30.000 Hektar. Ausgehend vom Leinöl- und Saatbedarf gibt es mindestens ein zusätzliches Anbaupotential von 50.000 Hektar. Die wichtigsten Erzeuger von Leinsaat sind Argentinien, Kanada, Indien und die ehemalige UdSSR. Die Importe nach Deutschland und die EU stammen zum größten Teil aus Kanada und Argentinien. Die EU-Anbaufläche stieg von 1.200 Hektar 1984 auf 60.000 Hektar 1991.

Der Leinsamen mit den Kapseln wird je nach Qualität zu Saatgut oder Futtermittel, besonders gute Samen für hochwertiges diätisches Speiseöl verwendet. Mindere Qualitäten können für die Herstellung von Lacken und Farben verwendet werden. Das Kapselstreu ist für Rinder ein strukturreiches Futter.

Die Leinernte kann mit herkömmlichen Mähdreschern durchgeführt werden oder durch Flachsvollernter (Claas). Für den Nahrungsmittelanbau werden gelbsamige Sorten (Nisis und Maxigold) verwendet. Der gewonnene Leinsamen kann in der Nahrungsmittelindustrie als diätisches Lebensmittel in Form von Samen, Schroten und Leinölen oder in Backwaren verwendet werden. Dieser Absatzmarkt benötigt derzeit geringe Mengen, zumal die Qualitätsanforderungen, die im Lebensmittelbereich gestellt werden, von den Samen deutscher Produktion häufig nicht erfüllt werden.

Der Hauptabsatzmarkt für Leinöl liegt bei der Herstellung technischer Öle. Zur Ölproduktion werden auch heute noch überwiegend Öle aus kanadischem und argentinischem Anbau verwendet, da sie zu sehr niedrigen Preisen importiert werden können. In der Futtermittelindustrie können Leinkuchen und Leinextraktionsschrot zur Fütterung von Nutztieren eingesetzt werden. Als Ertrag werden 1,5 bis 2 Tonnen Samen je Hektar gewonnen, wobei der Ölgehalt der Samen bei etwa 43 Prozent liegt, so daß man auf einen Ölertrag von rund 625 Liter je Hektar kommt. Allerdings schwanken die Erträge deutlich von Jahr zu Jahr.

Leinsamen enthält 38 bis 44 Prozent Öl und 25 Prozent hochwertiges Eiweiß. Leinöl enthält einen hohen Anteil mehrfach ungesättigter Fettsäuren wie etwa Linolensäure (57 Prozent) und Linolsäure (16 Prozent), außerdem noch die ungesättigte Fettsäure Ölsäure (19 Prozent). Die mehrfach gesättigten Fettsäuren sind dafür verantwortlich, daß Leinöl an der Luft relativ schnell trocknet. Daher läßt sich auf der Basis von Leinöl die Herstellung selbsttrocknender Farben und Lacke ohne Zusatz von chemischen Lösungsmitteln bewerkstelligen. Ein weiterer wichtiger Anwendungsbereich von Leinöl ist die Herstellung von Linoleum-Bodenbelägen, die früher aus luftoxidiertem Leinöl und Pflanzenfasern hergestellt wurden, sowie die Herstellung von Weichmachern und Stabilisatoren.

Sonstige Flachsnutzungen

Die in der Flachs- und Hanfpflanze enthaltenen Schäben werden zur Herstellung von Spanplatten und als Torfersatz verwendet. Speziell aufbereitete Schäben werden als Einstreu in der Tierhaltung eingesetzt.

Während der technischen Aufbereitung der Flachsfasern wird neben den Holzbestandteilen in sehr geringen Mengen Flachswachs freigesetzt, das durch Extraktion zu dunkelgrünem Rohwachs in der Pharma- und Kosmetikindustrie als pharmazeutische Wirksubstanz (Förderung der Durchblutung, nachhaltige Wundheilung) eingesetzt werden kann.

Im Mai 1994 startete ein Versuchsprogramm, um Flachsfaservliese und -filze als Mulchmaterial einzusetzen. Dabei werden die flächigen Mulchabdeckungen bei Neuanpflanzungen von Gehölzen und Stauden verwendet. Bei flächiger Mulchung von Gehölzpflanzen schnitt die Flachs- mulchung im Vergleich mit anderen Mulcharten (Miscanthus- oder Rindenmulch) am besten ab und hatte die Flächendeckung um 20 Prozent verringert, wobei gleichzeitig die besten Anwachsergebnisse bei geringem Fremdkrautbewuchs erzielt wurden. Der höhere Arbeitsaufwand bei der Mulchung wird durch kürzere Pflegearbeiten ausgeglichen. Bei Staudenpflanzen konnte keine signifikante Verbesserung der Anwachsrate festgestellt werden.[52]

3.7 Ökonomische Aspekte des Faserleinanbaus

Im Mittelpunkt aller ökonomischen Abschätzungen stehen die Fragen:

- Wie wird sich das zukünftige Absatzpotential für in Deutschland erzeugte Flachsfasern entwickeln?
- Welche Flachspreise können in den verschiedenen Faserverwendungen erzielt werden?

Für 1990 wurde für Deutschland ein theoretisches Absatzpotential von etwa 100.000 Tonnen Flachsfasern errechnet, was einer Anbaufläche von 68.000 Hektar entspricht. Das Interesse am Flachs ist zumindest in vielen Teilen der Landwirtschaft nach einer Anfangseuphorie zurückgegangen. Gründe sind in den nicht optimalen technischen Voraussetzungen, den fehlenden Anbauerfahrungen und der starken Konkurrenz ausländischer Anbieter zu sehen. So werden allein EU-weit rund 70.000 bis 80.000 Hektar Flachs in den traditionellen Anbaugebieten Frankreich und Belgien angebaut. Aus diesem Anbau resultiert ein Faserangebot von 100.000 bis 120.000 t Flachsfasern pro Jahr. Hinzu kommt ein großes Angebot an Flachsfasern aus den Staaten Osteuropas, welches sich auf die Preise auswirkt.

Nach einer Modellrechung aus dem Jahre 1993 kosten technische Flachsfasern heute etwa 1.700 DM/Tonne bei einer Subvention von 600 DM je Hektar. 2.700 DM je Hektar betragen die Gesamtkosten, die sich wie wie folgt zusammensetzen[53]:

• Saatgut	250 DM/Hektar
• Düngung	200 DM/Hektar
• Pflanzenschutz	150 DM/Hektar
• Anbau	250 DM/Hektar
• Raufen, Pressen, Grobentholzung	1.000 DM/Hektar
• Transport	150 DM/Hektar
• Deckungsbeitrag	1.500 DM/Hektar

(abzgl. 200 DM aus Samenertrag und 600 DM Subvention).

Mit dem Dampfaufschlußverfahren erzeugte Kurzfasern kosten etwa 1.500 DM/t, für den begrenzten Markt der Langfasern können Preis von 2.500 bis 3.000 DM/t angesetzt werden. Ein rentabler Flachsanbau ist in Deutschland zwar möglich, wie Deckungsbeitragsrechnungen zeigen, in der Praxis ergeben sich jedoch oft Schwierigkeiten, konstante Erträge oder eine gleichmäßige Faserqualität zu erreichen. Eine Konkurrenzfähigkeit ist auch deshalb kaum gegeben, weil häufig eine stationäre Verarbeitung in anderen Ländern (Schwingen in der Tschechischen Republik) hohe Transportkosten verursacht.[54] Weiterhin sind bei der kommerziellen Entwicklung der Flachsfasern große Schwierigkeiten zu lösen:

♦ Die Erträge beim Faserlein waren in den vergangenen Jahren mit 1.000 bis 2.500 kg/Hektar stark schwankend, was die Einkommen der Landwirte und das Angebot an Flachsfasern nur schwer kalkulierbar machte.

♦ Der extrem niedrige Weltmarktpreis bei Flachsfasern erschwert die wirtschaftlichen Aktivitäten von Landwirten und verarbeitender Industrie, und dies obwohl der Flachsfaser- und der Leinölanbau von der Europäischen Union subventioniert werden.

♦ Die Fördermittel für die Wiederbelebung des Flachsanbaus und seiner Nutzung (mit Bund- und Länderengagement von etwa 60 Millionen DM) wurden teilweise in High-Tech-Verfahren eingesetzt, die nur mit einem relativ hohen Fördermittelaufwand Aussicht auf Erfolg versprechen. Die Investitionskosten für diese entwickelten Technologien stellen für die flachsverarbeitende Industrie ein zu großes Risiko bei derzeit unsicherem Anbau und Lücken in der Wertschöpfungskette dar.

♦ Die Flachs-Anbauflächen stagnieren auf niedrigen Niveau, da die Landwirte ihre Rohstoffe in der Industrie kaum unterbringen können. Es fehlt an Abnehmern, oder die verfahrenstechnische Kette der Verarbeitung ist nicht geschlossen.

Vordringliche Aufgabe der Forschungspolitik wird es daher in den nächsten Jahren sein, die Defizite im Flachsanbau und seiner Nutzung zu beseitigen und die Produktlinien zu einer kommerziellen Vermarktung zu führen.

Absatzpotential für Flachsfasern in Deutschland

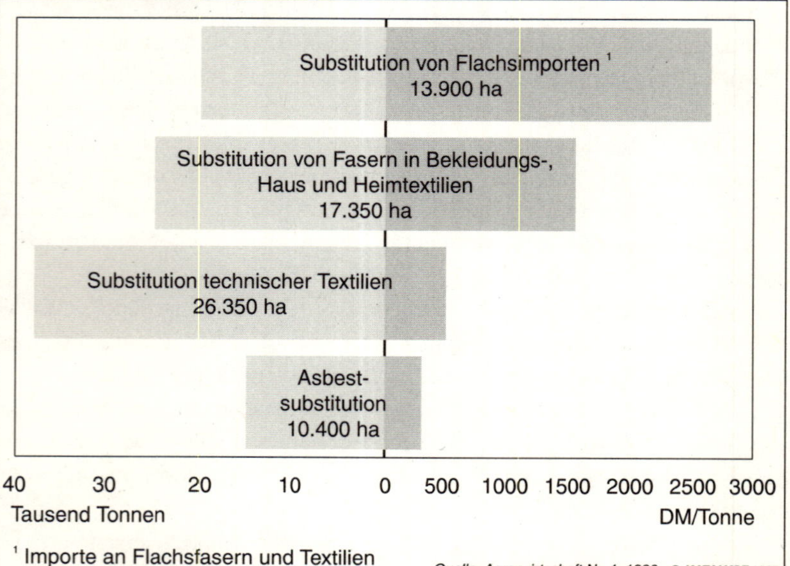

[1] Importe an Flachsfasern und Textilien

Quelle: Agrarwirtschaft Nr. 4, 1990 © **KATALYSE** 1995

KAPITEL 4

Nessel

(Jens Dreyer)

4.1 Die Große Brennessel (Fasernessel) – auch eine heimische Faserpflanze

Die Große Brennessel – lateinisch *Urtica dioica* L. – ist eine typische sekundäre Nutzpflanze (Kulturfolgerin), die vor allem wild wächst, aber in Mitteleuropa seit dem 19. Jahrhundert auch domestiziert und kultiviert wurde. Diese ausdauernde Staude wächst weit verbreitet in Europa, Nordafrika und dem gemäßigten Asien. Als „Kulturfolgerin" mit hohem Nährstoffbedarf drängte sich die Brennessel, wie auch der Hanf und die Möhre, in die Nähe menschlicher Siedlungen und Behausungen, wo sie günstige Bedingungen für ihr üppiges Gedeihen finden konnte. Belege hierfür wurden in den neolithischen Pfahlbauten der Schweiz um 3.000 v.Chr. gefunden.

Seit alters her diente die große Brennessel dem Menschen als Futter-, Arznei- und Gespinstpflanze. Im vorchristlichen Europa war sie dem Donnergott gewidmet; ihr wurden besondere Kräfte nachgesagt, vor allem der Schutz vor Gewitter. *Urtica dioica* L. ist auch heute eine bedeutende Heilpflanze bei vielen Indikationen und fester Bestandteil der Volksmedizin.

Der Name Brennessel ist eng mit der Verwendung als Gespinstpflanze verknüpft. Das Wort Nessel gehört zu dem indogermanischen Verbalstamm *ned* – mit der Bedeutung „zusammendrehen" bzw. „knüpfen". Zum gleichen Wortstamm gehören auch Nestel (Schnürriemen) und Netz.

Die Nutzung der in der Stengelrinde enthaltenen Sklerenchymfasern zur Herstellung von textilen Geweben ist für das 12. Jahrhundert erstmals sicher belegt und spielte bis zur industriellen Einführung der Baumwolle in Europa eine bedeutende Rolle. Hans Christian Andersen erinnert in seinem Märchen „Die wilden Schwäne" (1838) an die verbreitete Gespinstpflanze, aus der die Schwester den verzauberten Brüdern elf Hemden spinnt und webt, die sie wieder in Menschen zurückverwandeln.

Die Autarkiebestrebungen Deutschlands um 1900 verschafften der Gespinstpflanze Nessel verstärkte Beachtung. Im Jahre 1920 wurden etwa 170 Wildnesseln unterschiedlicher Provenienzen gesammelt und die geeignetsten zur systematischen Züchtung ausgelesen. In über 30 Jahren Züchtungsarbeit durch den Hamburger Botaniker Bredemann wurden widerstandsfähige Hochleistungssorten der Fasernessel geschaffen und zur Fasernutzung angebaut, von denen heute noch 30 Sorten erhalten sind.

Erste neuere Forschungsergebnisse, die eine steigende Nachfrage für umweltgerechte Produkte und Strukturveränderungen in der Landwirtschaft prognostizieren, zeigen, daß einigen Sorten der Fasernesseln aus ökologischen und wirschaftlichen Gründen ein Comeback als nachwachsender Rohstoff bevorstehen könnte.

Die Nutzbarkeit der Fasernessel unter den heutigen Rahmenbedingungen

Vor dem Hintergrund eines zunehmenden volkswirtschaftlichen Interesses an umweltgerechten und gut abbaubaren Produkten wie z. B. naturfaserverstärkten Kunststoffen und Verpackungen, pestizidfreien Textilien und speziellen Zellstoffen zur baumfreien Papierproduktion sollte der Fasernessel *Urtica dioica* L. wegen ihrer Leistungsfähigkeit

Fasergehalte

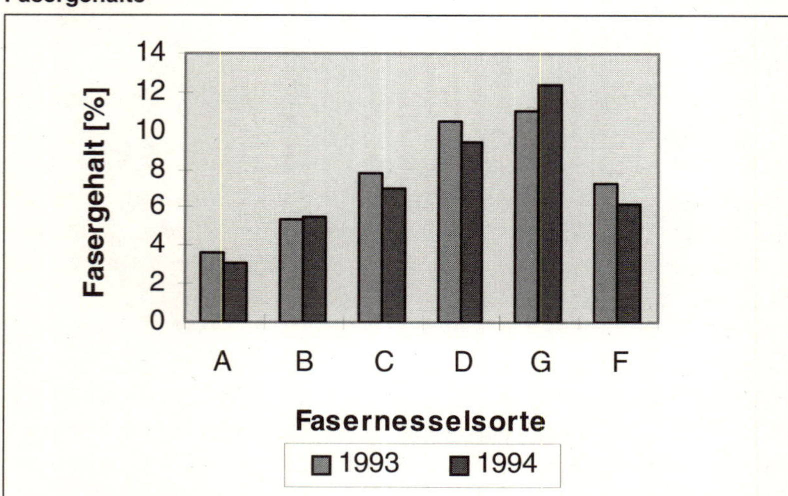

mehr Aufmerksamkeit gewidmet werden. So liegt der Ertrag an Stengelmaterial pro Hektar bei 5.000 bis 7.000 kg, einige Sorten werden bis zu 2,50 Meter hoch und haben Stengeldurchmesser von über 12 Millimeter. Die Fasergehalte schwanken von Jahr zu Jahr und lagen 1994 bei maximal 12 Prozent.

Die technischen Kennwerte der Fasernessel lassen eine hohe Reißfestigkeit und Länge der Fasern erkennen, so daß diese das Potential besitzen, in Verbundwerkstoffen mit Glasfasern in spezifischen Anwendungen zu konkurrieren. Neuere textiltechnische Untersuchungen belegen Erkenntnisse aus der Zeit der Herstellung von Fasernesselgeweben zur textilen Verwendung bis 1945. Sie bescheinigen der Fasernessel neben seidigem Glanz, Geschmeidigkeit und Weichheit spezifische gute Eigenschaften wie hohe Festigkeit, Faserfeinheit und beachtliche mittlere Einzelfaserlängen von 3 bis 5 cm.

Die Begriffe Fasernessel und Nesselstoff

Durch die Nutzung der Großen Brennessel sind unterschiedliche Bezeichnungen dieser Pflanze entstanden. Große Brennessel oder Wildnessel bezeichnet die nicht weiter bearbeitete Pflanze *U. dioica* L.. Die Fasernessel oder Zuchtfasernessel nach Bredemann meint dagegen die Pflanze, bei der die Fasernutzung im Vordergrund steht und die züchterisch bearbeitet wurde.

Nesselstoff schließlich bezeichnete ursprünglich Gewebe aus Brennnesselfasern, Ramiefasern oder anderen Urticaceae Fasern. Heute meint Nesselstoff oder Nessel einen Wäschestoff aus Baumwolle. Dieses Gewebe ist in Leinwandbindung aus mittelstarken Garnen gewebt und besitzt noch die Rohfarbe der braun-gelblichen Naturfaser.

4.2 Die Fasernessel als umweltgerechte Nutzpflanze

Bei der Suche nach neuen, attraktiven landwirtschaftlichen Kulturen finden mit Ausnahme des Flachses *Linum usitatissimum* L. die miteinander verwandten Faserpflanzen Fasernessel *Urtica dioica* L. und Seilerhanf *Cannabis sativa* L. (beide *Urticales*) erst seit kurzem zunehmende wissenschaftliche Beachtung und öffentliches Interesse.

Gerade die extensiv nutzbaren Faserpflanzen, die kaum Dünger und Pflege verlangen, können bei der Wahl eines ökologischen Anbausystems mehr Vielfalt in die Agrarlandschaft bringen und die prekäre Situation der Gewässer- und Luftbelastung und der Bodenzerstörung verbessern oder zumindest lindern.

Die einheimische Fasernessel kann hierzulande fast überall angebaut werden und bietet sich heute aus ökologischen und ökonomischen Gründen als einheimischer nachwachsender Rohstoff für eine umweltgerechte Produktion von Nesselfasern und auch Zellstoff an. Aus ökologischer Sicht sind folgende Punkte zu nennen:

♦ Schaffung naturnaher, landwirtschaftlicher Flächen (Pufferzonen, Biotopverbund) als Ausgleich für die immer intensiver genutzten Äcker. Auch feuchtere Standorte können erhalten bleiben, die sonst trockengelegt würden. Diese Flächen können auch der Fauna als dringend benötigte Ruhezonen dienen, denn nur zur Ernte im August erfolgt ein Eingriff.

♦ Potential zur Entlastung überdüngter Böden (Nitrat- und Phosphatproblematik), da die Nessel im Sproß- und Wurzelbereich viele Nährstoffe bindet.

♦ Extensiver Anbau und langjährige (10 bis 15 Jahre) Nutzung mindern Erosion vor allem in Hanglagen. Durch eine geschlossene Pflanzendecke aus Nesseln und Begleitflora wird der Boden festgehalten und geschützt.

♦ Kein Einsatz von chemischen Pflanzenschutzmitteln, da die Fasernesseln sehr konkurrenzstark gegenüber anderen Pflanzen sind und pilzliche Erkrankungen nicht vorliegen.

♦ Erhöhung der Artenvielfalt in unseren Kulturlandschaften, da neben Untersaaten auch standortspezifische Begleitflora zugelassen wird. Die Brennessel bietet über 100 Insektenarten Lebensraum, von denen sich nur ein knappes Drittel von Brennesseln ernähren. Rund 70 Arten leben von Brennesselfressern, entweder als Räuber oder als Schmarotzer, wie Falten-, Schlupf- und Erzwespen, Spinnen, Raubwanzen u.a..

Aus ökonomischer Sicht bietet die Fasernessel die

Die Große Brennessel

Möglichkeit der Produktion neuer, umweltgerechter Rohstoffe mit spezifischen Eigenschaften zur Herstellung innovativer Produkte (dauerhafte Nesselhemden, abbaubare Verbundwerkstoffe).

Aufgrund des von Modeerscheinungen unabhängigen, konstanten Trends zu Naturprodukten wird der Bedarf an textilen Langfasern wie aus Flachs mittel- bis langfristig auf etwa 10.000 Tonnen jährlich geschätzt. Der Absatz an Langfasern aus Fasernesseln kann ähnliche Entwicklungspotentiale bergen.

Auch der Preisverfall für konventionelle Agrarprodukte (Getreide und Ölsaaten) durch die stufenweise Anpassung der landwirtschaftlichen Erzeugerpreise an das Weltmarktniveau macht alternative Kulturen wie die Fasernessel interessant. Die Förderung durch die Stillegungsprämie bietet zusätzliche Anbauanreize neben den mittel- und langfristig geringen Pflegekosten.

4.3 Geschichte des Nesselanbaus in Deutschland

Die Große Brennessel spielte vor der Einführung der Baumwolle in Europa eine bedeutende Rolle als heimische „Gespinstfaser". Ausgedehnte Nesselbestände in der Nähe von Wohnstätten und Flußläufen dienten dabei als Rohstoffquelle. Sichere Zeugnisse der Nutzung der Wildnessel als Faserpflanze sind etwa 1.000 Jahre alt und zuerst durch den russischen Mönch Nestorius belegt. Er berichtet von prächtigen Gewändern und besonders haltbaren Schiffstauen und Segeln aus Nesseltuch.

Im 15. und bis ins 17. Jahrhundert wurde in Deutschland mehrfach versucht, eine Nesselgarnindustrie aufzubauen. 1723 wurde in Leipzig die erste Manufaktur für Nesselzwirn gegründet. Trotz aller Bemühungen konnte sich aber nur in Frankreich eine ausgedehntere Nesselverarbeitung etablieren.

Angeregt durch den auch heute noch andauernden Erfolg der ostasiatischen Faserpflanze Ramie (Chinesische Nessel) *Boehmeria nivea*, einem tropischen Brennesselgewächs, und einer kurzfristigen Baumwollknappheit (1862 bis 1865) lebte das Interesse an der Nessel auf. Um den Nesselanbau und die Verarbeitung zu fördern, gründete sich 1876/77 die „Nesselcommission", bestehend aus einer stattlichen Anzahl anerkannter Wissenschaftler, die erste kleine Anbauversuche in Rummelsburg bei Berlin durchführten. Erst mit dem zunehmenden Faserbedarf im Ersten Weltkrieg, als Deutschland von den internationalen Fasermärkten abgeschnitten war, stieg das Interesse an der Brennessel. Kommerzielle Nutzungsversuche stellten sich durch die Organisation der Sammlung von

Sammelt Brennesseln!

Bester Ersatz für Baumwolle.

Abnahme und Bezahlung erfolgt durch die Vertrauensmänner, deren Adressen von den städtischen und ländlichen Behörden zu erfragen sind. Wo keine Vertrauensmänner sind, wende man sich an die unterzeichnete gemeinnützige Kriegsgesellschaft, die während des Krieges « das alleinige Recht des Ankaufs und der Verwertung hat. »

Von dieser sind auch

Merkblätter die alles Wissenswerte über die Sammlung enthalten, kostenfrei zu beziehen.

Für 100 kg trockene Nesselstengel werden Mark 28,— gezahlt!

Für jeden Hektar Anbaufläche werden Mark 400,— vergütet!

Nessel-Anbau-Gesellschaft m. b. H.
Berlin W 8, Krausenstr. 17/18 — ab 1. Juli 1918: Mohrenstr. 42/43.

Aufruf der Nessel-Anbau-Gesellschaft mbH zur Wildnesselsammlung 1918

Nessel-Anbau-Gesellschaft m. b. H.

Fernsprecher: Amt Zentrum 1519, 5955
Drahtwort: Nesselanbau
Bankverbindung: Preußische Staatsbank (Königl. Seehandlung) Bank für Handel und Industrie Schinkelplatz
Postscheck-Konto: Berlin Nr. 35304

~~Berlin W 8.~~ ~~Mohrenstraße 42-43~~

St./Lg. Berlin NW 7, den 21. Oktober 1919.
Dorotheenstraße 77,78

An die

Landesstelle für Spinnpflanzen G.m.b.H.,

B E R L I N NW.7.

Landesstelle für Spinnpflanzen
Eing. 22 OKT. 1919

Anbau-Abteilung

1416 No 1452

In Verfolg unseres Schreibens vom 16.ds.Mts. teilen wir ergebenst mit, daß uns von F r i e s a c k nachstehende Ernteergebnisse pro Morgen aufgegeben worden sind:

Schlag 3a ca. 30 Ztr. Nesselstengel und
ca. 6½ " Blätter gedarrt

Nessel-Anbau-Gesellschaft
m. b. H.

Schreiben der Nessel-Anbau-Gesellschaft mbH an die Landesstelle für Spinnpflanzen GmbH mit Ernteergebnissen aus dem Nesselanbau 1919 in Friesack/Mark

Wildnesseln und dem großflächigen Anbau durch die Landesstelle für Spinnpflanzen in Berlin ein, die sich auch mit der Einführung und Verbesserung großtechnischer Entfaserungsverfahren beschäftigte.

Die Nessel-Anbau-Gesellschaft, im Jahre 1917 in Berlin mit 15 Mio. Reichsmark Stammkapital gegründet, bepflanzte 300 Hektar Niederungsmoor auf drei Gütern (Hahnemoor Kreis Celle, Friesack/Mark, Julienhöhe Kreis Labiau) mit Nesseln, jedoch waren die Erfolge kläglich,

Herkunft	Fasergehalte	Bewertung
Königsberg	6,48	hervorragend
Potsdam, Abdeckerei	7,3	hervorragend
Probstheida	?	mangelhaft
Sanssouci	6,84	mangelhaft
Nettlitz b. Potsdam	6,27	mangelhaft
Potsdam, Sedanstr.	6,6	mangelhaft
Ettlingen, Rottberg	5,9	mangelhaft
Freiburg, Schlossberg	5,4	mittelmäßig
Durlach, Turmberg	5,6	mangelhaft
Potsdam	6,47	mittelmäßig
Quelle: Laube 1920		

Herkunft, Fasergehalte und Bewertung verschiedener deutscher Wildnesseln (1920)

denn es gab keine Textilindustrie auf der Basis von Wildnesseln, so daß die Verarbeitung fast unmöglich war.

Im Jahre 1918 prüfte Baur in Potsdam etwa 170 Wildnesseln unterschiedlicher Herkunft, die aus ganz Deutschland stammten. Insgesamt 12 dieser Wildpflanzen wurden zur weiteren Züchtung von Laube nach der Leistungsprüfung und den Untersuchungen auf Fasergehalt ausgewählt. Angebaut wurden diese Wildnesseln auf einem Gut der Nessel-Anbau-Gesellschaft in Friesack/Mark. Dort wurde, unter Einbeziehung einiger neuer Wildnesseln, weiter selektioniert. Dieses Pflanzenmaterial wurde 1921 nach Landsberg/Warthe zum Institut für Pflanzenzüchtung der Preußischen Landwirtschaftlichen Versuchs- und Forschungsanstalten übergeben. Dortiger Direktor war Bredemann, der sich seitdem intensiv mit diesen Pflanzen beschäftigte.

Die heute züchterisch bearbeiteten Fasernesseln kamen durch die Berufung von Bredemann 1927 nach Hamburg zum damaligen Staatsinstitut für Angewandte Botanik und wurden auf einem Versuchsfeld bis 1945/47 weitergezüchtet. In der Zeit von 1927 bis 1947 wurden insgesamt vier große Kreuzungssätze vieler Sorten faserreicher Pflanzen erstellt, mit jeweils etwa 10.000 zu selektionierenden Nachkommen, von denen sich 1947 etwa 88 Sorten in Kultur befanden.

Sicherlich auch vor dem Hintergrund nationalsozialistischer Autarkie-Bestrebungen wurden die Forschungsarbeiten von verschiedenen Textilherstellern, z. B. der I.G. Ortica, tatkräftig unterstützt, wodurch es möglich wurde, die bis 1943 auf etwa 500 Hektar Fläche angebauten Fasernesseln zur Herstellung von Textilien zu verwenden. Die I.G. Ortica wurde 1939 in die Ortica-Anbau und Verwertungs-Gesellschaft Adorf i.V. überführt.

Bredemann leitete den Geschäftsbereich Landwirtschaft der Gesellschaft. Im Jahre 1940 wurden auf 150 bis 200 Hektar Anbaufläche 100 Tonnen reine Fasern aus der Fasernessel gewonnen und zu Textilien verarbeitet. Die Zuchtfasernesseln lieferten Fasern, „deren Qualität bei geeignetem Aufschluß hervorragend war“, wie Bredemann berichtete.

Der Fasernesselanbau wurde in drei Aufgabenbereiche gegliedert. Die Jungpflanzenanzucht übernahm die Vermehrungstelle G. Lüdemann, Halstenbek i. Holstein, die Verarbeitung die Ortica-Anbau und Verwertungs-Gesellschaft in Adorf i.V. und die Züchtung und wissenschaftliche Betreuung das Staatsinstitut für Angewandte Botanik in Hamburg.

Bis heute sind 30 verschiedene Zuchtfasernesseln erhalten geblieben sowie zahlreiche Publikationen von Bredemann, ein 240 Arbeiten umfassendes Literaturverzeichnis zum Thema, Textilproben und Garne aus Fasernesseln und eine Diplomarbeit über die Sortendifferenzierung von Fasernesseln.

4.4 Verwendung der Brennessel als Heilpflanze

Bereits in der Antike war die Brennessel eine geschätzte Heilpflanze. Verwendung fand sie bei Drüsenschwellungen, Geschwüren, Furunkeln, Lungenentzündungen u.a.. Die mittelalterlichen Kräuterbuchautoren, von der heiligen Hildegard bis zu Matthiolus, übernehmen die antiken Heilanwendungen. Heute gilt die Brennessel in der Volksmedizin als blutstillend, blutverbessernd und blutreinigend, ferner als schleimlösend und wassertreibend. Die Brennessel als Bestandteil von Leber-, Nieren- und Gallentees hat einen nachweislich harntreibenden und gallesekretionsfördenden Effekt, was ihre volkstümliche Verwendung zur Entschlackung und Blutreinigung erklärt. Brennesselsaft eignet sich zur Anregung des gesamten Körperstoffwechsels und soll daher bei Gicht, Rheuma und Hautkrankheiten helfen. Aus den Wurzeln der Brennessel kann neben Alkaloiden u.a. der Wirkstoff β-Sitosterin – ein Pflanzensterol – gewonnen werden, der zur Behandlung von gutartigen Prostatavergrößerungen eingesetzt wird.

Die Vielzahl der zum Teil sehr ungenau und weitgefaßten Indikationen für Brennesselkraut sowie die bisher nur in sehr geringem Ausmaß durchgeführten pharmakologischen Prüfungen sollten Grund sein, eine

Therapie mit dieser Droge kritisch zu verfolgen. Als leichtes Diuretikum kann sie sicher empfohlen werden.

Pro Jahr werden bis zu 1.000 Tonnen Brennesseln als Sammelware nach Deutschland importiert. Aus den jungen zarten Brennesseltrieben kann ein gesundes, spinatähnliches Gemüse zubereitet werden, und einige Hersteller bieten sogar Brennesseltütensuppen an. Auch im Handwerk hatte die Nessel ihren Platz. Zum Färben wurde mit Alaun vorgebeizte Wolle in Brennesselextrakten wachsgelb gefärbt. In der Kosmetik werden auch heute noch Seifen, Deodorants, Shampoos und Haarwasser aus Brennesseln angeboten. Im Gartenbau schätzt man die Brennessel als Düngerveredler, und ein Kaltwasserextrakt aus Brennesseln soll gegen zahlreiche Pflanzenschädlinge, v.a. aber Blattläuse, helfen.

4.5 Botanische Beschreibung der Großen Brennessel

Die Große Brennessel, *Urtica dioica* L., Spec. plant. 984 (1753), gehört zur Familie der Urticaceae (Brennesselgewächse) mit ihren 40 Gattungen und über 500 – vor allem tropischen – Arten. Das lateinische Wort *Urtica* leitet sich von urere = brennen ab. Zu den in Deutschland vorkommenden Brennesselgewächsen gehören die Brennessel *Urtica* L. und das Glaskraut *Parietaria* L.. Bei den Brennesseln unterscheidet man vier Arten: die aus Südeuropa stammende Pillenbrennessel *U. pilulifera* L., die einhäusige Kleine Brennessel *U. urens* L., sowie die osteuropäische Sumpfbrennessel *U. kioviensis* Rog. und die Große Brennessel *U. dioica* L.. Die Brennessel ist weit verbreitet und findet sich häufig und gesellig in den Unkrautgestrüppen der Schutt- und Müllplätze, der Wegränder und Zäune, ferner auf feuchten Waldschlägen, in nassen Wäldern und Gebüschen, auf frischen bis (sicker-)feuchten, vor allem nährstoffreichen humosen Lehm- und Tonböden. Im gemäßigten Europa ist sie Zeigerpflanze für die siedlungsbedingten ruderalen Kletten-, Distel- und Beifuß-Gesellschaften bis in die alpine Stufe. Die Brennessel ist ein ausdauerndes Kraut, bei dem die über den Boden hinausreichenden Sproßteile alljährlich im Herbst bis auf ihre basalen Teile absterben und im Frühjahr aus dicht über und unter dem Boden liegenden Erneuerungsknospen wieder hervorgehen. Bei der Brennessel sind männliche und weibliche Blüten meist auf verschiedene Individuen verteilt. Die Pflanze ist getrenntgeschlechtlich (diözisch), nur von weiblichen Pflanzen läßt sich Saat gewinnen. Der Sproß besteht aus Blättern, Blüten und dem vierkantigen Stengel. In dessen Rinde treten neben Festigungsgewebe, das die Kantigkeit des Stengels hervorruft, auch besonders ge-

Sektoren des Stengelquerschnitts
⊢—⊣ = 0,5 mm

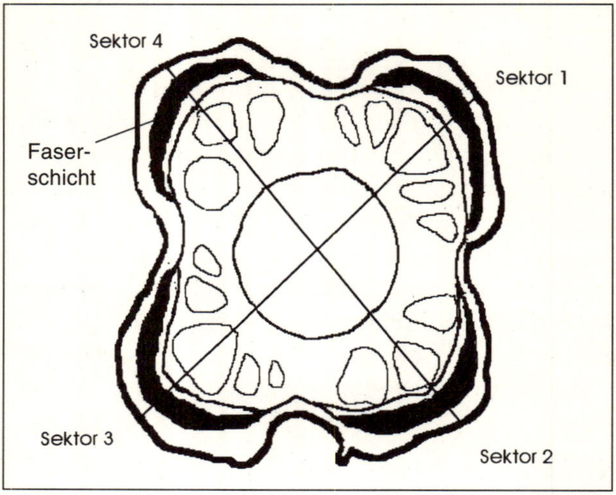

häuft die Bastzellen auf. Ein Schnitt durch den Stengel zeigt, daß er in vier durch tiefe Rillen voneinander getrennte Sektoren geteilt ist. In den Sektoren verlaufen die Leitbündel, die Wasser und Mineralstoffe im Holzteil (Xylem) hinauf und Photosyntheseprodukte im Rindenteil (Phloem) hinab leiten.

Vor den Leitbündeln liegt eine mehr oder weniger breite Bastfaserschicht aus Bast- und Gewebezellen. Die Fasern liegen einzeln oder in kleinen Grüppchen in dieser Schicht, bilden aber keine Faserbündel wie z.B. Hanf oder Lein und sind auch nicht wie bei diesen miteinander verkittet. Die Faserschicht läuft nicht geschlossen um den Stengel herum, sondern keilt zu den Rillen hin aus und fehlt in ihnen meist ganz. In der Mitte des Stengels befindet sich die Markhöhle.

Die Fasern der Nessel erreichen eine beachtliche Länge von 50 bis 75 mm. Nur die Fasern der Urticaceae *Boehmeria nivea* (L.) Gaud. (Ramie) erreichen eine größere Zellänge mit 250 bis 550 mm. *Linum usitatissimum* L. bildet 40 bis 65 mm lange Sklerenchymfasern. Ihrer Länge und Festigkeit wegen eignen sich diese Fasern zur Herstellung von Textilien.

Der Sproß erreicht eine Höhe von 30 bis 250 cm und ist, bis auf bestimmte Herbstformen mit stärkerer Verzweigung, meist unverzweigt. Mit zunehmendem Alter des Stengels fallen die Laubblätter von unten nach oben ab, der ausgewachsene Stengel trägt nur noch im oberen Teil der Blütenstände Laubblätter. Die Brenn- und Borstenhaare – waagerecht stehend oder schräg abwärts gerichtet – finden sich am ganzen Stengel und sind am zahlreichsten in der Region des stärksten Wachstums.

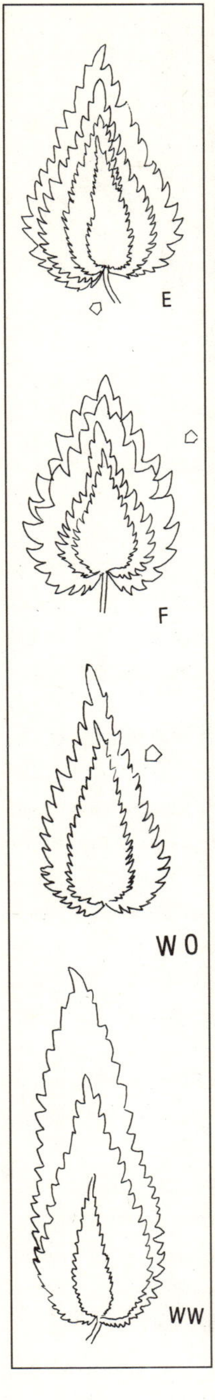

Ein stark ausgebildeter, verzweigter Wurzelstock (Rhizom) durchzieht in geringer Tiefe als dichtes Geflecht zusammen mit dem primären und sproßbürtigen Wurzelsystem den Boden; die Nebenwurzeln erster Ordnung entspringen an Rhizomknoten. Der Wurzelstock dient der Stoffspeicherung und bildet lange, meist unterirdische Sproßausläufer.

Die kreuzgegenständig (dekussiert) stehenden Blätter sind gestielt und erreichen eine Länge von 7 bis 14 cm bei einer Breite von 2 bis 8 cm; ausgesprochene Schattenexemplare entwickeln größere Blätter. Die Blattstellung bewirkt die vierkantige Form des Stengels. Die Blattspreite wird von 5 bis 7 Adern durchzogen. Der Rand der Blätter ist mehr oder weniger grob gesägt bis eingeschnitten gelappt und mit kurzen Borstenhaaren besetzt.

Die Blattzähne sind nach vorn gerichtet; der Endzahn ist meist größer als die seitlichen. Die Blattform ist sehr variabel; von eiförmig-länglich bis breit-herzförmig oder lanzettlich. Die Nebenblätter sind stumpf gezähnt bis ganzrandig und lineal-lanzettlich. Neben dem einschichtigen Palisadenparenchym im Blatt findet sich ein 5 bis 7 schichtiges Schwammparenchym; die einfach gebauten Spaltöffnungen, ohne besondere Nebenzellen, finden sich auf der Ober- und Unterseite der Blätter. Die Epidermis ist einschichtig. Auf der Ober- und Unterseite der Blätter finden sich unregelmäßig geformte Cystolithen. Dies sind kleine Körnchen aus Kalziumcarbonat unterschiedlicher Gestalt und mit Durchmessern von 30 bis 70 μm.

Bei *U. dioica* L. treten drei verschiedene Haarformen auf: Brennhaare, Borstenhaare und Drüsenhaare. Die einzelligen Brennhaare gehen aus jugendlichen Epidermiszellen hervor, die später einigen besonders geformten Zellen (Emergenz) aufsitzen. Der Spitzenteil mit seinem charakteristisch gestellten Köpfchen erreicht sehr bald die definitive Größe und Form. Die Größe des Brennhaares beträgt etwa 2 mm.

Männliche Blüte
***Urtica dioica L.*,**
nach Goebel,
verändert

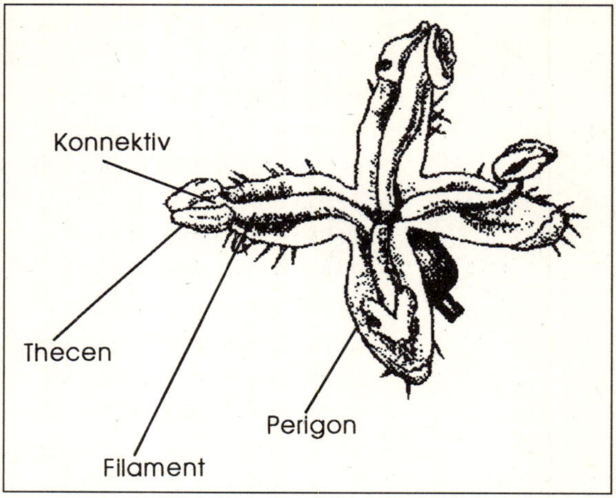

Der ganze Zellneubildungskomplex stellt im ausgewachsenen Zustand einen becherförmigen Hohlraum dar, in welchem der Haarfuß mit seinem in Plasmamassen eingebetteten Kern eingesenkt ist. Die Wand der Brennhaare ist stark verdickt und außerordentlich spröde. Während im oberen Teil des Haares die Wände stark verkieselt sind, tritt im unteren Teil eine Kalkeinlagerung auf.

Die Brennesselgiftwirkung ist auf Acetylcholin, Histamin und 5-Hydroxytryptamin sowie chemisch noch nicht charakterisierte Schmerzstoffe (möglicherweise Harzsäuren, Ameisensäure, Natriumformiat) zurückzuführen. Neben der Abwehr kommt den Brennhaaren auch Sekretionsfunktion zu.

Die Borstenhaare sind besonders am Stengel und an den Blattstielen vertreten; sie sind entweder abstehend oder nach unten gerichtet. Die Spitzen der Borstenhaare sind massiv; ihre Länge beträgt 100 bis 400μm. Die Basis der Borstenhaare zeigen oft starke Verkieselungen auf, wodurch es zu richtigen Scheibenbildungen um die Haarfüße herum kommt. Die vierzelligen Drüsenhaare sind mit 40 bis 50μm erheblich kleiner als Borstenhaare und finden sich vor allem in Blattstieleinbuchtungen, aber auch auf den Blättern.

U. dioica L. hat einfach gebaute Infloreszenzen. Sind beide Geschlechter auf einer Infloreszenz verteilt, so blühen zuerst die weiblichen Blüten (protogyn). Die vierzählige männliche Blüte verfügt über einen Ausschleudermechanismus des Pollens, der durch eine besondere Schnellbewegung der Filamente bewirkt wird. Die Narbe der weiblichen Blüte wirkt unscheinbar; der Griffel ist unentwickelt, und die Narbe sitzt mit pinselförmigen Haaren, die als Pollenfanghaare zu bezeichnen sind, unmittelbar dem Fruchtknoten auf. Der Fruchtknoten enthält eine Samenanlage, aus der sich nach der Befruchtung eine einsamige Nuß bildet.

U. dioica L. ist eine sehr variable Art;. nach Schreiber können elf verschiedene Varietäten von *U. dioica* L. abgegrenzt werden.

4.6 Anbaueigenschaften, Inkulturnahme und Bestandsentwicklung der Fasernesseln

Die Fasernesseln können auf mineralischen und organisch geprägten Böden wie Niedermoorböden gut kultiviert werden. Am ansprechendsten sind mäßig feuchte Lagen, nicht zu naß und nicht zu trocken, frischer humusreicher Boden, in welchem Sand vorherrscht. Ganz bindige, zähe Tonböden sind ungeeignet; ganz leichte Böden scheiden wegen ihres geringen Nährstoffgehalts aus, ebenso solche, die unter einer geringmächtigen Ackerkrume einen sehr durchlässigen Unterboden aufweisen wie beispielsweise Kies. Die Bodenverhältnisse, die für die Wildnesselbestände standortkennzeichnend sind, müssen auch bei ihrer Kultur berücksichtigt werden. Aufgrund der geringen Bearbeitungsmaßnahmen können auch steinige Äcker als Kulturflächen dienen.

Als gute Vorfrüchte sind Hackfrüchte wie Kartoffeln, Lupinen oder andere Leguminosen wie Klee zu nennen. Die Vermehrung der Fasernesseln erfolgt über Stecklinge, die aus dem Stengel gewonnen werden. Der Stengel ist in beblätterte und unbeblätterte Abschnitte unterteilt. Die beblätterten Abschnitte werden auch Nodien genannt und tragen neben zwei Blättern auch zwei Knospen. Die Stecklinge werden zur Bewurzelung in Pikierschalen mit Torfkultursubstrat gesetzt und nach 8 bis 12 Tagen getopft. Aus den Knospen entwickeln sich meist zwei neue Triebe, an der basalen Schnittstelle des Stecklings wachsen kleine Wurzeln. Ist nach weiteren 8 bis 12 Tagen ein fester Wurzelballen entstanden, kann per Pflanzmaschine in Reihe ausgepflanzt werden. Hierzu müssen die Pflanzen etwa 10 cm Länge aufweisen und einen festen Sproß entwickelt haben, damit die Nesseln mit der Mechanik tief genug in die Erde gesetzt werden können. Gute Kulturerfolge lassen sich durch das Pflanzen im Frühjahr (April/Mai) erzielen, wobei eine Auswinterung bei einem späteren Pflanztermin bis Mitte Oktober nicht festzustellen ist. Gelegentliches Lockern des Bodens und Beikrautregulierung durch Hacken sind im ersten Anbaujahr für das Gedeihen der Nessel förderlich.

Fasernesseln benötigen eine Bodenzahl ab der mittleren Zustandsstufe, ein verfügbares Stickstoffangebot von etwa 60 bis 80 kg N/Hektar, pH-Werte um 6,5 und ausreichend Wasserversorung in den Monaten von Mai bis August. Es ist klar, daß eine so reich belaubte und in den Monaten Mai bis August rasch wachsende Pflanze auf eine gute Wasserversorgung angewiesen ist. Suboptimale Wassergehalte des Bodens können durch verbesserte Nährstoffversorgung kompensiert werden. Staunässe wird von den selektierten Fasernesseln recht gut vertragen, selbst mehrwöchige Überflutung in den Wintermonaten wird auf lehmigem bis tonigem Sandboden toleriert.

Die Fasernesseln zeichnen sich in ihren Ansprüchen an Licht- und Temperaturverhältnisse durch eine hohe Anpassungsfähigkeit aus. Vollsonnige Standorte sind für einen Fasernesselanbau gut geeignet. Aus ökologischen und ökonomischen Gründen ist die Kultivierung ohne chemische Pflanzenschutzmittel, Insektizide und Fungizide vorzunehmen. Aus den Anbauerfahrungen früherer Zeiten ist bekannt, daß Nesselfelder allgemein wenig unter Schädlingen zu leiden haben.

Dabei dient die Nessel zahlreichen Insekten als Nahrungspflanze, wie beispielsweise einigen Schmetterlingen, Käfern und Läusen. Für die Raupen des Kleinen Fuchs *Agalis urticae* L., dem Landkärtchen *Araschnia levana* L. und dem Tagpfauenauge *Inachis io* Hübner ist die Brennessel die einzige Futterpflanze. Daneben finden sich unter den Edelfaltern noch *Vanessa atalanta* L. (Admiral), *Cynthia cardui* L. (Distelfalter) und *Polygonia c-album* L. (Weißes C), deren Raupen neben der Brennessel auch andere Futterpflanzen aufsuchen. Damit diese Insekten keine gefährlichen Schäden anrichten, müssen deren Räuber gefördert werden. Dabei darf die Schlaggröße nicht zu groß und das Umfeld sollte möglichst mit Hecken und Wegrändern strukturiert sein.

4.7 Aktuelle Nesselforschung

Durch die Diplomarbeit des Autors zum Thema „Inkulturnahme und Sortendifferenzierung der Fasernessel“ sind seit 1992 die Nesselforschungen am Institut für Angewandte Botanik in Hamburg wiederbelebt worden. Es wurde das genetische Potential untersucht und beschrieben; insbesondere von sechs Fasernesselsorten. In weiteren Arbeiten sollen auch die restlichen von insgesamt 30 Sorten untersucht werden. Ebenfalls wird das Saatgut der Nesseln untersucht und an modernen Differenzierungsmethoden gearbeitet. Eine wichtige Richtung der Forschung ist aber auch die biotechnologische Fasergewinnung an der Universität Harburg und die papiertechnischen Untersuchungen an der Bundesforschungsanstalt für Holzwirtschaft in Lohbrügge.

Nesselanbau im Rahmen eines Forschungsprojektes am Institut für angewandte Botanik, Hamburg

Im Rahmen einer Doktorarbeit bearbeitet der Autor in einem Forschungsverband zwischen dem Institut für Angewandte Botanik (Hamburg) und dem Institut für Pflanzenbau und Pflanzenzüchtung (Göttingen) wichtige Fragen des ökologischen Anbaus der Fasernesseln. Der Anbau soll ohne Düngung und Einsatz von Herbiziden und Pestiziden erfolgen.

Anfang 1995 hat sich außerdem der Nesselverein e.V. in Hamburg gegründet. Der gemeinnützige Verein soll als Plattform für Forschung und Verwertung dienen und den Anbau der Fasernessel fördern.

Wachstum

In einem zweijährigen Bestand sind bei einigen Fasernesselsorten schon im April 1994 Wuchshöhen von 18 bis 38 cm erreicht, der Wuchsbeginn setzt sofort nach Ende der Winterfrostnächte ein. Bei milden Wintern wie 1994 und 1995 setzte schon im Februar ein merkliches Wachstum um 3 bis 5 cm ein, wobei Kälteeinbrüche von minus 6°C gut überstanden werden. Die Fasernessel beginnt sehr frühzeitig mit dem Wachstum, wodurch die Begleitflora durch Lichtkonkurrenz in der Umgebung der Nesselstauden unterdrückt wird. Nach dem langsamen Wachstum setzt mit dem Anstieg der Morgentemperaturen im Mai auf über 5°C ein merklicher Wachstumsschub ein, der sich im Juni exponentiell verstärkt. Im Juli weisen Nesseln die höchste Wachstumsgeschwindigkeit von durchschnittlich etwa 77 cm/Monat auf. Dieses Ergebnis ist besonders wichtig im Hinblick auf eine ausreichende Nährstoffbereitstellung und -versorgung in dieser Wachstumsphase. Zum Erntezeitpunkt im September weisen einige Pflanzen mit 250 cm die größte Höhe auf, einzelne Stengel werden sogar über drei Meter hoch. Diese Länge wurde trotz des sehr trockenen Sommers 1994 erreicht. Im Durchschnitt lag die Bestandshöhe in zweiten Anbaujahr 1994 bei 220 cm, während sie im ersten Anbaujahr 1993 bei 140 cm lag.

Stengeltrockengewichte 1993/1994

Die Stengeltrockengewichte des ersten Anbaujahres liegen deutlich unter denen des zweiten Jahres. Die Trockengewichte pro Pflanze/Sorte liegen im Jahr 1993 zwischen zwischen 110 g/Pflanze und 213 g/Pflanze, im Durchschnitt liegen sie bei 174,8 g/Pflanze.

Für 1994 liegen die Trockengewichte durchschnittlich um das 3,2fache höher und erreichen maximal 632 g/Pflanze, der Mittelwert für die Stengeltrockengewichte beträgt 526 g/Pflanze.

Bredemann (1959) gibt für unterschiedliche Pflanzweiten die benötigte Anzahl an Stecklingen für einen Hektar an. Die Anzahl kann mit dem durchschnittlichen Stengeltrockengewicht multipliziert werden und ergibt dann den Stengelertrag pro Hektar. Reihenabstände von 125 cm sind aus bearbeitungstechnischen Gründen vorzuziehen. Je nach Unkrautwüchsigkeit der Kulturfläche sollte der Abstand in der Reihe 60 bzw. 30 cm betragen. Die so errechneten Nesselstroherträge liegen zwischen etwa 6.000 und 9.000 kg/Hektar; in der Praxis werden sie, durch Fehlstellen und Ernteverluste, bei etwa 6.500 kg liegen. Die Pflanzweite 125 x 30 cm wurde 1994 für einen feldmäßigen Fasernesselanbau gewählt; erste Ergebnisse aus der Praxis sind ab November 1995 zu erwarten.

Faserform und Farbe

Das völlig aufgeschlossene Faser-Material sieht aus wie Baumwolle und hat ungebleicht eine hell-graubraune bis reinweiße Färbung. Es fehlen krause Faserverläufe, die Fasern sind nur in sich durch Torsion der Zellwände, rechtsdrehend gewunden. Die isolierten, sehr feinen Fasern laufen an den Enden spitz zu, jedoch lassen sich auch abgerundete vorfinden. Neben dünnen Fasern sind v.a. sehr breite, flach bandförmige Zellen zu erkennen. An den Enden zeigen die Fasern Auftreibungen, wodurch deren z.T. spatelförmige Gestalt zustandekommt. Die Fasern weisen eine rechtsläufige Spiralstreifung auf.

Neben der Nutzungsmöglichkeit der hochwertigen, langfaserigen, feinen und festen Fasern für Textilien ist ein technischer Einsatz wie beim Flachs ebenfalls denkbar. Die große Faserlänge, im Mittel um 30 bis 40 mm, eignet sich für die Herstellung von Garnen. Auch das bei der Faserproduktion anfallende Holz kann durch das neuartige ASAM-Aufschlußverfahren zur Zellstoffproduktion und Herstellung von Spezialpapieren genutzt werden. Die Produktionszahlen für die Fasernessel, die sich aus der Literatur ergeben bzw. errechnet wurden, nennen einen Faserertrag von rund 750 kg/Hektar bei einem gleichzeitigen Holzrohstoffertrag von 4.500 kg/Hektar bzw. 2.000 kg/Hektar Zellstoff. Diese Zahlen sprechen für die Fasernesseln. Durch die noch weiter zu entwik-

Nesselernte mit einem Mähbinder

kelnden biologischen Methoden des Faseraufschlusses der Rinde durch mikrobiologischen/enzymatischen Abbau von Pektinen und anderen Nicht-Zellulosen und die Weiterentwicklung und Optimierung der mechanischen Stengelentrindung über ein Entholzungsaggregat kann die Fasergewinnung aus der Nesselpflanze auch im größeren Umfang erfolgen.

Erstes Resümee

Die Nutzung der Fasernessel wirft keine neuen ökologischen Probleme auf, da der Einsatz von Pflanzenschutzmittel nicht nötig ist und alle oberirdischen Pflanzenbestandteile nutzbar sind. Sie ist von jeher in Europa heimisch, an das Klima angepaßt, weit verbreitet und kommt fast überall vor. Diese ausdauernde Kulturpflanze hat neben der Faser- und Holzproduktion auch Potentiale, die zur Minderung ökologischer Probleme beitragen können. Fasernesseln haben eine Nutzungsdauer von 10 bis 15 Jahren. Damit können Erosionen vermindert werden. Zudem ist nach der Inkulturnahme die Bodenbearbeitung extrem gering, wodurch die Bodenstruktur verbessert wird.

Die Fasernessel ist eine vielseitige Nutzpflanze, die hochwertige Rohstoffe für die Textil- und Papierindustrie liefern kann. Die Brennessel gehört mit rund 6.500 kg/Hektar Strohertrag zu den ertragreichsten und landwirtschaftlich vorteilhaftesten Nichtnahrungspflanzen in unserer geographischen Zone. Die Vorteile liegen vor allem in den geringen Bearbeitungsaufwendungen gegenüber einjährigen Nutzpflanzen, dem nitrophilen Charakter und der Produktion von marktfähigen Bastfasern und Zellulose.

Die Fakten sprechen für eine intensive Forschung über Biologie und Ökologie der Fasernessel *Urtica dioica* L. und erste größere Anbauversuche im Freiland. Daneben müssen Ernte- und Aufschlußverfahren weiterentwickelt werden.

KAPITEL 5

Kenaf

Eine afrikanische Faserpflanze auf deutschen Äckern

Der Kenaf ist eine aus Afrika stammende Faserpflanze und gehört damit nicht zu den heimischen Kulturpflanzen. Der Kenaf *(Hibiscus cannabinus)* ist eine einjährige Faserpflanze und mit der Baumwolle verwandt. Er gehört zu der Familie der Malvengewächse und hat hinsichtlich der Blattform Ähnlichkeit mit dem Hanf. Die Pflanze ist sehr kälteempfindlich, und das Risiko von Fehlsaaten und Mißernten ist nicht zu vernachlässigen.

Kenaf wird heute in weiten Gebieten der Tropen und Subtropen angebaut, in denen eine Kultivierung von Jute nicht möglich ist. Kenaf- und Jutefasern sind in ihren Eigenschaften sehr ähnlich. Beim Anbau von Kenaf steht daher meist die Fasernutzung im Vordergrund. In den tropischen Staaten gewinnt man die Kenaffaser meist noch in Handarbeit, während in Thailand und in Teilen der ehemaligen UdSSR eine maschinelle Gewinnung vorgenommen wird. In vielen tropischen Ländern werden die Kelchblätter zur Herstellung von Marmeladen, Erfrischungsgetränken und das bei uns unter der Bezeichnung „Malventee“ bekannte Getränk verwendet.

Einen Kenafanbau halten wir in Mitteleuropa aufgrund der vielfältigen Möglichkeiten heimischer Nesselpflanzen schlichtweg für überflüssig, zumal das Anbaurisiko wesentlich größer als bei heimischen Faserpflanzen ist. Dennoch möchten wir eine kurze Beschreibung der Pflanze, des Anbaus und der Nutzung folgen lassen, da inzwischen auch in Mitteleuropa Anbauversuche mit Kenaf laufen.

1993 wurden erstmals 100 Hektar Kenaf nördlich der Alpen in der Schweiz angebaut. Trotz kühler Witterung und geringer Anbauerfahrung erreichte die Kenafpflanze in der Nordschweiz eine Größe von durchschnittlich 2,5 Metern. 1994 wurden bereits 700 Hektar in der Schweiz und 350 Hektar in Süddeutschland angebaut, für 1995 wird in der Schweiz mit 1.000 Hektar Kenaf gerechnet.

Der Kenafanbau

Durch seine versetzten Saat- und Erntezeiten treten bei Kenaf keine Kapazitätsprobleme hinsichtlich Arbeitskräfte und Maschinenpark auf: Er wird Mitte bis Ende Mai ausgesät und erst im Winter in abgetrocknetem Zustand geerntet, wenn nur noch die Kenafstengel auf dem Feld stehen.

Das Vorbereiten des Ackers, die Saat und Ernte kann mit dem derzeit betriebenen Maschinenpark erfolgen: Kenaf kann mit Getreidesämaschinen ausgesät werden, jedoch ist eine Einzelkornsaat mit Säscheibe (2 mm) aufgrund der notwendigen mechanischen Pflegemöglichkeiten durch Unkräuter vorzuziehen. Bei den Fruchtfolgen erweisen sich Raps, Soja und Sonnenblumen als ungeeignet, da sie Sklerotinia übertragen; geeignet sind Wiesen und Zwischenkulturen, die spätestens Ende April geerntet, geschnitten und anschließend gepflügt werden. Die Bodenbearbeitung sollte nach Abtrocknung etwa 20 cm tief und damit vom Unkraut befreit sein. Die Saat sollte Mitte Mai bei Temperaturen von 15 °C und mehr erfolgen. Es werden 45 bis 50 Körner/m² ausgesät, was etwa 13 bis 15 kg je Hektar entspricht (bei einer Keimfähigkeit von 70 bis 75 Prozent und einem Tausendkorngewicht von 28 bis 30 g).

Die Saatgutkosten betrugen 1994 etwa 400 Schweizer Franken je Hektar. Die Keimdauer beträgt bei einer Saattiefe von 2 bis 3 cm etwa 4 bis 7 Tage und erreicht eine Bestandesdichte zwischen 30 bis 35 Pflanzen/m².

Ideale Standorte für Kenafkulturen sind vor allem gute Maisanbaugebiete mit leichten bis mittelschweren Böden. Ungünstig sind hingegen Standorte mit staunassen Böden oder Moorböden. Kenaf gedeiht schlecht bei Sommertrockenheit und auf Feldern mit hohem Unkrautdruck. Nach der Bestellung von Kenaf muß eine dreijährige Anbaupause eingehalten werden.

Kenaffeld

Kenaf benötigt im Vergleich zu anderen Kulturpflanzen relativ geringe Düngergaben:

- N 70 bis 80 kg/Hektar, davon 20 bis 30 kg zur Saat und 50 bis 60 kg ab 20 cm Pflanzenhöhe
- P_2O_5 60 kg/Hektar
- K_2O 120 kg/Hektar
- Eine Grunddüngung von Mist und Gülle ist vor dem Pflügen möglich.

Als Schädling tritt lediglich der Maiszünsler auf, der aber kein Problem darstellt. Somit kann auf den Einsatz von Schädlingsbekämpfungsmitteln verzichtet werden. Die Krankheiten Botrytis und Sklerotinia können auftreten; während Botrytis nicht behandelt werden muß, ist bei Sklerotinia keine Bekämpfung möglich. Nach einer Vegetationszeit von 100 bis 150 Tagen kann der Kenaf mit einem Maishäcksler (reihenunabhängig) geerntet werden.

Eine Schädlingsbekämpfung ist bei Kenaf zwar nicht notwendig, um eine Bekämpfung des Unkrauts kommt man jedoch nicht umher, da Kenaf insbesondere bei kühler Witterung langsam wächst. Die Unkrautbekämpfung kann mechanisch ab 15 cm Pflanzenhöhe mit einem Hackstriegel vorgenommen werden oder aber chemisch mit einer Bandspritzung zur Saat, Spritzung gegen Gräser und breitblättrige Unkräuter.

Die Ernte erfolgt im Dezember bis Februar nach Absterben der Pflanzen. Sie ist daher im Vergleich zu Flachs oder Hanf wesentlich einfacher, und das Fasermaterial kann praktisch ohne Verluste bis zum Endprodukt verarbeitet werden. Der Kenafstengel wird mit einem Maishäcksler geerntet. Der Stengel ergibt eine Faserlänge von 8 bis 12 cm. Das Erntegut muß innerhalb von 12 Stunden in eine Trocknungsanlage zur Aufbereitung (Pelletierung) transportiert werden. Die Erträge in der Schweiz lagen nördlich der Alpen bei 5.000 bis 8.000 kg Trockensubstanz/Hektar und 7.000 bis 10.000 kg Trockensubstanz/Hektar im Tessin.

Derzeit steht nur eine Kenafsorte zum Anbau zur Verfügung; es werden jedoch derzeit Versuche mit weiteren Kenafsorten gemacht, so daß bald mit einer Sortenausweitung zu rechnen ist.

Die aktuelle Kenaffasernutzung

Die Kenaf-Fasern werden an die papier- und faserverarbeitende Industrie geliefert. Kenaf stellt als Fasermaterial eine Ergänzung zum Papierholz dar. Derzeit wird das Fasermaterial bei landwirtschaftlichen Mulchpapieren eingesetzt, wie sie beispielsweise als Abdeckfolien für den Salat- und Gemüseanbau verwendet werden. In Mitteleuropa (Schweiz, Frankreich, Süddeutschland und Norditalien) werden derzeit rund 350.000 Hektar landwirtschaftlicher Kulturen mit Kunststoffolien geschützt. Die verwendeten Produkte sind teuer und ökologisch problematisch, da sie nicht kompostierbar oder biologisch abbaubar sind. Die Mulchpapiere aus Kenaffasern bieten hier eine Alternative. Werden nur rund 50 Prozent der Folien aus den o.g. Gebieten durch Mulchpapier aus Kenaf ersetzt, entspricht dies einer Anbaufläche von rund 10.000 Hektar pro Jahr.

Dabei hat das Mulchpapier die gleichen Eigenschaften wie die bekannten Plastikfolien, braucht aber nicht entsorgt zu werden, da es sich auf dem Feld zersetzt. Die Verrottungszeit des Papiers wird durch den Hersteller eingestellt, so daß je nach Kultur verschiedene Nutzungszeiten möglich sind.

Kenaffasern werden auch zur Verstärkung und Erhöhung der Schlagzähigkeit in der Kunststoffindustrie und als Applikation zum Recyclingpapier im Bereich der Schreib- und Verpackungspapiere sowie für Saugeinlagen (Windeln, Binden etc.) eingesetzt. Erste Versuche mit Spritzguß-Formen zur Herstellung faserverstärkter Kunststoffe werden weitere Einsatzmöglichkeiten eröffnen.

Mulchpapier aus Kenaf im Salatanbau

KAPITEL 6

Situation und Rahmenbedingungen für nachwachsende Rohstoffe

Nachwachsende Rohstoffe können Alternativen bieten

Die vielfältigen Einsatz- und Verwendungsmöglichkeiten von nachwachsenden Rohstoffen haben wieder zunehmende Beachtung gefunden. Auch die umweltpolitische Diskussion ist mit dem zentralen Leitbild des *Sustainable Development* (nachhaltige Entwicklung), das während der Weltumweltkonferenz in Rio 1992 als Ziel globaler Umweltpolitik gesetzt wurde, auf eine veränderte Ressourcenpolitik eingegangen.[1] Hierzu gehört u.a. die Erneuerung der *Stoffströme der Industrienationen*, d.h. die Reduzierung des Stoffverbrauchs und Ausrichtung auf eine nachhaltige Nutzung. Neue Produktideen, die diesem Leitbild folgen, müssen so ausgestaltet sein, daß die begrenzten Rohstoffe geschont und der Energieeinsatz in Produktion und Gebrauch möglichst gering gehalten wird.

Die Einbeziehung nachwachsender Rohstoffe hat dabei auch klimapolitisch einen hohen Stellenwert, da sie je nach Verwendungszweck für eine kurz- bis langfristige Bindung von Kohlendioxid geeignet sind.[2,3] Bei der Verwendung nachwachsender Rohstoffe wird nach der Gebrauchsphase nur die Menge Kohlendioxid freigesetzt, die von den Pflanzen zuvor der Atmosphäre entzogen wurde.

Die negativen Auswirkungen von Kohlendioxid auf die Weltklimaentwicklung sind unstrittig, wie auch die zwingende Notwendigkeit, den Ausstoß drastisch zu reduzieren. Die Menschheit produziert jährlich etwa 25 Milliarden Tonnen Kohlendioxid; das entspricht mehr als einem Viertel der Kohlendioxidmenge, die Pflanzen in der gleichen Zeit über die Photosynthese binden.

Viele Produkte aus nachwachsenden Rohstoffen stellen Alternativen zu konventionellen Produkten der chemischen Industrie dar: Naturfasern versus Chemiefasern, Rapsöl versus Erdöl, Naturfarben versus synthetische Farben und Holzschutzmittel, Linoleum versus PVC-Bodenbeläge und natürliche versus synthetische Tenside für Wasch- und Reinigungsmittel.[4]

Übersicht nachwachsender Rohstoffe für Mitteleuropa

Energiepflanzen

Ethanol	Öl	Biomasse
Kartoffeln, Zuckerrübe, Zichorie Zuckerhirse, Topinambur	Erucaraps, Krambe Sonnenblume	Miscanthus, Getreide, Mais, Weiden, Pappeln, Fichten

Industriepflanzen

Zuckerstoffe	Stärke	Öl, Fette, Eiweiß	Fasern, Harz, Wachs	Naturfarben	Arzneimittel	Gewürze
Zuckerrübe, Zuckerhirse, Zichorie	Kartoffeln, Mais, Getreide	Öllein, Koriander, Sonnenblume, Leindotter, Raps, Öldistel	Faserlein, Hanf, Große Brennnessel, Kenaf, Miscanthus	Färberdistel, Färberwaid, Färber wau, Brennessel, Krapp	Anis, Baldrian, Beinwell, Fenchel, Holunder, Kamille, Knoblauch, Salbei	Basilikum, Bohnenkraut, Borretsch, Dill, Estragon, Kümmel, Majoran, Thymian

Quelle: Zusammenstellung Katalyse 1995

Produkte aus nachwachsenden Rohstoffen sind somit wichtige Elemente in der Strategie einer stofflichen Konversion. Diese zeichnet sich durch Vermeidung von umwelt- und gesundheitlich bedenklichen Substanzen und Abfall sowie durch den Umstieg auf natürliche und naturnahe Rohstoffe aus.

Rohstoffe auf nachwachsender Basis
in einer umweltverträglichen Landwirtschaft
Die Landwirtschaft ist mit Abstand der größte Flächennutzer Deutschlands. Rund 18 Millionen Hektar, also rund die Hälfte der Gesamtfläche Deutschlands wird landwirtschaftlich genutzt. Dabei greift sie umfassend in die Umwelt ein und ist mitverantwortlich für Artensterben, Belastung von Grund- und Trinkwasser usw.; schließlich wird nur auf einem Prozent der Agrarfläche ökologisch land-gewirtschaftet.

Unter den derzeitigen Rahmenbedingungen scheint nur eine Intensiv-Landwirtschaft ökonomisch wirtschaften zu können. Aber gerade durch die Intensivproduktion gelingt es der konventionellen Landwirtschaft nicht, auf gesunder ökologischer Basis zu wirtschaften. Nötige Strukturmaßnahmen (Regionalisierung, Qualitätsorientierung, Subventionsabbau) und politische Weichenstellungen in die Zukunft (Stickstoffabgabe, Honorierung umweltorientierter Produktionsprozesse) wurden gar nicht oder nur unzureichend ergriffen.

In- und Output bei der Produktherstellung

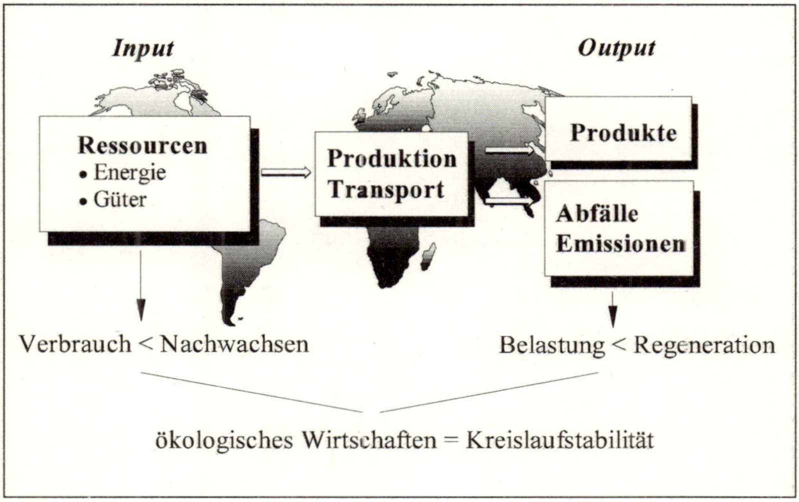

Und das bei einem Nahrungsmittelanbau, der seit Jahrzehnten zu großen Überschüssen führt. Als Gegenmaßnahme werden erhebliche Flächenstillegungen vorgenommen. In Deutschland wurden bisher rund 1,6 Millionen Hektar und in der EU über 5 Millionen Hektar Ackerflächen stillgelegt, mittelfristig wird mit einer gesamten Flächenstillegung in Deutschland von bis zu 4,5 Millionen Hektar und EU-weit mit rund 18 Millionen Hektar gerechnet.[5] Da kaum alle Stillegungsflächen renaturiert werden können, bleibt die Bewirtschaftungsfrage für Teilflächen offen.

Ein wichtiger volkswirtschaftlicher Aspekt beim Anbau nachwachsender Rohstoffe ist der Erhalt und die Entwicklung des Wertes landwirtschaftlicher Nutzflächen. Für das Jahr 2010 hat die Enquête-Kommission „Schutz der Erdatmosphäre" ein Potential für Deutschland von 960.000 Hektar für den Anbau nachwachsender Rohstoffe prognostiziert. Eine Schätzung, die wohl bereits weit vorher erreicht wird, denn schon 1993 wurden 300.000 Hektar, 1994 400.000 Hektar und 1995 schätzungsweise über 500.000 Hektar mit nachwachsenden Rohstoffen bebaut. 1994 entsprach dies etwa 3 Prozent der gesamten Ackerfläche:[6] In erster Linie verbergen sich heute hinter dem Begriff nachwachsende Rohstoffe keine industriellen Wunderpflanzen, sondern gewöhnliche

Anbauflächen nachwachsender Rohstoffe 1994

Rohstoff	Anbauflächen	davon stillgelegte Flächen	in Prozent
Stärke	120.000	0	0
Zucker	7.000	0	0
Rapsöl	192.787	132.787	69
Leinöl	29.756	4.759	17
Sonnenblumenöl	14.096	14.096	100
Flachsfasern	1.720	20	1
Medizinalpflanzen	4.952	952	19
Sonstiges	8.160	8.160	100
Gesamt	378.476	160.776	42

Quelle: Jördens 1995

Feldfrüchte wie Mais, Kartoffeln oder Gerste, für die eine Nahrungs- und Futterverwertung durch Verordnung ausgeschlossen ist. Rund 98 Prozent der Flächen für nachwachsende Rohstoffe werden mit Pflanzen aus dem Nahrungsmittelbereich angebaut.

♦ **Zucker und Stärke** (aus Mais, Kartoffeln, Weizen, Markerbsen, Zukkerrüben usw.)
Der Anbau von Stärke im Nicht-Nahrungsbereich stieg von 1990 mit 480.000 Tonnen auf 1993 auf etwa 530.000 Tonnen, entsprechend einer Anbaufläche von 120.000 Hektar. Der Anbau von Zucker als nachwachsender Rohstoff wird für 1994 in Deutschland mit etwa 7.000 Hektar beziffert; dazu werden große Mengen für technische Zwecke eingeführt.

Ethanol aus Zuckerrüben, Weizen, Mais und Kartoffeln
Bioalkohol oder Bioethanol kann in unseren Breiten mit Hilfe von Bakterien und Hefen aus Zuckerrüben, Getreide, Mais und Kartoffeln hergestellt werden. Auch schnellwachsende Baumarten (Pappeln, Eukalyptus u.a.) lassen sich für die Bioethanolgewinnung nutzen. Durch Vergärung und anschließende Destillation erhält man den Bioalkohol, der zum Antrieb von Otto- und Dieselmotoren geeignet ist und in Brasilien in größerem Maße eingesetzt wird. Eine Beimischung von 25 Prozent Ethanol zu herkömmlichem Dieselkraftstoff wird als unproblematisch angesehen, wobei sich gleichzeitig die Abgaswerte der Fahrzeuge erheblich verbessern.

Bei der Herstellung von einem Liter Bioethanol entstehen rund 12 Liter Schlempe (organisch stark belastetes Abwasser), das in Biogasanlagen ausgefault werden kann. Die Kosten für Ethanol aus Pflanzen liegen rund dreimal höher als für unversteuertes Benzin aus Rohöl, was unter heutigen Bedingungen kaum eine Wettbewerbsfähigkeit zuläßt. Auch die Energiebilanz von Ethanol schneidet nicht gut ab: Anbau, Ernte, Transport, Lagerung und Herstellung erfordern annähernd soviel Energie, wie bei der Treibstoffnutzung erzeugt wird.

♦ **Pflanzenöle** (Raps-, Lein-, Sonnenblumenöle u.a.)
1992 wurden in Deutschland rund 410.000 Tonnen Öle aus Raps-, Lein- und Sonnenblumensamen für den Nicht-Nahrungsbereich genutzt, die im Anbau eine Fläche von rund 240.000 Hektar benötigten. 1994 wurde eine Anbaufläche von etwa 260.000 Hektar für die Erzeugung von Biodiesel aus Raps bestellt. Weitere 50.000 Hektar werden für andere technische Verwendungen wie etwa Schmierstoffe angebaut. 1995 wurden

nach Angaben des Deutschen Bauernverbandes rund 335.000 Hektar zur Verwendung als Biodiesel, Hydrauliköle und Schmierstoffe sowie zum Einsatz in der Oleochemie angebaut.

Raps für Rapsmethylester (RME) und Bioschmierstoffe

Aus Rapsöl wird der sogenannte „Biodiesel" hergestellt. Durch die Veresterung von Rapsöl wird der Treibstoff Rapsmethylester (RME) hergestellt, der für Dieselmotoren geeignet ist. Gegenüber Ethanol weist RME eine positive Energiebilanz vom Anbau bis zur Herstellung auf. Mengenmäßig wurde 1994 etwa 0,5 Prozent des deutschen Dieselbedarfs über RME abgedeckt, mittelfristig rechnet man mit einem Marktanteil von etwa 5 Prozent des Dieselverbrauchs. Ohne finanzielle Preisstützung wäre Biodiesel jedoch auf absehbare Zeit nicht wirtschaftlich. Er ist daher von der Mineralölsteuer (0,62 DM/Liter) befreit und wird mit einem um 5 bis 10 Pfennig höheren Preis als Dieselkraftstoff angeboten. Ende 1994 waren in Deutschland bereits über 250 Tankstellen mit Biodiesel-Säulen ausgestattet, und erste Serien-PKW-Modelle sind für den Einsatz von Biodiesel freigegeben.

Der Rapsanbau zur Herstellung von RME hat in den vergangenen Jahren einen steilen Aufschwung genommen. Und dies, obwohl verschiedene Studien (Umweltbundesamt, Deutscher Bauernverband) die Umweltauswirkungen von Biodiesel sehr unterschiedlich beurteilen. Durchaus positiv ist der Einsatz von RME und Schmier- sowie Hydraulikölen im Bereich land- und forstwirtschaftlicher Maschinen, Lokomotiven sowie bei Binnen- und Hochseeschiffen zu beurteilen. Auf Äcker, Waldböden oder in Gewässer gelangender Treib- oder Schmierstoff aus Pflanzenölen richtet aufgrund seiner guten biologischen Abbaubarkeit weniger Schäden an und verursacht wesentlich geringere Kosten bei der Sanierung als solcher aus Erdöl.

Die Ausweitung der RME-Anwendung auf private Diesel-PKWs halten wir jedoch nicht für sinnvoll und notwendig, weshalb die Mineralölsteuerbefreiung für Biodiesel ausschließlich auf umweltsensible Bereiche wie Land- und Forstwirtschaft und Schiffahrt beschränkt werden sollte. Eine Förderung und Subventionierung des Rapsanbaus zur Herstellung von Biodiesel für den privaten Verbrauch ist nur zu rechtfertigten, wenn die positiven Umwelteffekte (wie CO_2-Bilanz) nicht durch andere kostengünstigere Maßnahmen erreicht werden. Die Minderungskosten für eine Tonne CO_2 betragen beim Raps zur Treibstoffgewinnung, je nachdem ob man den Subventionsbedarf mit einrechnet oder nicht, zwischen 1.000 und 1.400 DM, bei einer direkten Verbrennung der Rapssaat in Kohleanlagen 500 DM und bei der Nutzung von Bio-Ethanol als Treibstoff sogar etwa 2.000 DM je Tonne CO_2.[7]

Nach Berechnungen des Bundeslandwirtschaftsministeriums liegt der Stützungsbedarf bei einer Rapsfläche von 1 Mio. Hektar für Biodiesel bei etwa 1,3 Mrd. DM, die Erzeugung von Überschußgetreide wird hingegen „nur" auf 600 bis 800 Mio. DM geschätzt. Die Nutzung von Raps zur Biodieselgewinnung führt also bei den gegenwärtigen Energiepreisen nicht zu einem Subventionsabbau, sondern zu einer Ausweitung.[8]

So stellt beispielsweise der ökologische Landbau eine gute und kostengünstige CO_2-Minderungsalternative dar. Schließlich werden durchschnittlich 40 Prozent Energie gegenüber der konventionellen Landbewirtschaftung eingespart. Eine großflächige Umstellung des Nahrungsmittelanbaus auf ökologischen Anbau würde somit einen größeren Einspareffekt bei geringeren Kosten bringen.

Der Rapsanbau ist auch keine gute Einkommensquelle für die Landwirte. Die Deckungsbeiträge gestalten sich relativ niedrig. Ziel einer vernünftigen Strategie kann es daher nicht sein, Biodiesel um jeden Preis in den Markt zu drücken. Bereits jetzt drohen Überkapazitäten, wenn alle geplanten RME-Anlagen verwirklicht werden: 60.000 Tonnen in Leer/Ostfriesland, 12.000, später 25.000 Tonnen in Kiel, 60.000 Tonnen in Riesa/Sachsen, 100.000 Tonnen in Guben/Brandenburg, eine Anlage steht im bayerischen Gemünden, und das Unternehmen Novamont will möglicherweise eine Großanlage in Deutschland errichten. Zusätzlich wird der deutsche Export von Biodiesel nach Italien (1994 etwa 70.000 Tonnen RME) zunehmend schwieriger.[9] Auch hier zeigen sich deutliche Grenzen einer weiteren Biodieselexpansion. Zur Ernte 1995 stehen über 782.000 Hektar Raps auf den Ackerflächen der EU – damit wird spätestens im nächsten Jahr die Höhe des Sonderkontingentes für den Anbau von Ölsaaten auf stillgelegten Flächen erreicht. Die bindende Grenze für die EU-Staaten liegt aufgrund des sogenannten „Blair-house-Abkommens" mit den USA bei einer Million Tonnen.

♦ **Pflanzliche und tierische Naturfasern** (aus Baumarten wie Hart- und Weichhölzern, Getreidestroh, Hanf, Flachs, Nessel und Kenaf sowie Schafwolle)
1993 wurden in Deutschland 1.000 und 1994 1.700 Hektar Faserlein (Flachs) angebaut. Der Hanf-Anbau ist aufgrund der Bestimmungen des Betäubungsmittelgesetzes (BtMG) bisher in Deutschland verboten. Die Faserpflanze Nessel wird derzeit nicht kommerziell angebaut. In Süddeutschland wird seit 1994 die aus Afrika stammende Faserpflanze Ke-

naf angebaut. Faserpflanzen sollten – wie in diesem Buch eingehend beschrieben – vor allem im Bereich der Substitution von Kunstfasern gefördert werden. Auch ein Teil der extrem umweltschädigend erzeugten Baumwolle kann zu einem bestimmten Anteil durch heimische Pflanzenfasern wie bei Dekorations- und Haushaltstextilien ersetzt werden.

Die Vergabe von Forschungsgeldern für die praktische Umsetzung von Aufschluß-, Spinn- und Webverfahren sowie einer Zellstoffherstellung aus faserliefernden Einjahrespflanzen ist sinnvoll. Die Papierherstellung sollte mittelfristig auf einen Rohstoffmix aus Altpapier, Durchforstungsholz, Getreidestroh und Faserpflanzen für die jeweils geeigneten Papierendprodukte ausgelegt werden. Auch die Verwendung von Schafwolle als Nachwachsender Rohstoff muß in die Förderprogramme Eingang finden.

♦ Energie

Beim Anbau von Energiepflanzen auf den in Deutschland stillgelegten Flächen (etwa 1,6 Mio. Hektar) können je nach Zusammensetzung und Ertrag der eingesetzten Pflanzen, etwa ein bis zwei Prozent des derzeitigen Primärenergieverbrauchs Deutschlands gedeckt werden. Hinzu kommt ein Prozent durch energetische Nutzung aus Wald- und Industrierestholz. Der Anbau von Energiepflanzen führt bereits bei einer geringen Abdeckung des Primärenergiebedarfs zu großen Anbauflächen, die nur durch Monokulturen und den damit verbundenen Umweltproblemen sichergestellt werden können.

Fossile und erneuerbare Energieträger

Der Welt-Energieprimärverbrauch basiert derzeit zu 69 Prozent auf fossilen Energieträgern (Öl, Kohle, Gas) und zu 19 Prozent auf erneuerbaren Energieträgern (Biomasse, Wasser, andere) sowie zu 5 Prozent auf Atomenergie.[10] In Deutschland werden derzeit rund 1,3 Prozent des Gesamtenergieverbrauchs über Biomasse gewonnen, während die Quoten in Dänemark bereits bei 12, in Irland bei 11 und in Frankreich bei 5 Prozent liegen. Fossile Rohstoffe sind nicht nur Basis unserer heutigen Energieerzeugung. Auch viele Grundstoffe und Endprodukte basieren direkt oder indirekt auf fossilen Ressourcen. Bedeutende Wirtschaftsbereiche wie die Kunststoffherstellung, die Produktion synthetischer Farben und Fasern sowie von Dünge- und Pflanzenschutzmitteln verbrauchen große Mengen fossiler Ressourcen.

Fraglich ist, ob die energetische Nutzung (abgesehen von der Rest-Biomasse) in absehbarer Zeit wirtschaftlich sein kann. Zusätzlich ergeben sich Probleme eines aufwendigen Transports und Lagerung, wenn eine gleichmäßige Energieerzeugung aus Pflanzen installiert werden soll.

Miscanthus ist aufgrund seines aufwendigen Anbaus, der Anbaukosten von etwa 10.000 DM je Hektar und seines nicht optimalen klimatischen Standortes in Deutschland nur bedingt als neue Primärenergiequelle zu nutzen. Die Verwendung großer Mengen *Stroh* kann zu erheblichen Auswirkungen auf Bodenstruktur und Wasserrückhaltevermögen der Böden führen. Es sind daher Untersuchungen durchzuführen, in welchem Umfang Überschußstroh den Böden entzogen werden kann, ohne daß neue Probleme entstehen.

Das Beispiel Dänemarks mit dezentralen Anlagen zur Wärme- und Stromerzeugung könnte ebenso wie die Nutzung von *Rest- und Durchforstungsholz* für bestimmte waldnahe Regionen Deutschlands ein tragbares und sinnvolles Konzept sein. Durchaus positiv ist die Energiegewinnung aus *Rest-Biomasse* zu bewerten, da bei Produktionsprozessen mit Holz und Faserpflanzen (Sägewerken, Faseraufbereitungsanlagen) große Mengen an Biomasse in Form von Grünpflanzenrückständen verbleiben, die zur Energieerzeugung vor Ort genutzt werden.

Rest-Biomasse fällt in der Landwirtschaft in Form von Getreidestroh, Grünpflanzenrückständen sowie holzartigen und tierischen Abfällen an. Der Heizwert von Stroh, aber auch von anderen Reststoffen ist relativ hoch (trockenes Stroh: 17 MJ/kg). Aus der Holzwirtschaft fallen große Mengen Holzreststoffe an und aus dem Haus- und Gewerbeabfall Bio- und Kompostabfälle, die zur energetischen Nutzung und/oder zur Biogaserzeugung geeignet sind. Die Wirtschaftlichkeit von Biomasse hängt von den Möglichkeiten der Aufbereitung, des Transports und der Zwischenlagerung ab. Die sinnvoll nutzbare Menge Rest-Biomasse kann bis zu einem Prozent des Primärenergieverbrauchs abdecken. Der gezielte Anbau von Energiepflanzen ist weder ökologisch noch ökonomisch sinnvoll. Wirtschaftlich und ökologisch verträglich sind derzeit nur die direkte Verbrennung fester Energieträger, die als Abfall- oder Reststoffe anfallen (Biogas, Stroh, Restholz usw.). Die relativ niedrige Energiedichte erfordert eine intensive Lagerhaltung bzw. eine kontinuierliche Nachlieferung. Die Verwertung erfolgt daher am besten in dezentralen Blockheizkraftwerken im ländlichen Raum dort, wo die Biomasse im ausreichenden Maße zur Verfügung steht.

♦ **Sonstige Rohstoffe**
Der Anbau von Färbe-, Medizinal- und anderen Nutzpflanzen machte 1994 etwa 13.000 Hektar aus. Eine Förderung vergessener Pflanzen wie etwa der Färberpflanzen wäre durchaus wünschenswert, um Alternativen für die synthetische Farbherstellung zu eröffnen.

1995 wird eine Anbaufläche mit nachwachsenden Rohstoffen von einer halben Million Hektar deutlich überschritten.[11]

Aktuelle Hemmnisse bei der Nutzung nachwachsender Rohstoffe

♦ Konzept nachwachsende Rohstoffe
Für nachwachsende Rohstoffe existiert in Deutschland kein umfassendes Konzept, sondern man verfolgt eine industrielle Nutzung bekannter Nahrungsmittelpflanzen, die zu Industriepflanzen umgewidmet werden. Erweiterungen und Ergänzungen der Fruchtfolgen sind derzeit kaum absehbar, obwohl viele Nutzpflanzen (Färbepflanzen, Faserpflanzen...) ein Schattendasein führen.

♦ Vermarktung nachwachsender Rohstoffe
Die existierenden Betriebsgrößen, -strukturen und Vermarktungswege sind auf die Erzeugung von Nahrungsmitteln, nicht aber auf die Produk-

Einsatz und Potential von nachwachsenden Rohstoffen bis zum Jahre 2005 in Deutschland
Quelle: Leible 1995, ergänzt

Chemisch-technische Verwertung			
		Ist-Zustand 1994	Potentiale bis 2005
Heil- und Gewürzpflanzen		5.000 ha	+ 5 - 10.000 ha
Pflanzenfasern	Langfasern	8.000 t/a	+ 10.000 t/a
	Kurzfasern	38 - 50.000 t/a	+ 30.- 50.000 t/a
Zucker		40.000 t/a	+ 20.- 60.000 t/a
Pflanzenöle		ca. 600.000 t/a	+ 120.- 310.000 t/a
Stärke		ca. 0,5 Mio t/a	+ 0,4 - 1,2 Mio t/a
Holz	Zellstoff/Holzwerkstoffe	ca. 35 Mio	+ ca. 1 - 7 Mio t/a
Energetische Verwendung			
Flüssige Energieträger	Pflanzenöle (Dieselersatz in der L.W.)	ca. 0,35 t/a	+ ca. 2,5 Mio t/a
	Ethanol (5% Benzinbeimischung)	-----	+ ca. 1,6 Mio t/a
Festbrennstoffe	Lignocellulose	ca. 2 - 4 Mio t/a	+ 15 - 36 Mio t

tion von nachwachsenden Rohstoffen ausgerichtet, was in der konkreten Umsetzung zu erheblichen Problemen führt und das hohe Anfangsinteresse stark geschmälert hat. Die Landwirtschaft ist heute in vielen Bereichen weder technisch, betriebswirtschaftlich noch organisatorisch für die Produktion nachwachsender Rohstoffe ausgelegt. Der Weg vom Landwirt bis zum Endverbraucher ist durch zahlreiche technologische und vermarktungsrelevante Hürden gekennzeichnet. Dies stellt Landwirtschaft, Handel und Politik vor die Aufgabe, entsprechende Zwischenorganisationen mit Fähigkeiten in der technologischen Beratung und Begleitung der Abnehmer aufzubauen.

♦ Wertschöpfung und ländlicher Raum

Zukünftige Aufgabe der Landwirtschaft sollte nicht nur der Anbau nachwachsender Rohstoffe sein, sondern auch die Be- und Verarbeitung als zusätzliche Wertschöpfung vorzunehmen. Beispielsweise ist im Bereich der Faserpflanzen die Entholzung und der Faseraufschluß durchaus in den landwirtschaftlichen Bereich verlagerbar.

♦ Restriktionen für Düngung und Pflanzenschutzmittel

Für den Anbau nachwachsender Rohstoffe sind hinsichtlich Dünge- und Pflanzenschutzmittel keine Restriktionen gesetzt. Im Nahrungsmittelanbau sind dagegen Richt- oder Grenzwerte bezogen auf das Endprodukt einzuhalten. Die Landwirte haben heute keinen Grund, weniger Dünge- und Pflanzenschutzmittel einzusetzen, da eine Wirtschaftlichkeit bei intensiver Anbauweise eher gegeben ist. Dies widerspricht jedoch den formulierten Zielen einer umweltgerechten und nachhaltigen Landwirtschaft. Der Anbau nachwachsender Rohstoffe darf keine zusätzlichen Belastungen von Boden und Wasser verursachen, deshalb fordern wir dringend, Düngemittelgrenzen festzusetzen und eine Anwendung von Pflanzenschutzmitteln nur in Ausnahmefällen zu erlauben.

♦ Qualitätskriterien und Normen

Besonders wichtig sind die Anforderungen der Abnehmer an die Qualitäts-, Mengen- und Preisstabilität nachwachsender Rohstoffe. Bis heute ist das Problem der dringend benötigten Qualitätsnormen und Definitionen nicht gelöst. Diese müssen in aufwendiger Eigenleistung durch die Anwender erarbeitet werden. Die festgelegten Qualitätskriterien können nicht hundertprozentig Jahr für Jahr geboten werden. Nachwachsende Rohstoffe sind Naturprodukte, die natürlichen Schwankungen von Klima, Standort und Boden unterliegen. Qualitätskriterien können daher nicht auf die Kommastelle genau definiert werden; vielmehr hat sich der Verwender auf eine möglichst eng gefaßte Qualitätsbandbreite einzustellen und Schwankungen bei seinen Planungen zu berücksichtigen.

♦ Wettbewerb und Preise

Bei der konkreten Einbindung in die industriellen Fertigungsprozesse stellt der direkte Wettbewerb nachwachsender Rohstoffe mit konventionellen Rohstoffen das größte Hindernis dar. Beide Rohstoffarten werden derzeit nur mit ihrem kommerziellen Wert (Preis) gemessen, wodurch die Vorteile nachwachsender Rohstoffe (Bioabbaubarkeit, nachhaltige Rohstoffbasis, CO_2-Bindung) und die Nachteile fossiler Rohstoffe (endliche Ressourcen, klimarelevante Nachteile, Entsorgung) nicht in die Wertmessung einfließen. Eine Internalisierung der Umweltkosten beispielsweise durch eine CO_2-Steuer oder andere Abgaben muß dringend vorgenommen werden.

Wichtige Faktoren für die Wettbewerbsfähigkeit von nachwachsenden Rohstoffen

- Technisch-organisatorische Entwicklungskosten der Produktion
- Entwicklung der Betriebsmittelpreise
- Entwicklung der Binnenmarktpreise
- Entwicklung der Weltagrarpreise
- Wirtschaftlichkeit konkurrierender Standorte
- Konkurrierende Flächenansprüche (Forstwirtschaft, Naturschutz, Freizeit usw.)
- Preisentwicklung bei den zu substituierenden Produkten
- Entwicklung der Wirtschaftlichkeit konkurrierender Techniken
- Kosten der Umstrukturierung von Produktionsstrukturen
- Umweltauflagen der Agrarproduktion
- Präferenzen der Verbraucher für natürliche bzw. umwelt- und gesundheitsschonende Produkte
- Nachnutzungsmöglichkeiten (Recycling, Kompostierung, Wiederverwendung)
- Entsorgungskosten

♦ Investitionssicherheit

Ein weiteres Hemmnis sind Investitionen für neue/angepaßte Technologien zur Verarbeitung von nachwachsenden Rohstoffen. Die Überwindung technischer Hürden kann nur durch eine gezielte Förderung und Absicherung von Investitionen zum Einsatz von nachwachsenden Rohstoffen erreicht werden[12].

Alles in allem sind dies Gründe genug, weshalb nachwachsende Rohstoffe die in sie gesetzten Hoffnungen bisher kaum erfüllt haben und bisher meist nur in Nischenmärkten Anwendung finden konnten.Mit der Förderung nachwachsender Rohstoffe begibt sich die Agrarpolitik in vielerlei Hinsicht auf Neuland. Da nachwachsende Rohstoffe positive Umweltwirkungen zeigen können, ist die Agrarpolitik aufgefordert, veränderte Rahmenbedingungen zu schaffen, so daß wirtschaftlich tragbare Produktlinien entwickelt werden. Eine bedeutende Ausweitung des Anbaus von nachwachsenden Rohstoffen wird einen umfassenden Strukturwandel der Landwirtschaft bewirken. Ohne ein abgestimmtes Konzept werden die Hemmnisse eine breitere industrielle Nutzung von nachwachsenden Rohstoffen verhindern. Die Politik muß dringend Zeichen setzen und sich nicht allein auf die Ausschöpfung der EU-Flächenbeihilfe für nachwachsende Rohstoffe beschränken.

Wir fordern daher einen *„Runden Tisch für nachwachsende Rohstoffe“*, der mit Vertretern aus Landwirtschaft, Industrie, Handel, Verbraucher- und Umweltverbänden, Politik und Wissenschaft besetzt ist und eine praktische und politische Umsetzung der Erkenntnise im Bereich nachwachsender Rohstoffe im gesellschaftlichen Konsens bewirken soll.

Als Aufgaben schlagen wir vor:

♦ Empfehlungen über die grundsätzliche Zielrichtung von Demonstrations-, Förder- und Forschungsvorhaben sowie für die Gestaltung des Forschungshaushaltes,

Vergleich: Marktpreise von Rohstoffen auf fossiler und nachwachsender Basis

Rohstoffe	Rohöl	218 DM	Mais	150 DM
	Erdgas	335 DM	Weizen	193 DM
	Naphta	267 DM	Soja	418 DM
Grund-produkte	Benzol	485 DM	Rapsöl	870 DM
	Ethylen	650 DM	Palmöl	620 DM
	Propylen	480 DM	Melasse	260 DM
	Methanol	190 DM	Zucker	780 DM
	Ammoniak	177 DM	Stärke	535 DM
Zwischen-produkte	Ethylenoxid	1.000 DM	Sorbit	1.251 DM
	Propylenoxid	1.800 DM	Glycerin	2.000 DM
	Acrylsäure	2.150 DM	Zitronensäure	2.000 DM

Quelle: BASF: Nachwachsende Rohstoffe in der Chemie; in: Studie Jan. 1994, Ludwigshafen

♦ Ansätze und Konzepte für die Gründung und Förderung von Absatz- und Beratungsagenturen für nachwachsende Rohstoffe,

♦ Entwicklung neuer Absatzstrategien und -strukturen für nachwachsende Rohstoffe,

♦ Wissenschaftliche und praxisrelevante Überprüfung heimischer Kulturpflanzen auf ihre Anbauwürdigkeit als nachwachsende Rohstoffe,

♦ Neue Prioritätensetzung bei der Entwicklung von Maschinen auf sogenannten „Low-Tech"-Verfahren und angepaßten Technologien,

♦ Erarbeitung von allgemein gültigen Qualitäts-Bandbreiten (Normen und Definitionen) für nachwachsende Rohstoffe,

♦ Einbeziehung der ländlichen Entwicklung in die Planungen und Forschungsvorhaben zu nachwachsenden Rohstoffe (Teilverlagerung der Aufbereitung/Verarbeitung nachwachsender Rohstoffe in ländliche Regionen),

♦ Staatliche Absicherung von Investitionen im Bereich nachwachsender Rohstoffe

♦ Definition von ökologischen Maßstäben (Dünger, Pestizide, Monokulturen) beim Anbau nachwachsender Rohstoffe sowie

♦ Festlegung einheitlicher Kriterien für die Bewertung von Umweltwirkungen (Bilanzen/Vergleiche).

Spezielle Arbeitskreise (Faserpflanzen, Ölpflanzen, Energiepflanzen) sollen konkrete Erfahrungen aus Wissenschaft, Anbau, industrieller Verarbeitung und Nutzung austauschen und Problemlösungen entwickeln. Dabei verstehen sich die einzelnen Arbeitskreise nicht als statische Einheiten, sondern sehen einen ständigen Erfahrungsaustausch vor. Das

Geförderte Projekte im Bereich nachwachsender Rohstoffe

Pflanzen	Anzahl der Projekte	Pflanzen	Anzahl der Projekte
Faser- und Öllein	30	Markerbsen	2
Sonnenblume	3	Euphorbia	3
Raps	14	Heil-, Gewürz- und Färberpflanzen	6
Kartoffeln	2		
Zuckerrübe	3	Leindotter	3
Miscanthus	10	Krambe	1
Roggen	1	Koriander	3
Weizen	1	Schnellwachsende Baumarten	7
Triticale	1		
Gräser	1	Holz	3

Quelle: Katalyse – zusammengestellt nach Fachagentur Nachwachsende Rohstoffe 1994

Konzept wird durch Querschnittsgruppen ergänzt, die sich mit übergreifenden Problemen wie Qualitätsnormen, -anforderungen, Preisentwicklung und Konkurrenzfähigkeit, dem Einsatz der Gentechnik und europäischen Aspekten auseinandersetzen. Die Zusammenarbeit mit den Bundesländern und Institutionen der Europäischen Union ist dabei unerläßlich und muß intensiv gesucht werden.

Weiterhin muß die Einrichtung einer Europäischen Agentur für nachwachsende Rohstoffe vorangetrieben und eine Abstimmung über die Forschungsprogramme und Projekte innerhalb der EU verfolgt werden.

KAPITEL 7

Die Bedeutung heimischer Pflanzen als nachwachsende Rohstoffe

(Susanne Féaux de Lacroix)

Im folgenden wird ein kurzer Überblick gegeben über die vielfältigen Möglichkeiten, heimische Pflanzen als nachwachsende Rohstoffe einzusetzen. Dabei geht es sowohl um eine zusätzliche Nutzung von derzeit verbreiteten Kulturpflanzen – wie beispielsweise Getreide –, als auch um die Erforschung traditioneller oder neuer Nutzungen von Pflanzen, die derzeit kaum noch Beachtung finden.

Eine mögliche industrielle Verwertung landwirtschaftlicher Reststoffe bietet sich beispielsweise für das bislang nur zu 2 bis 3 Prozent technisch verwertete **Getreidestroh** an. Im Zuge der EU-Getreideproduktion von **Weizen** (lat. *Triticum vulgare*), **Gerste** (lat. *Hordeum vulgare*), **Roggen** (lat. *Secale cereale*) und **Hafer** (lat. *Avena sativa*) fallen jährlich etwa 140 Millionen Tonnen dieses bei der Zellstoff- und Papierherstellung und zur Energiegewinnung geeigneten Rohstoffs an.[1] Hervorragend geeignet ist Getreidestroh auch zur Plattenpressung, deren Produkte von der Homogenität des Querschnitts her zwischen MDF- und Feinspanplatten einzuordnen sind. Problematisch ist allerdings die für eine Großproduktion erforderliche immense Lagerkapazität für den innerhalb weniger Wochen pro Jahr geernteten Rohstoff und die Gefahr der starken Abnutzung der Verarbeitungswerkzeuge infolge des hohen Aschegehaltes im Stroh. Das Material auf Strohbasis besitzt hohe Dämmwerte und eine große Eigenfestigkeit, so daß auch Formteile herstellbar sind.[2] Der beim Zellstoffprozeß störende *Kieselerdeanteil* könnte vor allem aus Weizenstroh gewonnen werden und eine Verwendung zum Beispiel als Platinersatz in Automobilkatalysatoren finden.[3]

Ein bedeutendes Gebiet der nachwachsenden Rohstoffe ist die Gewinnung technischer Stärke aus den Sproßknollen der **Kartoffel** (lat. *Solanum tuberosum*) oder aus **Getreidesamen** zur Verwendung in der Papier- und Pappeindustrie, in der Textilbranche sowie in der Biotechnologie. Bereits 1989/90 wurden in Deutschland 480.000 t Stärke im Nichtnahrungsbereich eingesetzt, bis 1992/93 war dieser Wert bereits auf 530.000 t gestiegen.

Das zweitbedeutendste Gebiet, die pflanzliche Ölproduktion mit den Wachstumsbereichen Tenside und Schmierstoffe, erreichte 1992 innerhalb Deutschlands einen Absatz von 410.000 t. Bereits in Deutschland angebaute Ölpflanzen auf einer Basisfläche von etwa 85.000 Hektar und 52.000 Hektar Stillegungsfläche sind Raps, Lein und Sonnenblumen, daneben werden jedoch zunehmend Untersuchungen zur Nutzbarkeit weiterer ölliefernder Gewächse durchgeführt.[4]

Wegen ihrer großen Ähnlichkeit werden die dem Kohl verwandten gelbblütigen Kreuzblütler **Raps** (alemannisch Lewat; lat. *Brassica napus*) und **Rübsen** (lat. *Brassica rapa*) hier vergleichend dargestellt. Der anspruchsvollere und leistungsfähigere Raps, eine altgermanische Kulturpflanze, war in Vergessenheit geraten und wurde erst im 16. Jahrhundert von Holland ausgehend wieder für die Landwirtschaft entdeckt. Heute zählt er in Deutschland zu den meistangebauten ölliefernden Pflanzen, ist jedoch als nachwachsender Rohstoff umstritten. Dagegen wurde der genügsame und robuste Rübsen schon in neolithischen Siedlungen (3.000 bis 2.100 v.Chr.) als ölhaltige Samenfrucht genutzt. Zunächst wurden die Samen der Wildpflanze gesammelt, etwa im 16. bis 17. Jahrhundert erfolgte der Übergang zur landwirtschaftlichen Kultivierung z. B. in Schlesien, Brandenburg und Thüringen. Während die blau-grün belaubte Rapspflanze mit sich beim Aufblühen verlängernden Blütentrauben eine Höhe von bis zu 160 cm erreicht, wird das Rübsengewächs mit grasgrünen Blättern und gestauchten Blütentrauben nur etwa 80 cm hoch. Aus den Blüten entwickeln sich die zweiklappigen Schotenfrüchte mit etwa 5 bis 12 Samen je Klappenhälfte. Etwa 42 Prozent dunkelgelbes und schwertrocknendes Öl enthalten die Keimblätter der kleinen, runden, gelben Samen, das wegen seines hohen Erucasäuregehalts eine gewisse technische Bedeutung besitzt. Beispielsweise wird das Rapsöl zur Herstellung eines elastischen Kautschukfüllmaterials und nach chemischer Umwandlung zu Rapsmethylester als sogenannter Biodiesel genutzt. In Kanada, Schweden und Deutschland wird mittlerweile verstärkt die 00-Raps-Zuchtvariante angebaut, deren fettes Öl aufgrund der Verdrängung der gesundheitsschädlichen Erucasäure im Lebensmittelbereich Verwendung findet.[5]

Wie Raps und Rübsen stammt auch der **Braune Senf** (lat. *Brassica juncea*) aus der Familie der Kreuzblütler. Durch spontane Kreuzungen von Brassica campestris und Wildformen von Brassica nigra entstand die auch Sareptasenf genannte Pflanze im asiatischen Raum und verbreitete sich von Indien nach Ägypten, sowie von Zentralasien über das südliche Rußland bis nach Europa. Heute wird der Braune Senf in allen asiatischen Ländern als Gemüsepflanze, in Indien auch zur Ölgewinnung kultiviert. Aufgrund des Sinigrin- bzw. Senfölgehaltes besteht eine gute Eignung der Samen zur Mostrichproduktion. Das Ergebnis ist ein relativ scharfer Senf. Die Pflanze besitzt eine mittelstarke Pfahlwurzel mit zahlreichen Nebenwurzeln, der mittelfeine Stengel wächst 100 bis 150 cm hoch und trägt gelappte, teilweise auch gezähnte Blätter, die an der Pflanzenspitze mehr lanzettlich ausgeformt und leicht behaart sind. Hauptsächlich in Selbstbefruchtung bestäubt werden die gelben Blüten. Die sich entwickelnden Schoten enthalten schwarzbraun bis goldgelbe Samen, deren Fettgehalt bei 30 bis 40 Prozent liegt. Das daraus gewinnbare Öl enthält neben einem hohen Linolsäureanteil teilweise unter zwei Prozent Erucasäure, kann aber auch einen 69-prozentigen Anteil dieser Fettsäure aufweisen. Der Preßrückstand von der Ölgewinnung ist aufgrund seines hohen Glucosinolatgehaltes trotz des beachtlichen Proteinanteiles von 24 bis 28 Prozent nicht als Tierfutter verwendbar und wird daher meist als organischer Dünger genutzt.

Ebenfalls eine Öl- und Gewürzpflanze aus der Familie der Kreuzblütler stellt der **Weiße Senf** oder **Gelbsenf** (lat. *Sinapis alba*) dar. Die Pflanze besitzt eine spindelförmige Wurzel mit feinverteilten Nebenwurzeln und einen 30 bis 150 cm hohen, behaarten, kantigen, gefurchten und im oberen Drittel stark verzweigten Stengel ohne Haupttrieb. Die grasgrünen Blätter sind fiederartig gespalten und am Rande stark gezähnt, der Blütenstand in Form einer doldigen, von unten nach oben abblühenden Traube wird aus gelben Einzelblüten mit je vier Blüten- und Kelchblättern gebildet. Nach vorwiegend auftretender Fremdbefruchtung oder auch Selbstbestäubung entwickeln sich langgeschnäbelte Schoten mit hellgelbem, fast kugeligen Samen, deren Ölgehalt zwischen 20 und 42 Prozent liegt. Das Fettsäuremuster entspricht dem des Rapses. Auch bei diesem Gewächs ist aufgrund des hohen Glucosinolatgehaltes im Entfettungsrückstand eine Nutzung des hohen Proteingehaltes im Samenrest von 28 bis 34 Prozent weitgehend ausgeschlossen. Die wahrscheinlich aus dem Mittelmeerraum stammende Pflanze fand bereits bei den Römern vielfach Verwendung als Gemüse-, Öl- sowie Gewürzpflanze. Vermutlich die Römer brachten den Weißen Senf auch nach Deutschland, wo er neben den genannten Verwendungszwecken auch als Heilmittel diente. Heute wird der Bedarf für die deutsche Senfproduktion hauptsächlich aus den Hauptanbauländern Ungarn, Polen, Marokko und Kanada gedeckt. In Mitteleuropa wird der Gelbsenf vor allem als Grünfutter- und Gründüngungspflanze kultiviert. Gegen Rübennematoden resistente Neuzüchtungen dienen dabei als Vorfrucht für die Rübenkultur. Mit seiner hohen Robustheit und Genügsamkeit in Bezug auf Boden und Klima ist das Sommerölgewächs auch für die extensive Landwirtschaft geeignet, teilweise wird jedoch ein Herbizideinsatz empfohlen. Als Vorfrucht hinterläßt der Weiße Senf den Boden in gutem Garezustand. In letzter Zeit wurde die Pflanze als Ergänzung zum Winterraps in Erwägung gezogen. Zuchtanstrengungen zur Erzielung eines erhöhten Erucasäure- und verminderten Glucosinulatgehaltes zielen auf die Verwendbarkeit des Gelbsenfs bei der Schmier- und Motorenöl- sowie Tierfuttergewinnung. Die wenig selbstverträgliche Pflanze, die beispielsweise in der Fruchtfolge Hackfrucht, Senf, Getreide angebaut werden kann, bevorzugt ein sonniges warmes Klima und benötigt eine Keimtemperatur zwischen 0 und 5° C. Es werden Samenerträge von durchschnittlich 1.700 kg/Hektar erreicht, für den Anbau als nachwachsender Rohstoff wäre eine Ertragssteigerung auf 3.000 bis 4.000 kg/Hektar günstig, um unter heutigen Bedingungen konkurrenzfähig zu sein.

Die Anspruchslosigkeit und Schnellwüchsigkeit des **Leindotters** (lat. *Camelina sativa*) lassen ihn als nachwachsenden Rohstoff geeignet erscheinen. Es ist eine in Wurzel und Stengel feingebaute Pflanze mit lanzettlichen, zur Basis hin etwas breiteren Blättern, deren Triebe in lockeren Blütenständen enden. Aus den hell- bis dunkelgelb gefärbten Blättern entwickeln sich verkehrt ei- bis birnenförmige kleine Schoten, die je 8 bis 16 hell- bis rotbraune keilförmige Samen enthalten. Daraus wird bis zu einem Gehalt von 42 Prozent trocknendes Öl mit einem 50 bis 60 prozentigen Polyensäureanteil (hauptsächlich Linolensäure) gewonnen. Dessen Verwendung in Lacken und Farben ist jedoch nur in Mischungen mit Leinöl angezeigt.[6] Die spätfrostverträgliche Pflanze sollte bevorzugt auf leichteren humosen, sandigen Böden beispielsweise in der Fruchtfolge Kartoffel, Leindotter, Weizen angebaut werden. Der Leindotter benötigt ein besonders feines Saatbeet und gegebenenfalls mineralische Düngung, jedoch keine Pestizide. Durchschnittlich werden Erträge von 35 dt /Hektar erzielt. Die bearbeitungswürdige Pflanze ist insgesamt in ihrer Morphologie, jedoch auch im Ertrag und Ölgehalt zu verbessern.

In der Reihe der Kreuzblütler ist auch die etwa 20 Arten umfassende Gattung **Krambe** (lat. *Crambe abyssinica*) nicht unerwähnt zu lassen. Ihre Vertreter sind krautige mehrjährige Arten aus Innerasien, sowie einjährige, im Mittelmeergebiet beheimatete Pflanzen. Die in Rußland bereits seit 1930 angebauten Arten, abessinischer und spanischer Meerkohl, sind zur Ölgewinnung geeignet. Während des Zweiten Weltkrieges wurden sie auch in Deutschland eingeführt. Diese beiden einjährigen Krambenformen wachsen etwa 100 bis 150 cm hoch und besitzen eine Pfahlwurzel. Die Pflanzen, deren Verzweigung bereits an der Basis einsetzt, ist im unteren Teil behaart, oben kahl. Im Gegensatz zu den kleinen, fast lanzettlichen Blättern an der Pflanzenspitze werden die unteren, am Rand unregelmäßigen Blätter rundoval bis herzförmig ausgeformt. Die weißen Einzelblüten stehen in lockeren Trauben. Als stark Nektar-entwickelnde Gewächse werden die Kramben überwiegend durch Bienen fremdbestäubt. Die Ernte der sich entwickelnden kugeligen Kapseln, die nur einen einzigen nackten, graugrünen bis gelblichen Samen enthalten, sollte bei einem Anteil von 75 Prozent gelbgefärbter Früchte erfolgen. Bei einem Rohfettgehalt von 50 bis 55 Prozent liegt der Erucasäuregehalt von 55 bis 62 Prozent besonders hoch. Der spanische Meerkohl ist im Vergleich zum abessinischen dunkler, länger behaart und besitzt weniger ausgeprägt gestielte Blätter. Anfang der 60er Jahre wurden von Bernburg in Sachsen-Anhalt aus Anbauversuche vorgenommen. Nur gegenüber Raps war die untersuchte Pflanze weniger erfolgreich. Die Krambenarten zeichnen sich als nachwachsende Rohstoffe durch die kurze Vegetationsphase von 80 bis 90 Tagen sowie durch Trockenresistenz und Anspruchslosigkeit aus. Wegen ihrer Schnellwüchsigkeit werden diese Gewächse auch zur Grünfuttergewinnung genutzt.

Die Mindestkeimtemperatur beträgt 5°C, in Ausnahmefällen auch -5,5°C. Die Optimaltemperatur für das Wachstum der feuchtigkeitsbedürftigen Pflanzen liegt bei 15 bis 25 °C. Sandiger Lehm mit einem neutralen bis schwach alkalischen pH-Wert ist der bevorzugte Boden für die nicht selbstverträglichen Kramben, für deren Anbau mineralische (und organische Vorfrucht-) Düngung sowie Herbizideinsatz empfohlen werden. Bei durchschnittlichen Erträgen in Sachsen-Anhalt von 2.100 kg/Hektar und Maximalwerten von 3.000 kg/Hektar sowie einem hohen Glucosinolatgehalt von 12 bis 14 Prozent ist jedoch eine weitere intensive Züchtung notwendig.

Allein die Züchtung auf Kornertragserhöhung und Krankheitsresistenz wird jedoch vermutlich bis zu zwölf Jahre in Anspruch nehmen, daher ist die ökonomische Konkurrenzfähigkeit der Krambe gegenüber anderen Kreuzblütlern nicht unbedingt gewährleistet.

Im Gegensatz zu den beschriebenen bereits seit der Frühzeit auch auf dem Gebiet des heutigen Deutschlands angebauten Ölfrüchten der gemäßigten Breiten wurde die zuerst von den Indianern als Nutzpflanze kultivierte **Sonnenblume** (lat. *Helianthus annuus L.*) erst 1596 von den ariden Gebieten Nordamerikas nach Europa gebracht und dort zunächst als Zierpflanze angesehen. Erst um 1830 wurde in Südrußland ihre Bedeutung als Öllieferant wiederentdeckt. Die 50 bis 400 cm hoch wachsende einjährige Pflanze aus der Familie der Korbblütler mit herzförmigen fleischigen Blättern trägt einen markhaltigen Blütenstand, der einen Durchmesser von 6 bis zu 45 cm erreicht. Die spiralige Bedekkung mit unscheinbaren fertilen Röhrenblüten wird durch den am Rand des Blütenstandes von leuchtend gelben sterilen Zungenblüten gebildeten Schauapparat ergänzt. Die sich nach Insektenbestäubung aus den fertilen Blüten entwickelnden Achänen enthalten in den Speicherkernblättern ihres Embryos etwa 48 Prozent fettes Öl, das vor allem als Speiseöl und Margarinerohstoff beliebt ist. Als stark trocknendes Öl findet es auch in der Lackindustie Verwendung. Der von der Ölgewinnung zurückbleibende Preßkuchen stellt ein gutes Viehfutter dar, die Achänen selbst dienen als Vogelfutter und Knabberkost. Als Reststoff anfallende Sonnenblumenstengel könnten darüber hinaus zur Herstellung von Isolierplatten, Dämmplatten und Wandelementen und vielen Spanplattenarten verwendet werden, das reine Stengelmark ist zur Herstellung von Isolationsplatten geeignet. Der Anbau stellt hohe Ansprüche an den Boden, meist ist eine zusätzliche Düngung erforderlich. Die Pflanze ist wärmeliebend und zeigt einen geringen Feuchtigkeitsbedarf. Der durch Vogelfraß gefährdete Samenertrag betrug 1986 im Weltmittel 1.360 kg/Hektar und schwankt im allgemeinen zwischen 600 und 2.400 kg/Hektar.

Ebenfalls der Familie der Korbblütler zuzurechnen ist die **Färberdistel** (lat. *Carthamus tinctorius*), die auch Öldistel, Saflor oder Falscher Safran genannt wird. Diese alte Kulturpflanze Vorder- und Mittelasiens, die auch in unseren Breiten bis ins 20. Jahrhundert angebaut wurde, zeichnet sich durch eine stark variable Wuchsform aus. Mit vielen Verzweigungen erreicht sie eine Höhe von 60 bis 120 cm, trägt steife, meist stachelig gezähnte Blätter und enthält in den Blütenblättern einen roten sowie einen gelben Farbstoff. Bereits die unterschiedlichen Namensgebungen weisen auf die zweifache Nutzform dieser äußerst anspruchslosen, salz- und trockenheitstoleranten, krautigen Distelart hin. So wurde sie bis etwa 1900 im Elsaß zur Farbstoffgewinnung angebaut und erst die Anilinfarbenproduktion hat sie verdrängt. Heute wird sie hauptsächlich zur Ölgewinnung angebaut.

Die Färberdistel bevorzugt ein sommerwarmes Klima mit Bodentemperaturen zwischen 13 und 18 °C. Die Mindestkeimtemperatur liegt bei 5 °C; im Jugendstadium verträgt die Pflanze Temperaturen bis -10 °C.

Die dürreresistente, lehmige Sandböden, Lößböden und leichte Schotterböden bevorzugende Pflanze besitzt eine Vegetationszeit von 120 bis 130 Tagen. Eine Anbaupause von fünf Jahren sollte wegen der mangelnden Selbstverträglichkeit des Saflors eingehalten werden, beispielsweise ist die folgende Fruchtfolge möglich: Raps, Saflor, Weizen, Gerste. Durchschnittlich werden bei mineralischer Düngung und eventueller Kalkzugabe Erträge von 2.000 kg/Hektar erzielt. Von der Mistdüngung wird abgeraten, und ein Herbizideinsatz ist in Deutschland nicht zugelassen. Züchtung auf Pilzresistenz wäre angezeigt.

Der krautartige **Mohn** (lat. *Papaver somniferum L. ssp.somniferum*) erreicht eine Wuchshöhe von 70 bis 120 cm, seine mit einer natürlichen Wachsschicht überzogenen Blätter zeigen eine blaue Tönung. Die einzelne Pflanze bildet bis zu fünf rötlich-violette Blüten mit zwei hinfälligen Kelchblättern und vier geknitterten Blütenblättern aus. Der von zahlreichen schwarzen Staubblättern umgebene Fruchtknoten reift zu einer bis walnuß-großen Kapsel, die viele hundert sehr kleine, blaugraue und nierenförmige Samen mit einem Ölgehalt von 40 bis 51 Prozent enthält. Die Pflanzensamen finden Verwendung als Nahrungsmittel und zur Ölgewinnung, wobei der Preßrückstand ein Mastviehfutter darstellt. Das überwiegend aus Linolsäureglyceriden bestehende Öl kann auch in hochwertigen Malerfarben Anwendung finden. Die bis -5 °C spätfrostverträgliche Mohnpflanze besitzt eine Vegetationsdauer von 93 bis 100 Tagen, sie bevorzugt ein warmes, trockenes Klima und kalkreichen, tiefgründigen sowie gut durchlässigen sandigen Lehm- oder Lößlehmboden. Hohe Salzkonzentrationen, starker Wind und zu große Feuchtigkeit wirken sich schädlich auf den Pflanzenwuchs aus. Unbedingt ist eine Anbaupause einzuhalten, zum Beispiel im Wechsel Raps, Mohn, Weizen, Gerste. Der Ertrag bei mineralischer Düngung und Herbizideinsatz liegt bei 2.000 kg/Hektar im Durchschnitt. Spitzenerträge belaufen sich auf bis zu 4.500 kg/Hektar. Die Wirtschaftlichkeit des Wolfsmilchanbaus ist jedoch auch damit noch nicht zu gewährleisten. Züchterisch ist der Ertrag auf über 5.000 kg/Hektar zu steigern. Daneben sollte eine Beschleunigung der Jugendentwicklung zur Reduzierung des Herbizidbedarfes und eine erhöhte Bruchfestigkeit angestrebt werden. Die überwinternden Sorten sind wegen früherer Abreifetermine für Deutschland vorzuziehen.

Auch die verwandte, aus Südspanien stammende **Logosca-Wolfsmilch** (lat. *Euphorbia logosca*), deren Samen vor allem die als Härterbestandteil in der chemischen Industrie sowie als Lack- und Farbgrundstoff begehrte Epoxy-Fettsäure Vernolsäure enthalten, ist bei der Suche nach Entlastungsfeldfrüchten interessant. Allerdings sind intensive Zuchtanstrengungen zur Ertragssteigerung und zur Erhöhung des Vernolsäureanteils notwendig.

Meist zweijährig, teilweise aber auch als einjährige Kulturpflanze tritt der **Fenchel** (lat. *Foeniculum vulgare*) auf. Das Doldengewächs bildet eine tiefgehende, fleischige Pfahlwurzel und im zweiten Wuchsjahr einen oft mehrstengeligen Austrieb aus der üppigen Rosette der Erstjahres-Grundblätter. Der Fenchel erreicht eine Wuchshöhe von 90 bis 200 cm, seine markgefüllten Stengel sind rund, fein gerillt und fein verästelt. Von den länglichen dreieckig bis eiförmigen Laubblättern sind die unteren im Gegensatz zu den aufsitzenden Oberblättern gestielt. Die Blütendolden erreichen einen Durchmesser von 15 cm mit jeweils bis zu 25 Verzweigungen. Aus den zwittrigen, grün-gelben Einzelblüten ohne Hüllblätter entwickeln sich die in mehrere langovale und walzenförmige Teilfrüchte zerfallenden Früchte, die einen Ölgehalt von 10 bis 12 Prozent mit 55 bis 65 prozentigem Petroselinsäureanteil aufweisen und zudem 2 bis 6 Prozent ätherisches Öl enthalten. Das aus dem Mittelmeerraum bis nach West- und Mitteleuropa vorgedrungene Gewächs wurde bereits im Altertum als Gemüse-, Gewürz- und Heilpflanze genutzt und im Mittelalter in Kloster- und Bauerngärten kultiviert. Im Europa des 19. Jahrhunderts – auch in Sachsen, Thüringen, Ostpreußen und Unterfranken – erfolgte ein umfangreicherer Feldanbau aufgrund der Arzneimittelausweitung, der jedoch nach dem Zweiten Weltkrieg eingestellt wurde. Das in der Heilpflanze Fenchel vorhandene ätherische Öl, vor allem das *Anethol,* wirkt gegen Husten und Blähungen sowie als Beruhigungsmittel. Heute ist die Pflanze wegen ihrer Eignung zur Doppelnutzung – neben der pharmazeutischen auch zur Ölgewinnung für die Oleochemie – unter wirtschaftlichen Aspekten ein guter nachwachsender Rohstoff. Durch Züchtung sind jedoch seine Lagerfestigkeit, Frostresistenz und Winterfestigkeit sowie der Fruchtertrag und der Gehalt an Wirksubstanzen (Petrolselinsäure, Anethol) zu verbessern. Derzeit sind Erträge von 8-20 dt/Hektar erreichbar.

Gleichfalls aus der Familie der Doldengewächse stammt die einjährige Kulturpflanze **Koriander** (lat. *Coriandrum sativum L.*) aus dem östlichen Mittelmeerraum. Diese unangenehm nach Wanzen riechende Pflanze ist durch ihren feinstengeligen Wuchs und eine dünne, wenig verzweigte Wurzel gekennzeichnet. Ihr kahler Stengel wird etwa 30 bis 80 cm hoch, er ist fein gerillt und im oberen Teil verästet. Die hellgrünen Laubblätter sind an der Basis langgestielt, sitzen weiter oben jedoch auf. Die Blüten sind in Doppeldolden aus je drei bis sechs kleineren langgestielten Dolden mit Hüllblättern angeordnet, deren Kronblätter gegenüber den kleinen, symmetrischen inneren Blütenblättern zungenförmig vergrößert sind. Eine Fremdbefruchtung ist durch die Vormännlichkeit der Blüten begünstigt. Die sich entwickelnden Früchte sind in frischem Zustand glatt, rundoval bis kugelförmig. Getrocknet färben sie sich beige bis bräunlich grau. Neben 18 bis 22 Prozent fettem Öl mit einem Petroselinsäureanteil von 50 bis 60 Prozent und einem Anteil an Ölsäure von 25 bis 30 Prozent enthalten sie ätherisches Öl. Die wahrscheinlich aus dem östlichen Mittelmeerraum stammende alte Kulturpflanze gelangte wahrscheinlich bereits durch die Römer nach Mitteleuropa, geriet jedoch bis zum 14. Jahrhundert in Vergessenheit. Bis zum Zweiten Weltkrieg erfolgte ein begrenzter Anbau auf den Muschelkalkböden in Thüringen. Als Heilpflanze ist der Koriander nützlich bei der Behandlung von Geschwüren, Entzündungen, Blähungen sowie Magenbeschwerden. Er wirkt appetitanregend und kann bei Atemwegserkrankungen, Rheuma und Gelenkschmerzen helfen. In der Parfümindustrie ist das ätherische Öl ebenfalls von Bedeutung. Seit 1983 finden in Göttingen wieder Anbauversuche in Zusammenarbeit mit einer Pflanzenzuchtfirma statt. Zuchtziele sind vor allem eine Erhöhung der Standfestigkeit sowie der Fruchterträge und des Gehalts an ätherischem und fettem Öl. Auch eine Verringerung des Fruchtschalenanteiles an der Gesamtfrucht ist anzustreben. Koriander wird hier voraussichtlich auf dem Ölsektor noch schlechtere Preise erzielen als im Gewürzbereich. 1989 wurden in Hessen noch versuchsweise 25 Hektar angebaut, in Bayern kleinere Flächen. Der Ertrag liegt mit mäßiger Mineraliendüngung bei etwa 1.500 kg/Hektar Die organische Düngung beispielsweise mit Stallmist sollte zur Vorfrucht erfolgen. Weiterhin wird die Züchtung zur Gewinnung pilz- und bakterienkrankheitsresistenter Pflanzen empfohlen.[7,8]

Aus der Gattung der Rauhblattgewächse stammt der **Beinwell** (lat. *Symphytum officinale*), dessen althochdeutscher Name beinwalla sich von wallen (= zusammenheilen) ableitet. Die bis zu einem Meter hoch wachsende, fleischige und borstig-rauhhaarige ausdauernde Staude ist vom Ansatz an stark verästet. Der Beinwell besitzt eine lange spindelförmige von schwarzem Kork umgebene Pfahlwurzel, trägt lange lanzett- bis eiförmige Blätter und entwickelt schmutzig purpurne, rosa-violette oder auch gelblich-weiße hängende Blüten, die in achselständigen Wickeln angeordnet sind. Standorte der Staude sind vor allem Naß- und Moorwiesen, Auen- und Bruchwälder sowie Gräben und Bachufer. Früher wurde die Heilpflanze auch als Wildgemüse zubereitet. Die Blätter wurden wie Spinat, die Sprosse wie Spargel gegessen. Ihr Rhizom enthält neben Schleim, Saccharose, Inulin, Stärke, ätherischen Ölen und Harzen auch reizmildernde, entzündungswidrige und antibakterielle Gerbstoffe, die man zur Behandlung von Wunden, Quetschungen, Geschwüren, ehemals auch zur Heilung von Beinbrüchen verwendete. Ein kaukasischer Verwandter des Beinwells ist der sogenannte rauhe Beinwell (engl. Comfrey, lat. *S. asperum*). Diese bis 1,5 m hohe, zunächst karminrot, später himmelblau blühende, massenwüchsige Pflanze ist sehr eiweißreich und wird als Grünfutter für Schweine und Ziegen in ganz Europa angebaut. In neuerer Zeit wurde sie jedoch durch eine Kreuzung beider Beinwellarten verdrängt, die besser an die westeuropäischen Wachstumsbedingungen angepaßt ist.[9] Insgesamt sind in Deutschland etwa 60 Heil- und Gewürzpflanzen anbaufähig.

Nach diesem Exkurs auf das Gebiet der Heilkräuter oder Medizinalpflanzen, die mit etwa 5.000 Hektar die Gruppe nachwachsender Rohstoffe mit der kleinsten Anbaufläche darstellen, sind an dieser Stelle mehrere Fasern liefernde Pflanzen vorzustellen. Das in Südspanien und Nordafrika kultivierte **Espartogras** (lat. *Stipa tenacissima, Lygeum spartum*) gehört mit grau-grünen, starren und sich mit zunehmendem Alter noch versteifenden Stengelbüscheln zu den Nadelgrasgewächsen. Die Pflanze wird bis zu einem Meter hoch und erreicht einen Durchmesser von 0,5 bis 3,0 cm. Sie besitzt gegenüber den meisten Faserpflanzen einen erhöhten Zellulosegehalt und einheitliche runde Faserzellen mit einer Länge von 0,5 bis 3,5 mm. Während L.spartum vor allem auf steinigen Böden wächst, kann Stipa tenicissima auf sandigem Boden in trockenen küstennahen Regionen gefunden werden. Der Ertrag pro Hektar und Jahr beträgt etwa eine Tonne (Höbäus, 1988). Die starken und flexiblen sowie feuchtigkeitsabweisenden Fasern sind zur Herstellung von Körben, Sandalen, Schnüren, Matten und zur Papierherstellung (in Argentinien Banknotenpapier) geeignet.

Phormium, oder auch Neuseelandfaser genannt, wird in Südafrika und -amerika mit einem jährlichen Hektarertrag von 2.000 kg bei einem Einzelpflanzenabstand von einem Meter angebaut. Derzeit wird die mechanisch aus den Blattspreiten der Blätter gewonnene Faser zu Sackleinen oder Zwirn verarbeitet. Aufgrund der hohen Faserlänge und deren großer Zugbeständigkeit wird derzeit der Einsatz in der Papierherstellung erwogen. Auch ein 8 bis 10 prozentiger Zusatz in Zement ist eine mögliche Verwendungsform.[10]

Wegen ihrer Verwandtschaft zur heimischen Nessel soll hier auch auf die Ramiefasern liefernde **Chinesische Nessel** (lat. *Boehmeria nivea*) eingegangen werden. Die aus China stammende, in Ostasien bereits vor der Baumwolle kultivierte Faserpflanze wurde erst im 18. Jahrhundert in Europa bekannt und dann bald weltweit angebaut. Aus dem Wurzelstock der Ramiepflanze wachsen bis zu zwei Meter hohe, kaum verzweigte Sprosse die wechselständig herzförmige, an der Unterseite weiß oder grün behaarte Blätter tragen. Die blattachselständigen einhäusigen, in Rispen angeordneten Blüten werden windbestäubt. Die aus den bis zu sechsmal jährlich schneidbaren Stengeln zu gewinnenden Fasern zeigen leinenähnliche Eigenschaften und dienen zur Herstellung von Bett-, Leib- und Küchenwäsche, von Plüsch, Filter- sowie Segeltuch, Banknotenpapier und Feuerwehrschläuchen. Hauptproduktionsgebiete der nährstoffreichen guten Boden und hohe Niederschläge verlangenden Pflanze sind China, Brasilien, Japan, Philippinen, Taiwan, Kambodscha und Korea.[11]

Die Beschreibung der in Zukunft möglicherweise an Bedeutung gewinnenden, bislang jedoch von Rückschlägen heimgesuchten Abteilung der zu Energiegewinnungszwecken kultivierten Holz und Biomasse liefernden Pflanzen und Baumarten soll diese Betrachtung abschließen. Erstmals beteiligte sich mit der Veba AG ein großer deutscher Energiekonzern an einem Projekt der Miscanthus-Forschung in Bezug auf dessen Verwendbarkeit als nachwachsender Rohstoff. Dieses sogenannte **Chinaschilf** (lat. *Miscanthus sinensis Giganteus*) ist eine etwa zehnjährige (auch 15 bis 20 Jahre wachsende) Faserpflanze mit einem Fasergehalt von etwa 60 Prozent in der Stengeltrockensubstanz. Da Miscanthus aufgrund der niederen Temperaturen in Nordeuropa keine Samen bildet, erfolgt der Anbau hauptsächlich mittels Rhizomen (Wurzelstöcken). Der auch als Elefantengras bezeichnete Hoffnungsträger der Biomasse-Forschung gehört zu den sogenannten C_4-Pflanzen. Als Standort geeignet sind mittelschwere, humose, belüftete Böden mit gutem Wasserhaltevermögen, jedoch ohne Neigung zu stauender Nässe. Der Düngemittelbedarf ist gering, da sich die Pflanze durch den Blattabwurf ab dem dritten Wuchsjahr eine ausreichende Versorgung mit Stickstoff selbst gewährleistet. Auch der nur im ersten Jahr als notwendig erachtete, geringe Herbizideinsatz spricht für die Eignung des Chinaschilfes für eine extensive Landwirtschaft. Stagniert die Biomasseproduktion, wird der verbrauchte Wurzelstock durch die schonende Fraising-Methode (Gefrieren des Rhizoms im Winter) oder durch chemische Behandlung entfernt. Der über zehn Jahre gemittelte Jahreshektarertrag liegt trotz Biomasseverlust durch Windbruch und Blattabfall vor der im Februar bis April durchgeführten Ernte derzeit bei 16 t. 1994 lief das bereits eingangs erwähnte Demo-Projekt zur Miscanthuserzeugung aus, wobei die hohen Erwartungen an die Pflanze nicht völlig erfüllt wurden. Vor allem die bedeutenderen Anpflanzkosten und die durch das reihenungebundene Wachstum des Elefantengrases erschwerte Ernte stellen noch ungelöste Probleme dar. Erst kürzlich wurde der Einsatz von Zuckerrohrerntern zur Chinaschilfernte empfohlen. Neben der Energiegewinnung aus der ganzen Pflanze können die Fasern Verwendung in Baustoffen und Verpackungen finden. Ebenfalls bei der Veba AG wurde 1992 ein Verfahren zum Miscanthus-Zellstoffaufschluß mittels 85 prozentiger Essigsäure, der 5 bis 10 Prozent Ameisensäure zugesetzt werden, entwickelt. Die Zellstoffeigenschaften sind in Festigkeit und Reinheit gegenüber dem Soda- sowie dem Acetosolvverfahren verbessert. Abwasserbelastungen werden stark eingeschränkt. Miscanthus besitzt den geringsten Aschegehalt von allen bislang untersuchten Gräsern, was eine maschinenschonende Verarbeitung ermöglicht, zudem sind hier besonders hohe Zellstoffausbeuten erzielbar.

Zur Biomassegewinnung als alternativer Brennstoff dienen seit altersher vor allem auch Baum- und Strauchpflanzen; damit ist aber die breite Palette der Verwendungsmöglichkeiten nicht abgeschlossen. So besaßen die **Weiden** (lat. *Salix*) bereits bei den Ägyptern eine starke wirtschaftliche Bedeutung zur Gewinnung von Flechtruten. Weidengeflochtene Schaufeln wurden zur Getreideumlagerung genutzt, den Römern und Germanen dienten mit Weidengeflecht verstärkte Schutzschilde zur Abwehr von Wurfgeschossen. Das Gewächs selbst war von Nutzen bei der Befestigung von Flußufern, die Stein- und Dotterweiden wurden als Bindemittel in den Weinbergen verwendet. Die formenreiche Gattung der Weidengewächse ist mit über 300 Arten vorwiegend in der nördlich gemäßigten Zone beheimatet. Die Vielfalt reicht von kriechenden Zwergsträuchern vor allem in der Arktis und den Alpen bis zu hohen Bäumen mit lanzettförmigen bis elliptischen Blättern. Die diözischen Weiden bilden blattachselständige, in Kätzchen angeordnete Blüten aus, die mit zwei Honigschuppen an der Blütenbasis die erste Bienennahrung bilden und hauptsächlich durch Insekten bestäubt werden. In der Reifezeit bilden sich zweiklappige aufspringende Kapseln, die haarschopftragende Samen verstreuen. Die Vermehrung der raschwüchsigen Pionierholzart ist leicht durch Stecklinge zu erreichen. Neben der beschriebenen Verwendung der Ruten von Hanf- und Korbweiden (*Salix viminalis* und *Salix rigida*) als Flechtmaterial ist das weiße, sehr leichte, biegsame und grobfaserige Holz zur Herstellung von Holzschuhen, Schachteln, Kisten, und Papierzellstoff geeignet. Für die Biomasseproduktion werden die Weiden in Schnellwuchsplantagen im Kurzumtrieb kultiviert. Als Heilmittel besitzt der Weidenblättertee gegen Kopfschmerzen Bedeutung. Aus der Rinde wurde die stark desinfizierende und temperaturssenkende Salicylsäure gewonnen, bevor deren chemische Synthese möglich wurde. Ebenfalls in der Rinde vorhandene Gerbstoffe wurden zur Lederaufbereitung gebraucht.[12]

Aus der Gattung der Weidengewächse sollen die **Pappeln** gesondert besprochen werden, die mit etwa hundert sehr formenreichen Arten vor allem in der nördlichen gemäßigten Zone beheimatet sind. Die in hängenden Kätzchen angeordneten Blüten dieser zweihäusigen sommergrünen, rundlich ei- oder lanzettfömige Blätter tragenden Pionierpflanzen, die den Hauptbestandteil von Auwaldgesellschaften bilden, werden vor allem windbestäubt. Als nachwachsender Rohstoff sind vor allem die Kanadapappel, deren Hybride auch in Europa kultiviert werden können, und die in Mitteleuropa heimische Silberpappel geeignet. Beide Pappelarten werden nur bis zu einem halben Meter hoch. Bei plantagenähnlicher Bewirtschaftung mit einer Umtriebszeit von 25 Jahren ergeben Spitzensorten auf frischen nährstoffreichen Auenböden einen jährlichen Volumenzuwachs von durchschnittlich 26 m^3/Hektar. Der Jahreseinschlag beträgt etwa 300.000 m^2. Das Holz beider Arten ist sehr weich, die Kanadapappel liefert gegenüber der Silberpappel einen langfaserigeren und leichter spaltbaren Werkstoff. So eignet sich zur Papier- und Möbelherstellung eher das Kanadapappelholz, während die Silberpappel einen guten Rohstoff für die Zellwolle-, Kunstseide- und Holzzuckerproduktion liefert. Daneben dienen beide Holzsorten als Blind- und Werkholz.[13]

ANMERKUNGEN

Kapitel 2 – Hanf

(1) Schwerz, J.N.: *Anbau des Hanfes im Nieder-Elsaß 1816*; Berater des Präfekten Lezay-Marnesia Straßburg

(2) Schadt/Kunkelmann: *Der Hanfanbau in Legelshurst und im Hanauerland*; in: *700 Jahre Legelshurst – Berichte und Bilder aus seiner Geschichte*; Ortsverwaltung Legelshurst 1994

(3) Low, I.: *The UK Hemp Projekt*; Symposium Biorohstoff März 1995 Frankfurt/M.

(4) Bockey, D.: *Perspektiven des Hanfanbaus in Deutschland aus der Sicht des deutschen Bauernverbandes*; Symposium Biorohstoff März 1995 Frankfurt/M.

(5) Schinkel, W.: *Biorohstoff Hanf: Eine Drogenpflanze macht Karriere*; Wissenschaftspressekonferenz am 9.5.1995 in Bonn und Pressemitteilung des Bundesinstitut für Arzneimittel und Medizinprodukte vom 27.6.1995, Berlin

(6) N.N.: *Extensiv ist Hanf nur bis zur Ernte*; in: DLG-Mitteilungen 7/1995, S. 7

(7) Eric Schweizer Samen AG: *Pflanzenbau* 1995; Thun

(8) Pittet, O: *Hanfanbaupraxis in der Schweiz: Rahmenbedingungen und Erntetechniken*; Symposium Biorohstoff März 1995 Frankfurt/M.

(9) persönliche Mitteilung Herr Dr. Frerichs; Fa. Claas, Harsewinkel

(10) Kozlowski; R.: *Zucht, Anbau und Anwendungen von Hanf in Polen*; Symposium Biorohstoff März 1995 Frankfurt/M.

(11) Goloborodko, P.: *Hanfforschung und -anbau in der Ukraine – Statusreport der ukrainischen Hanfindustrie*; Symposium Biorohstoff März 1995 Frankfurt/M.

(12) Lemeshev / Rumyantseva / Clarke: *Maintenance of Cannabis germplasm in the Vavilov Research Institute Gene Bank 1993*; in: Journal of the International Hemp Association (IHA) Vol.1/No.1 1994

(13) Wang, H.: *Hanf – Forschung, Entwicklung und Konzepte in China;* Symposium Biorohstoff März 1995 Frankfurt/M.

(14) Lisson, S.: *Hanfforschung in Australien*; Symposium Biorohstoff März 1995 Frankfurt/M.

(15) Reichert, G.: *Der Status von Industriehanf in Kanada*; Symposium Biorohstoff März 1995 Frankfurt/M.

(16) Franke, W.: *Nutzpflanzenkunde*; 4.Auflage Thieme Verlag Stuttgart 1992

(17) Bundesforschungsanstalt für Landwirtschaft: *Zur Situation der Agrarpflanze Hanf in Deutschland;* Braunschweig-Völkenrode 1995

(18) Katalyse-Institut: *Parasitäre Krankheiten und Schädlinge am Hanf (Cannabis sativa);* mit einem Vorwort von Prof. F. Schönbeck, Köln Juli 1995

(19) Marquart, B.: *Der Hanfbau*;Paul Parey Verlag Berlin 1919

(20) Höppner, F.: *Zur Situation der Agrarpflanze Hanf in Deutschland und Anbauversuche zur Stickstoffdüngung und Bestandesdichte von Faserhanf;* Landbauforschung Völkenrode 44, Heft 4 S. 314-324, 1994

(21) Nebel, K.: *Neue Wege in der Hanfverarbeitung*; Symposium Biorohstoff Hanf Frankfurt/Main 2 - 5.3.1995

(22) Zimmer, H.: *Ultraschallaufschluß von Hanf;* Symposium Biorohstoff Hanf Frankfurt/Main 2 - 5.3.1995

(23) Karus, M.: *Hanf – Ökorohstoff mit Zukunft?*; Symposium Biorohstoff Hanf, Frankfurt/Main 2 - 5.3.1995

(24) vgl. Bennauer, U. / Dyckhoff, H.: a.a.O., S. 5.

(25) vgl. Bennauer, U. / Dyckhoff, H.: a.a.O., S. 5.

(26) Friedrich, M.: *Öko-Textilien – Plastik statt Wolle? –.* In: Greeenpeace-Magazin (1995), Nr.1, Dezember - Februar, S. 48, 49.

(27) Stickland, D.: *Suitability of hemp for ecological agriculture.* nova-Institut (Veranst.): Biorohstoff Hanf, Frankfurt/M. 2. März bis 5. März 1995

(28) Müssig, J.: *Möglichkeiten der Substitution von Chemiefasern durch Naturfasern in technischen Produkten.* Duisburg, Gerhard Mercator Universität-Gesamthochschule-Duisburg, Maschinenbau u. Werkstofftechnik, Diplomarbeit, SS 1995, S. 1.

(29) Saathoff, F. u.a.: *Entwicklung und Anwendbarkeit von Flachsfasern als geotextile Vlies- und Verbundstoffe für den Erd- und Wasserbau.* BML (Veranst.): Statusseminar Flachs, Leipzig, 15. und 16. November 1993. Bonn: 1994, S. 208 u. S. 209.

(30) Schuppener, B.: *Standsicherheit bei durchwurzelten Uferböschungen.* In: Binnenschiffahrt ZfB (1993), Nr. 9, Mai, Seite 18 bis 23.

(31) Saathoff, F. u.a.: a.a.O., S. 208 u. S. 209.

(32) *Vliese* sind textile *Flächengefüge* aus geschichteten lagestabilen Fasern, die durch ein *Vinkulat* (Leime, Kleber, Harze, Thermoplaste, die aus den Fasern herausgelösten, als Kleber verwendbare Faserbestandteile, durchnähte Fadensysteme, durchwirkte Fadensysteme und Flächengebilde) *verfestigt* sind. Vgl. Schnegelsberg, Günter: *Systematik der Textilien.* verbesserter, fotomechanisch vervielfältigter Nachdruck der 1. Auflage. München: Wilhelm Goldmann Verlag, 1971 (Das Wissenschaftliche Taschenbuch, Abteilung Technik), S. 114 u. S. 115.

(33) Unter dem Begriff *Filz* werden alle textilen *Flächengefüge*, die durch *Faserverschlingungen verfestigt* sind, zusammengefaßt. Vgl. Schnegelsberg, Günter: *Systematik der Textilien.* a.a.O., S. 117.

(34) Ein *Faserbündel* ist ein aus *Bündelfasern (Einzelfasern)* zusammengesetztes Faserkollektiv. Die einzelnen Bündelfasern sind miteinander verklebt und verkittet, und lassen sich durch biologische, chemische oder mechanische Verfahren aus dem Faserbündel bis zur Einzelfaser auflösen. Beim Hanf werden primäre und sekundäre Faserbündel unterschieden. Vgl. Schnegelsberg, Günter: *Faserlexikon.* Nettetal: Mai 1995 – unveröffentlichtes Manuskript, S. 37.

(35) Saathoff, F. u.a.: a.a.O., S. 208.

(36) 1993 wurden basierend auf Tierversuchen anorganische staubförmige Kurzfasern in der MAK-Liste (Maximale Arbeitsplatz Konzentration) neu eingestuft. Die Einstufung der Glas- und Schlackenfasern erfolgte in die Gruppe „als ob III A2“, was soviel bedeutet wie

„eindeutig krebserregend im Tierversuch bei direkter Applikation der Fasern in das Zielorgan". Vgl. Boeckh, M.: *Neue Dämmwolle bleibt umstritten.* In: VDI nachrichten Nr. 4 (1995-01-27) Seite 14.

(37) Steiner, B.: *Hanffasern als Isoliermaterial.*: Biorohstoff Hanf, Frankfurt/M. 2. März bis 5. März 1995. Flintsbach: BEST, ISO FLAX, 1995, S. 8 u. S. 9 – zugesandtes Vortragsmanuskript

(38) Ringleb, A.: *Entwicklung der Umsatzzahlen im Bereich der Dämmstoffe:* Telefonat mit Frau Ringleb. 13. Juli 1995 (Landtechnik Weihenstephan/Landtechnischer Verein in Bayern e.V.).

(39) Ringleb, A./Kavoliuniene D. u.a.: *Neue Dämmstoffe aus organischen Materialien.* ISES, DGS: Internationale Tagung zur Nutzung von Solarenergie (Stuttgart Juli 1994), S. 1. (Landtechnik Weihenstephan/ Landtechnischer Verein in Bayern e.V.).

(40) Fachagentur Nachwachsende Rohstoffe e.V.: *Vom Bundesministerium für Ernährung, Landwirtschaft und Forsten im Jahr 1994 im Bereich „Nachwachsende Rohstoffe" geförderte Projekte (nach Produktlinien).* Gülzow: FNR e.V., 1994 – Informationsschrift der FNR e.V. Stand: 20.10.1994, S. 5.

(41) vgl. Müssig, J.: a.a.O., S. 81-84 u. S.119-128.

(42) Höppner, Frank: *Ergebnisse der Hanfanbauversuche 1992 – 1994.*: Biorohstoff Hanf, Frankfurt/M. 2. März bis 5. März 1995. Köln: nova-Institut, 1995, S. 317.

(43) Gernhardt / Kudlinski / Nagel / Schubert / Vogel: *Ökologische Produktion, Verwendung und Vermarktung von Dämmstoffen auf der Basis von Hanf:* EPS Bonn 1995

(44) Wichtig ist dabei, daß bei der Verarbeitung ein Teil der cis-verknüpften Doppelbindungen nicht in die trans-Form umgewandelt wird, damit der Körper daraus die notwendigen Botenstoffe produzieren kann, die aus der stabilen trans-Form nicht mehr herstellbar sind.

(45) Als weiterführende Literatur sei empfohlen:
Grinspoon/Bakalar: *Marihuana – die verbotene Medizin*; Verlag Zweitausendeins. Frankfurt/Main, 1994.
Rätsch, C.: *Hanf als Heilmittel*; Verlag der Grüne Zweig, Löhrbach 1992.

(46) Als weiterführende Literatur sei empfohlen:
Behr, H.-G.: *Von Hanf ist die Rede*; Verlag Zweitausendeins. Frankfurt/Main, 1994.
Grow Marijuana Magazin Nr. 1/95; Darmstadt, erscheint vierteljährlich.

Kapitel 3 – Flachs

(0) vgl. zum Folgenden u. a.: Birkigt-Quentin / Busse / Schäfer: *Flachs und Leinen zwischen Leine und Weser*, Adelebsen/ Uslar 1995

(1) Pattis, P.: *Die Märkte für Textilien. Typische langfristige Entwicklungstendenzen als Grundlage für Prognosen*, Dissertation, St. Gallen, Zürich 1969

(2) Hallmann, K.: *Analyse des Marktes für Faserlein*; Diplomarbeit Institut für Agrarpolitik und Marktlehre Kiel, Juni 1990

(3) Bickert/Friedt: *Lein - ein wertvoller Rohstoff für die Industrie*; in: Handbuch Nachwachsende Rohstoffe der Fachagentur, Gülzow 1994

(4) Borchert, J.: *Nachwachsende Rohstoffe - Was ist politisch machbar?*; 2. Class-Symposium 21.9.94, Harsewinkel

(5) Mutz, W.: *Im festen Griff der Schwinger*; in: DLG-Mitteilungen 101 (24) 1986, S. 1310 ff.

(6) Agrar-Europe 9/95; Meinung S. 19 vom 27.2.1995

(7) Krmela/Patek/Vicenec: *Manufacture of blended yarns using cottonized flax and properties of woven fabrics made there of*; Beitrag des Forschungsinstitut für Bastfasern Sumperk/Ungarn während der FAO-Konferenz, Bonn 1993

(8) Kromer/Heyland: *Züchtung von zur Kurzfasergewinnung geeigneten Leinsorten unter Berücksichtigung technischer Stoffeigenschaften*; in: Statusseminar Flachs 15/16.11.1993 Leipzig

(9) Dachler/Wissa: *Flachsanbau und Flachsverwertung in Österreich*; Ökl, Wien; Landtechn. Schriftenreihe Nr. 169/1990

(10) Dernedde, W.: *Erträge und Qualität von Flachsfasern*; Institut für Technologie - Bundesforschungsanstalt für Landwirtschaft, Braunschweig 1994

(11) Dachler / Wissa: *Flachsanbau und Flachsverwertung in Österreich*; Ökl Wien; Landtechn. Schriftenreihe Nr. 169/1990

(12) Hansen, H.: *Faserlein, Verfahren der Ernte und Aufbereitung*; Pressemappe S. 30 f. Fachagentur Nachwachsende Rohstoffe, Gülzow 1995

(13) Isensee/Ohls/Heinemann: *Die Standröste - Ein universelles Verfahren zur risikoarmen Flachsernte*; Universität Kiel; in: Statusseminar Flachs 15/16.11.1993 Leipzig

(14) Isensee/Ohls: *Die Standröste von Flachs senkt Risiko und Kosten*; in: Landtechnik 48 (8/9) S. 424-426, 1993

(15) Drach/Barth: *Der Ultraschall-Aufschluß von Flachsstroh - Eine Alternative zur Röste*; in: Statusseminar Flachs 15/16.Nov. 1993 Leipzig

(16) Gschoßmann, J.: *Vom Feldflachsbrecher über das Separieren zur Flachsfaserfeinauflösung*; Bahmer GmbH; in: Statusseminar Flachs 15/16.11.1993 Leipzig

(17) Weigelt, H.: *Ernte und Verwertung von Flachs als kurze Wirrfaser*; Claas OHG; in: Statusseminar Flachs 15/16.11.1993 Leipzig

(18) Weigelt, H.: *Ernte und Verwertung von Flachs als kurze Wirrfaser*; Claas OHG; in: Statusseminar Flachs 15/16.11.1993 Leipzig

(19) Konijnenberg, B.: *Die Dampfdrucktechnologie zum Aufschluß von Flachskurzfasern;* in: Statusseminar Flachs 15/16.Nov. 1993 Leipzig

(20) Höck, F.: *Verfahren zur mechanischen Flachsaufbereitung* und Institut für angewandte Forschung (IAF): *Methodik zur Optimierung der mechanischen Flachsfaseraufbereitung*; in: Statusseminar Flachs 15/16.Nov. 1993 Leipzig

(21) Fachbericht der Temafa Maschinenbau zur Kotonisierung; Bergisch-Gladbach 1993

(22) Franke, W.: *Nutzpflanzenkunde*; 4. Auflage Thieme Verlag Stuttgart 1992

(23) Gleich von A.: *Flachsanbau und Leinenverarbeitung*; Diskussionspapier Nr. 6, Eures-Institut, Freiburg 1990, S. 12 und Böckler, W.: *Der Flachsanbau in Deutschland,* 1937 Berlin

(24) Artzt, P.: *Möglichkeiten der Erweiterung der Garnpalette für trockengesponnene Flachsgarne;* in: Statusseminar Flachs; 15/16.11.1993 Leipzig

(25) Schwalen, N.: *Objektive Qualitätskriterien*; in: Landtechnik 46 (7-8) S. 397, 1991

(26) vgl. Steiner, B.: a.a.O., S. 5.

(27) Die Reißlänge ist ein Maß für die spezifische Festigkeit. Die R. ist diejenige Länge einer Faser oder eines Fadens, deren Gewicht zum Reißen der Faser oder des Fadens führt. Die R. wird berechnet aus dem Produkt von Feinheit und der Reißkraft. Vgl. Koch, P.-A./Satlow, G.: *Gro-*

ßes Textil-Lexikon. Bd. 2, Stuttgart: Deutsche Verlagsanstalt GmbH, 1966, S. 240 „Reißlänge".

(28) Das Kürzel E steht für elektrisch, da diese Faserart ursprünglich für den elektrischen Einsatz entwickelt wurde. Infolge des sehr günstigen Preises wird sie sehr häufig verwendet. Vgl. Michaeli, W. u.a.: *Einführung in die Technologie der Faserverbundwerkstoffe.* München, Wien: Carl Hanser Verlag München Wien, 1990.

(29) Herrmann, A. S.: *Bio-Verbundwerkstoffe - nach dem Gebrauch auf den Kompost.* Internationales CLAAS-Symposium, Harsewinkel 21. September 1994.

(30) Fölster, T.: *Einsatz von Naturmaterialien in technischen Produkten.* Internationales CLAAS-Symposium, Harsewinkel 21. September 1994.

(31) Mieck, K.-P./Nechwatal, A./Knobelsdorf, C.: *Eigenschaften und Oberflächenmodifizierung von Flachsfasern für Verbundwerkstoffe.* BML (Veranst.): Flachs (2. Statusseminar Flachs) (Messe Leipzig 15. und 16. November 1993). Bonn: BML, 1993, S. 276.

(32) Thermoplaste sind vollsynthetisch oder durch Umwandlung hochmolekularer Naturprodukte hergestellte organisch-chemische Werkstoffe, die bei Erwärmung erweichen. Sie lassen sich warmverformen und werden beim Abkühlvorgang unter Beibehaltung der Form wieder fest. Vgl. Schröter, W./Lautenschläger, K.-H./Bibrack, H.: *Chemie (Fakten und Gesetze).* 11. Auflage. Köln: Buch- und Zeit-Verlagsgesellschaft mbH, 1979, S. 368-369.

(33) vgl. Fölster, T.: *Einsatz von Naturmaterialien in technischen Produkten.* a.a.O., S. 1 - 6.

(34) Fölster, T.: *Einsatz von Naturmaterialien in technischen Anwendungen*; Daimler-Benz AG, 2. Claas Symposium 21.9.1994, Harsewinkel und *Entwicklung eines Verfahrens zur Herstellung faserverstärkter Thermoplaste*; in: Statusseminar Flachs 15/16.11.93 Leipzig

(35) Daimler Benz AG: *Mit der Natur im Bunde*; in: High Tech Report Daimer Benz 2/1995

(36) Bei der Herstellung dieser textilen *Flächengefüge* werden z. B Faserflore (durch mechanisches Ordnen entstandene Faserkollektive aus Stapelfasern) durch *Faserverschlingungen* zum *Filz verfestigt*. Die Faserverschlingungen werden durch wechselndes Einstechen in bzw. Ausziehen aus dem Faserflor von Nadeln mit Widerhaken gebildet. Vgl. Schnegelsberg, Günter: *Systematik der Textilien.* a.a.O., S. 117-119 u. S. 190-193.

(37) Diese Bezeichnung wird gewählt, da beim Schreddern der nadelfilzverstärkten Thermoplaste eine Einkürzung der Faserbündel stattfindet. Somit kann das entstehende Granulat nur zu minderwertigeren Produkten weiterverwendet werden und nicht erneut im Kreislauf als gleichwertiger nadelfilzverstärkter Thermoplast eingesetzt werden.

(38) vgl. Fölster, T.: *Einsatz von Naturmaterialien in technischen Produkten.* a.a.O., S. 4.

(39) Michaeli, W./Höck, P./Kocker, K.: *Einsatzmöglichkeiten von Flachsfasern in Kunststoffen.* BML : Flachs (2. Statusseminar Flachs) (Messe Leipzig 15. und 16. November 1993). Bonn: BML, 1993, S. 316.

(40) vgl. Herrmann, A. S.: *Bio-Verbundwerkstoffe - nach dem Gebrauch auf den Kompost.* a.a.O., S. 1-11.

(41) Volkswagen AG: *Einsatz nachwachsender Rohstoffe in der Fahrzeugausstattung*; Infoblatt, Wolfsburg April 1995

(42) Hensel, K.-H.: *Industrieller Einsatz von Hanf;* Symposium Biorohstoff Hanf, Frankfurt/Main 2 - 5.3.1995

(43) Drach/Hensel: *Flachs für Reibebeläge - Die Veredelung eines nachwachsenden Rohstoffes;* in: Statusbericht Flachs 15/ 16.11.1993 Leipzig

(44) Fetzer, H.: *Bisherige Erfahrungen beim Einsatz von Flachsfasern als Asbestersatz, insbesondere im Hitzeschutz*; in Statusbericht Flachs 15./16.11.93 Leipzig

(45) Urbahn, D.: *Der Einsatz von Flachs bei der Herstellung von Mehrwegtransportsystemen*; in: Statusbericht Flachs 15/ 16.11.1993 Leipzig

(46) Bartl/Arnold/Hufnagl: *Grundlegende Untersuchungen zum Einsatz gitterartiger Gewirke aus Garnen mechanisch aufgeschlossener Flachsfasern als Bewehrung von Leichtbeton-, Porenbeton- und Gipselementen*; in: Statusbericht Flachs 15/16.11.1993 Leipzig

(47) Holstein Flachs: *Ökologische Dämmstoffe aus Flachsfasern;* in: Statusbericht Flachs 15/16.11.1993 Leipzig

(48) Fiehn/Ritter: *Aufschlußverfahren für Flachsfaserstoffe und Verarbeitungseigenschaften beim Einsatz als Faserrohstoff in der Papierindustrie*; in: Statusbericht Flachs 15/ 16.11.1993 Leipzig

(49) Fiehn/Ritter: *Aufschlußverfahren für Flachsfaserstoff und Verarbeitungseigenschaften beim Einsatz als Faserrohstoff in der Papierindustrie*; in: Statusseminar Flachs 15./ 16.11.1993 Leipzig

(50) Thiel, R.: *Abschlußbericht über die Untersuchung verschiedener Flachsarten auf ihre Eignung als Papier- und Chemierohstoffe*; Organocell München 1990

(51) Pachniewski/Putz/Göttsching: *Flachsfaseraufbereitung für die Papierherstellung*; Abschlußbericht, Institut für Papierfabrikation, TH Darmstadt 1992

(52) Kolb/Eppel: *Einsatz von Naturfaservliesen aus Flachsreststoffen als Mulchstoff bei Pflanzungen in der freien Landschaft;* Zwischenbericht zum Forschungsvorhaben Nr. N/94/8 LWG Veitshöchheim 1994

(53) Fölster, T.: *Entwicklung eines Verfahrens zur Herstellung flachsfaserverstärkter Thermoplaste*; in: Statusbericht Flachs 15/ 16.11.1995 Leipzig

(54) Rexroth, E.: *Erfahrungsbericht aus Sachsen: Flachsernte und -verarbeitung im Praxistest*; Neue Landwirtschaft Nr. 12, S. 28, 1993

Literaturhinweise zu Kapitel 4, 5 – Nessel und Kenaf

Arbeitsgemeinschaft Nachwachsende Rohstoffe bei der Verbindungsstelle Landwirtschaft-Industrie e.V. (Hrsg.), 1986: *Nachwachsende Rohstoffe – Holz und Stroh, Natürliche Öle und Fette, Alkohole für Kraftstoffe.* Bochum: Verlag J. Kordt, 1986.

Batra, S. K., 1985: *Other long vegetable fibers*, in: Handbook of fiber science and technology, North Carolina State University, Raleigh, 1985.

Bocksch, M., 1989: *Heilpflanzen: Kennzeichen, Heilwirkung, Anwendung*. München/ Wien/Zürich: BLV, 1989, S.67-67.

Bredemann, G., 1959: *Die Große Brennessel Urtica dioica L.. Forschungen über ihren Anbau zur Fasergewinnung*. Berlin: Akademie-Verlag, 1959.

Der Bundesminister für Forschung und Technologie (Hrsg.), 1991: *Nachwachsende Rohstoffe – Konzept zur Forschungsförderung 1990-1995*. Bonn: Magdeburger Verlags- und Druckhaus GmbH & Co. KG, 1991.

Dödtmann, G./ Hantschel, R., 1983: *Textil – Ein Lehrbuch für das Berufsgrundbildungsjahr Textiltechnik und Bekleidung*. Köln: H. Stam GmbH, 1983.

Drapper, H., 1966: *Zur Stoffproduktivität*

der Großen Brennessel (Urtica dioica L.) an einem Ruderalstandort. Berlin: Bot.Verein Prov. Brandenburg,1966, S.54-61.

Dreyer, J. 1994: *Inkulturnahme und quantitative Sortendifferenzierung ausgewählter Klone der Zuchtfasernessel Urtica dioica L. (Große Brennessel) unter besonderer Beachtung des Fasergehaltes.* Diplomarbeit im Fachbereich Biologie der Universität Hamburg.

Ellenberg, H./ Düll, R./ Wirth, V./ Werner, W./ Paulißen, D., 1991: *Zeigerwerte von Pflanzen in Mitteleuropa.* Göttingen: E. Goltze KG, 1991.

Elster, Joh., 1920: *Referat über die Erfahrungen in der Gewinnung der Brennesselfaser u. ihre Spinnbarkeit.* Adorf i. Vogtl.: Geilsdorf, 1920.

Forschungszentrum Jülich GmbH (Hrsg.), 1991: *Flachs – Ein Nachwachsender Rohstoff.* Linnich: Weka-Druck, 1991.

Gravis, A., 1885: *Recherches anatomiques sur les organes végétatifs de l´Urtica dioica L.* Bruxelles: Librairie médicale & scientifique de A. Manceaux,1885.

Grothe, H./ Bouché, C. B., 1884: *Ramie, Rheea, Chinagras und Nesselfaser*. 2.Aufl., Berlin: Springer, 1884.

Hegnauer, R./ Hegnauer, M., 1992: *Chemotaxonomie der Pflanzen – Eine Übersicht über die Verbreitung und die systematische Bedeutung der Pflanzenstoffe.* Basel/Boston/ Berlin: Birkhäuser, 1992, S. 631-632, 634-635, 715, 717.

Herzog, A., 1955: *Mikrophotographischer Atlas der technisch wichtigen Pflanzenfasern*. Berlin: Akademie-Verlag, 1955, S. 344-348.

Hofer, A., 1992: *Stoffe*. 7. Aufl., Frankfurt a.M.: Dt. Fachverlag, 1992.

Illies, Z. M., 1948: *Untersuchungen über die Auslesemöglichkeit faserreicher Kreuzungsnachkommen auf mikroskopischem Wege bei züchterischen Arbeiten mit Bastfaserpflanzen*. Hamburg: 1947 [masch.] (zugl. Diss. rer. nat. Univ. Hamburg 1947).

Kolumbe, E., 1935: *Urticaceae*, in: Kirchner, O. von / Loew, E. / Wangerin, W. / Schröter, C. (Hrsg.): Blütenpflanzen Mitteleuropas. Stuttgart: Ulmer, 1935, S. 909-941.

Kordsachia, O./ Patt, R., 1988: *Full Bleaching of ASAM-Pulps without Chlorine Compound*, in: Holzforschung, 45, S. 203-209.

Luniak, B., 1949: *Die Unterscheidung der Textilfasern – Qualitative und quantitative Analyse von Faserstoff-Mischungen*, in: Honegger, E.(Hrsg.): Mitteilungen aus dem Institut für Textilmaschinenbau und Textilindustrie. 2. Aufl., Zürich: Leemann, 1949.

Mansfeld, R., 1986: *Verzeichnis landwirtschaftlicher und gärtnerischer Kulturpflanzen* (ohne Zierpflanzen). 2. Aufl., Berlin: Akademie-Verlag, 1986.

Metcalfe, C. R./ Chalk, L. u.a., 1950: *Anatomy of the Dicotyledons – Leaves, stem, and wood in relation to taxonomy with notes on economic uses.* Oxford: The Clarendon Press,1950.

Niedersächsisches Ministerium für Ernährung, Landwirtschaft und Forsten (Hrsg.), 1993: *Modellvorhaben zur Förderung des Anbaus und der Verwertung nachwachsender Rohstoffe*. Hannover: 1993.

Schütt, P., 1972: *Weltwirtschaftspflanzen*. Hamburg/Berlin: Parey, 1972.

Tobler, Fr./ Bredemann, G., 1928: *Der Flachs als Faser- und Ölpflanze*. Berlin: Springer, 1928.

Tobler-Wolff, Fr. u. G., 1938: *Mikroskopische Untersuchungen pflanzlicher Faserstoffe*. 2. Aufl., Leipzig: Hirzel, 1951.

Landwirtschaftliche Beratungszentrale: *Anbau und Verwertung von Kenaf*; CH-8315 Lindau (LBL); 1. Auflage 1994 und Selbstdarstellung der Terbatec AG, Bischofszell

Kapitel 6 – Nachwachsende Rohstoffe

(1) Brundtland-Kommission: *The Outcome of Future*, Göteburg 1987

(2) Umweltbundesamt: Zeitschrift Umwelt Nr. 7-8, 1993

(3) Deutscher Bundestag, 12. Wahlperiode, Enquete-Kommission: *Schutz der Erdatmosphäre;* Protokoll Nr. 60, 7/93

(4) Gleich von, A.: *Flachsanbau und Leinenverarbeitung*; Diskussionspapier Nr. 6, Eures-Institut, Freiburg 1990, S. 3

(5) Bockey, D.: *Perspektiven des Hanfanbaus in Deutschlands aus Sicht des Deutschen Bauernverbandes*; Hanf-Symposium Frankfurt/M. März 1995

(6) Borchert, J.: *Nachwachsende Rohstoffe – Was ist politisch machbar?*; 2. Class-Symposium 21.9.94, Harsewinkel

(7) Leible, L.: *Umwelteffekte des Anbaus und der Verwertung nachwachsender Rohstoffe*; Hearing: Nachwachsende Rohstoffe – Strohfeuer oder Ausweg?, Bonn 1995

(8) Weins, C.: *Anforderungen an eine umweltfreundliche Produktion von Nachwachsenden Rohstoffen in der Landwirtschaft*; in: Fachtagung Nachwachsende Rohstoffe – Chancen und Risiken 10.12.1994 Naturschutzbund Hannover, S.23

(9) Ehlers, H.: *Non-Food-Raps stößt an Grenzen* und Mönch, A.: *Bald zu viele RME-Anlagen?*; in: DLG-Mitteilungen 7/1995, S. 50 ff.

(10) Lehmann, H.: *Sonnenenergie und Biomasse eine reale Vision*; Wuppertal-Institut 1994

(11) Agrar-Europe: *Mehr Marktanteile für nachwachsende Rohstoffe erwartet*; in: Länderberichte 21 v. 8.5.1995

(12) Schäfer, G.: *Claas, der Erntespezialist auch für Nachwachsende Rohstoffe – Neue Techniken und Verfahren*; II. Claas-Symposium 21.9.1994, Harsewinkel und Jördens, R.: *Konzept der Bundesregierung zum Anbau und zur Verwertung nachwachsender Rohstoffe*; in: Landinfo Baden-Württemberg Mai 1995, Stuttgart

ANHANG

I. Was ist Hanf? Ein Beitrag zur begrifflichen Klärung

(Günter Schnegelsberg)

Bei Darstellungen über Hanf wird häufig übersehen, daß das, was mit „Hanf" bezeichnet wird, mit dem „eigentlichen" Hanf von der Faserpflanze „Cannabis sativa L." nur wenig gemeinsam hat. Da der Anbau von Faserhanf wieder ermöglicht wird, scheint es unumgänglich zu sein, sich zunächst durch eine Zusammenstellung der vielen Hanfbegriffe Klarheit zu verschaffen:

Was versteht man am Markt, im Handel, in der Botanik und textilspezifisch unter Hanf?

Ein Blick in die einschlägige Fachliteratur ist nicht nur verwirrend, sondern führt zu der Erkenntnis: Der Ausdruck „Hanf" wird polysem[1] verwendet.

1. Die Faserpflanze Cannabis sativa L. kommt zweigeschlechtlich vor; es gibt – unabhängig vom Ernteziel –

a) blühende, männliche Pflanzen: *Femelhanf* und

b) fruchtende, weibliche Pflanzen: *Mäschelhanf*.[2]

2. Man unterscheidet den Zustand des Hanfs mit Hilfe von farbbestimmten, formbestimmten und verfahrenstechnisch bestimmten Determinaten: *Hanfsorten*.

3. Es gibt Bast- und Blattfasern, die den Ausdruck „Hanf" – meistens verbunden mit einem Ortsbezug oder einem verfahrensuntypischen Verwendungsbezug – als Basis haben; es handelt sich dabei um atypische Synonyme für Fasern anderer biogener Gattungen und Arten, die Hanf substituieren können: *Substitutionshanf*.

Die Hanfsorten

Hanfsorten werden von der verfahrenstechnischen Gewinnung, vom Ernteziel, den Hanffasern oder von anderen Hanfpflanzenbestandteilen (Samen, Blüten, Inflorenszenztriebe) bestimmt. Das Ernteziel für den Hanfanbau kann sein

a) *Faserhanf*, der lediglich zur Fasergewinnung angebaut wird und unreif geerntet werden muß,

b) *Samenhanf*, der als reife Pflanze geerntet wird, um Hanfsamen und Hanföl daraus gewinnen zu können und

c) *Rauschhanf*, der wegen der psychotropen Bestandteile angebaut wird, aber nur in warmen Zonen ausreichende Mengen Harz bildet und absondert.

Der Faserhanf

Ausgehend vom *Faserhanf* lassen sich begrifflich eine Fülle Hanfsorten als Verarbeitungsstufen definieren. Im ungerösteten Zustand besteht der Faserbast des Hanfes aus Hanfstroh; denn der *Grünhanf* wird für die Fasergewinnung unreif geerntet. Dieser wichtige Sachverhalt entscheidet über die nachfolgenden Maßnahmen, um die Faser isolieren zu können. Hanffasern bestehen aus Faserbündeln, die sich unter der Rinde des Hanfstengels befinden und die aus vielen einzelnen, nicht verspinnbaren Bündelfasern bestehen. Der verfahrenstechnische Vorgang der Fasergewinnung ist das Rösten. Man löst das faserverklebende Pektin mit Hilfe von Bakterien oder basischen Mitteln in einem kalten oder warmen Medium. Die verfahrentechnischen Varianten lassen aus *Rösthanf* den *Weißhanf* (mit Hilfe von Warmwasserröste) und den *Schwarzhanf* (mit langdauernder Tauröste) entstehen.

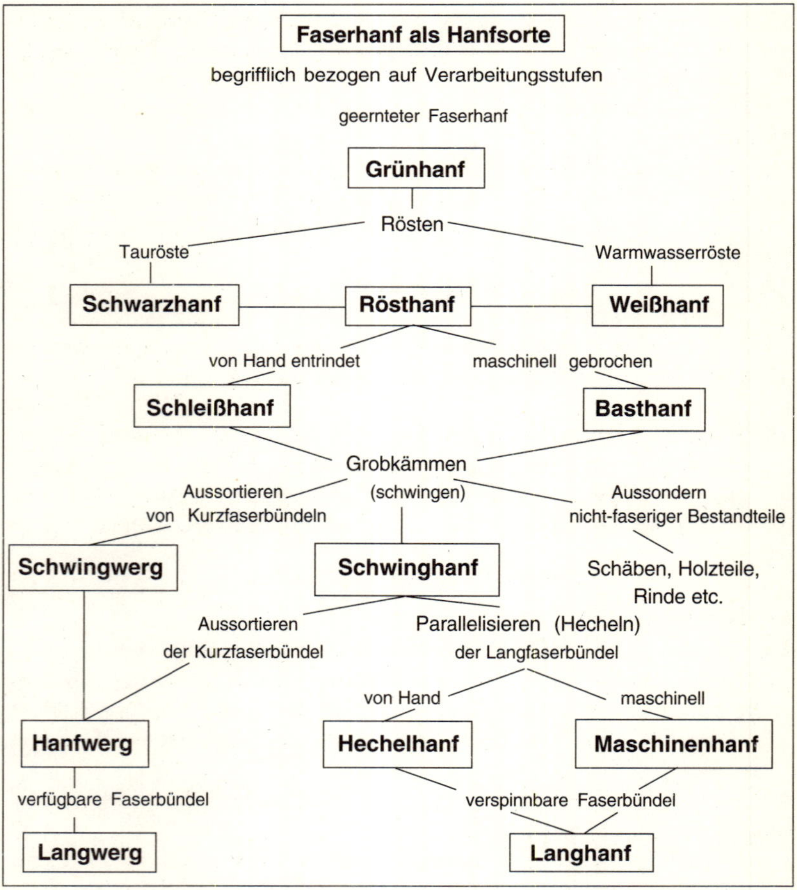

Im nächsten Verfahrensschritt müssen die Faserbestandteile vom Stengel entweder von Hand oder maschinell getrennt werden. Der *Schleißhanf* wird als Faserbast von Hand vom Stengel gezogen. Das Brechen des holzhaltigen Stengels ist ein maschineller Vorgang, um Stengelholz zu entfernen; man erhält zunächst den *Basthanf*, aus dem noch die Holzteile entfernt werden müssen. Nach Aussondern der nicht-faserigen Bestandteile und Aussortieren der Kurzfaserbündel erhält man den langfaserigen *Schwinghanf*, der von Hand oder maschinell gehechelt – d.h. parallelisiert – werden kann. *Hechelhanf* ist von Hand parallelisierter Langhanf; bei *Maschinenhanf* wird der gleiche Vorgang maschinell durchgeführt. Bei beiden Vorgängen werden verspinnbare Langfaserbündel zu *Langhanf* und verfügbare Kurzfaserbündel zu *Langwerg* (dessen Faserbündel auch verspinnbar sein können) aussortiert.[3] Die Übersicht erleichtert das Erkennen der Zusammenhänge.

Die Substitution von Hanf

Eine Fülle von anderen Faserpflanzen liefern Bastfaserbündel, die zwar den Ausdruck „Hanf" als Benennung verwenden, ansonsten jedoch mit dem eigentlichen Hanf nur die Möglichkeit einer verwertbaren Bastfasergewinnung aus Stengeln oder Blättern gemeinsam haben. Ein solches fachsprachliches Polysem[1] erschwert eine Verständigung in hohem Maße, so daß Fehldeutungen bei Bestellungen, Lieferung und Anbau durchaus möglich sind.

Hier wird vorgeschlagen, eine Ordnung der Benennungen über die Taxa vorzunehmen und deutsche Benennungen normativ einzusetzen; denn alle Faserpflanzen haben einen botanischen Namen, der sich aus einer binären Kombination „Gattung - Art" (= Binom) besteht. Sowohl die Gattung als auch die Art bilden jeweils taxonomische Gruppen, denen mit Hilfe griechisch-lateinischer Wortbildungen Namen zugeordnet werden: Der Name steht für ein Taxon. Das ist eine biogene Ordnungseinheit; sie beinhaltet meistens eine inhärente, pflanzliche Eigenschaft oder einen lokalen Bezug. Die Gesamtheit der Pflanzennamen bildet die botanische Nomenklatur. Jeder Pflanzenfaserbegriff kann folglich durch den botanischen Namen der Faserpflanze bestimmt werden: Pflanzenfasern sind botanisch zu ordnen. In der Auflistung sind nur solche Faserpflanzen aufgeführt[4], von denen zu irgendeiner Zeit – historisch oder ethnographisch, wirtschaftlich bedeutend oder unbedeutend – Fasern gewonnen wurden oder noch immer Hanffasern gewonnen werden.[5]

Die faserenthaltenden Teile einer Pflanze können sehr unterschiedlich sein. Zum einen sind es die harten Gefäßbündel, deren Aufbereitung meistens der Cellulosegewinnung dient, zum anderen gibt es eine Vielzahl von verschiedenen weichen Gefäßbündeln, die sich im äußeren Stengelbereich direkt unter der Rinde befinden. Das ist die viele Species umfassende Gruppe der Bastfasern.

In der synoptischen Auflistung der in der Literatur vorkommenden Hanfbegriffe wird deutlich, daß die Verwendung des Fachwortes „Hanf" sich keineswegs auf eine Gattung beschränkt; Malvaceen, Apocynaceen, Leguminosen kommen ebenso vor wie Liliaceen und Agavaceen.

Eine Ordnung, die die faserenthaltenden Teile einer Pflanze mit ihrer botanischen Ordnungseinheit kombiniert, führt zu einer lückenlosen Systematik der Pflanzenfasern. Da Informationen über Gewinnung, Aufbereitung und Verarbeitung in vielen anderen Publikationen zu finden sind, soll sich diese Darstellung auf das Zusammenstellen der Hanfbegriffe und das begriffliche Zuordnen beschränken.

Zu welchen unglaublichen, fachsprachlich nicht mehr tolerierbaren Verallgemeinerungen die polyseme Verwendung des Ausdrucks „Hanf" im Bast- und Blattfaserbereich führen kann, mag die folgende Auflistung dokumentieren: Trivialsprachliche Usancen führen – wie das Beispiel zeigt – zu einem Verbalchaos, in dem sich weder ein Fachmann und schon gar nicht ein Laie zurecht findet. Auch der gebildete Laie ist anhand von Literatur nicht mehr in der Lage, sich Klarheit zu verschaffen. Der Ruf nach einer normativen Festlegung auch im Bereich der Pflanzenfasern ist mehr als wünschenswert, er ist dringend geboten.

[1] vgl. Zöfgen, E.: Homonymie und Polysemie im allgemeinen einsprachigen Wörterbuch. In: Handbücher der Sprach- und Kommunikationswissenschaft. Bd. 5.1, Wörterbücher, hrsg. F. Hausmann, O. Reichmann, H.E. Wiegand, L. Zgusta, Berlin, New York 1989, S. 779f.: – (Anm.und Klammerergänzungen vom Verf.) Nach sprachwissenschaftlichem Verständnis „liegen bei Homonymie zwei oder mehrere Zeichen (z.B. geschriebene Wörter) mit gleicher Lautform (z.B. gesprochenes Wort) vor, während Polysemie das Auftreten eines Zeichens (z.B. ein Wort) mit mehreren untereinander verwandten Sememen (= Lesarten/ Inhaltseinheiten) meint." Vielleicht wäre es sinnvoll, wenn Sprachwissenschaftlern die Ebene informativer Kommunikation zwecks einsichtiger Modellvorstellungen um die Ebene reflektierter Beziehung erweitern würden: Das Homonym ist ein Wort, das zwei oder mehr verschiedenen Begriffsinhalten zugeordnet wird. Das Polysem ist ein Wort, das vielen Begriffsinhalten zugeordnet wird, die mindestens ein verknüpfendes Merkmal gemeinsam haben. In diesem Fall wäre das Merkmal „verwertbare Bastfaserbündel" für das Polysem „Hanf" gemeinsam.

[2] Franke, W.: Nutzpflanzenkunde. 5. Aufl., (Stuttgart 1992), S. 333 (Bild)

[3] Jaumann/ Rordorf: Neues großes Handbuch der Textilkunde. 2. Aufl., Giessen (1956), S. 64-66

[4] Anm.d.Verf.: Die in dem systematischen Teil aufgelisteten Pflanzennamen wurden entnommen: Zander: Handwörterbuch der Pflanzennamen. 15.Aufl., Stuttgart 1994, S. 37-61

[5] vgl. Matthews' Textile Fibers. Hrsg. H.R.Mauersberger, 6.Edition, (New York 1954), S. 322, Table 18

Synopse:
Die polyseme Verwendung des Ausdrucks „Hanf“ bei Bast-und Blattfasern

nicht systemkonformer Handelsname für das Kollektiv		botanischer Name für die biogene Ordnungseinheit:	normative Benennung für die Faser
englisch	deutsch	Taxon	
Abacá hemp	Abacáhanf	Musa textilis	Abacáfaser
Abelmoschus hemp	Abelmoschushanf	Hibiscus cannabinus	Kenaffaser
African bowstring hemp *	afrikanischer Bogensehnenhanf	Sansevieria metallica	Sansevieriafaser spec.
Agrimony hemp	Odermennighanf	Agrimonia Eupatoria	Odermennigfaser
American hemp	amerikanischer Hanf	Apocynum cannabinum	Indianerfaser
Aloë hemp	Aloëhanf	Aloë vulgaris u.a.	Aloëfaser
Ambari hemp	Ambarihanf	Hibiscus cannabinus	Kenaffaser
Benares hemp	Benareshanf	Crotalaria juncea	Sunnfaser
Bengal hemp	bengalischer Hanf	Crotalaria juncea	Sunnfaser
Bahama hemp	Bahamahanf	Agave sisalana u.a.	Sisalfaser
Bimlipatam hemp	Bimlipatam-Hanf	Hibiscus cannabinus	minderwertige Kenaffaser
Blackfellow's hemp	(fehlt)	Commersonia fraseri	Pullusfaser
Bombay hemp	Bombayhanf	Crotalaria juncea	Sunnfaser
Bowstring hemp *	Bogenhanf / Bogensehnenhanf / Bogenstranghanf	Sansevieria roxburghiana, S. zeylanica	Sansevieriafaser spec.
Brown hemp	brauner Hanf / Braunhanf	Crotalaria juncea	Sunnfaser
Calcutta hemp	Kalkuttahanf / Calcuttahanf	Cochorus capsularis	Jutefaser
China hemp	Chinahanf	Abutilon avicenna	Abutilonfaser
Ceylon bowstring hemp *	ceylonesischer Bogensehnenhanf	Sansevieria zeylanica	Sansevieriafaser spec.
Cocoanda hemp	Cocoandahanf	Crotalaria juncea	Sunnfaser
Colorado River hemp	Colorado River-Hanf	Sesbania exaltata	Selenefaser
Conkanëe hemp	Conkanëe-Hanf	Crotalaria juncea	Sunnfaser
Cretan hemp	Kretahanf / Scheinhanf	Datisca cannabina	Kretafaser
Crotalaria hemp	Crotalariahanf	Crotalaria juncea	Sunnfaser
Cuban hemp *	Kubahanf	Fourcroya cubensis	Cajunfaser
Deccan hemp	Dekkanhanf	Hibiscus cannabinus	Kenaffaser
False hemp	Falschhanf	Rhus typhina L.	Sumachfaser
False sisal hemp *	falscher Sisalhanf	Agave decipiens	Agavenfaser spec.
Florida bowstring hemp *	floridianischer Bogensehnenhanf	Sansevieria metallica	Sansevieriafaser spec.
Fourcroya hemp *	Fourcroyahanf	Fourcroya macrophylla	Fiquefaser, Fourcroyafaser
Gambo hemp	Gamboahanf	Hibiscus cannabinus	Kenaffaser
Guinea bowstring hemp *	guinaischer Bogensehnenhanf	Sansevieria thyrisflora (syn. guineensis)	Sansevieriafaser spec.
Guinea hemp	Guineahanf	Hibiscus cannabinus	Kenaffaser
Haiti hemp *	Haiti-Hanf	Fourcroya gigantea	Mauritiusfaser
Ife hemp	Ifehanf	Sansevieria cylindrica	Sansevieriafaser spec.
Indian hemp	Indianerhanf / Wildhanf	Apocynum cannabinum	Indianerfaser
Indian hemp	indischer Hanf	Crotalarie juncea	Sunnfaser
Itarsi hemp	Itarsihanf	Crotalaria juncea	Sunnfaser
Jubbelpore hemp	Jubbelpore-Hanf	Crotalaria tenuifolia	Sunnfaser
Kaffir hemp	Kaffirhanf	Grewia occidentalis	Kaffirfaser
Kampesche hemp*	Kampeschehanf	Agave spec.	Agavenfaser
Kudzu hemp	Kudzuhanf	Pueraria thunbergiana	Kudzufaser (Bohnenfaser)
Madras hemp	Madrashanf	Crotalaria juncea	Sunnfaser
Manila hemp *	Manilahanf	Musa textilis	Abacáfaser
Mauritius hemp *	Mauritiushanf	Fourcroya gigantea	Mauritiusfaser
Musk hemp	Abelmoschushanf	Hibiscus abelmoschus	Abelmoschusfaser
Natal hemp	Natalhanf	Fourcroya macrophylla	Fiquefaser
New Zealand hemp *	Neu Seeland-Hanf / Schilfhanf	Phormium tenax	Phormiumfaser
Pangane hemp *	Panganehanf	Sansevieria kirkii	Sansevieriafaser spec.
Perini hemp	Perinihanf	Salix spec. n.syst.: Hibiscus cannabinus	Weidenbastfaser n.syst.: Kenaffaser
Pika hemp*	Pikahanf	attalea funifera u.a.	Piassavefaser
Pita hemp *	Pitahanf	Agave americana n.syst.: Yucca treculeana	Pitafaser n.syst.: Yuccafaser
Puya hemp	Puyahanf	Maoutia puya	Puyafaser, Pooahfaser
Queensland hemp	Queensland-Hanf	Sida rhombifolia	Bóbó-bóbó-Faser, Denjifaser
Rajmahal hemp	Rajmahal-Hanf	Marsdenia tenacissima	Jateefaser
Rangoon hemp	Rangun-Hanf	Laportea gigas	Nesselfaser spec.
Roselle hemp	Rosellahanf	Hibiscus sabdariffa	Rosellafaser
Salfette hemp	Salfettehanf	Crotalaria juncea	Sunnfaser
Sann hemp	Sannhanf	Crotalaria juncea	Sunnfaser
Sansevieria hemp*	Sansevieriahanf	Sansevieria spec.	Sansevieriafaser
Sisal hemp *	Sisalhanf	Agave sisalana	Sisalfaser
Somaliland bowstring hemp*	somalischer Bogensehnenhanf	Sansevieria Eherenbergii	Sansevieriafaser spec.
Sunda hemp	Sundahanf	Crotalaria juncea	Sunnfaser
Sunn hemp	Sunnhanf / Sonnenhanf	Crotalaria juncea	Sunnfaser
Swedish hemp	Schwedenhanf	Urtica dioica	Brennesselfaser
Taag hemp	Taaghanf	Crotalaris juncea	Sunnfaser
Tampico hemp*	Tampicohanf	Agave heteracantha	Ixtlefaser, Tampicofaser
Travancore hemp	Travancora-Hanf	Crotalaria juncea	Sunnfaser
Water hemp	Wasserhanf	Eupatorium cannabinum	Wasserdostfaser

(* = Blattfasern)

II. Fachwörter-ABC für Hanf

(Günter Schnegelsberg)

Die Hinweise auf Synonyme und nicht systemkonforme Namen in der alphabetischen Zusammenstellung der Hanfbegriffe dienen dem besseren Verständnis der Zusammenhänge.

Abacáhanf, nicht systemkonform für ein Kollektiv aus Abacáfasern > Blattscheidenfasern (Bananenfaser, Musaceenfaser, Bündelfaser), die aus den Gefäßbündeln der Blätter der Musa textilis 'NÉE gewonnen werden; Synonyme: Manilafaser, Koffofaser, Cebufaser; Oberbegriff: Bananenfaser. (Kurzzeichen nach DIN 60001;T.4/8.91: AB)

Abelmoschushanf, nicht systemkonform für ein Kollektiv aus Kenaffasern > Bastfasern (Malvaceenfaser), die aus den Stengeln der Stockrose Hibiscus cannabinus L. gewonnen werden. Synonyme: Eibischfaser, Gambofaser, Ambareefaser (Ambarifaser), Hibiscusfaser, Mestafaser (> wahrscheinlich identisch mit: Kanaffaser, Kanabfaser); (Kurzzeichen nach DIN 60001;T.4/8.91: KE).

Ackermennighanf, nicht systemkonform für Kollektiv aus Odermenningfasern > Bastfasern (Rosaceenfasern), die von der Faserpflanze Agrimonia eupatoria gewonnen werden.

Aloëhanf, nicht systemkonform für Kollektiv aus Aloëfasern > Blattfasern (Liliaceenfaser), die von den Faserpflanzen Aloë vulgaris L., Aloë indica ROYLE, Aloë angustifolia L. und Aloë perfoliata THBG. geerntet werden; fälschlich für Fasern der Furcraea gigantea VENT.; vgl. Haiti-Hanf

Ambarihanf, Synonym für Kenaf.

amerikanischer Hanf, nicht systemkonform für ein Kollektiv aus Indianerfasern > Bastfasern (Apocynaceenfaser), die von der Faserpflanze Apocynum cannabinum L. gewonnen werden; ähnlich: Kendyrfaser.

Bahamahanf, nicht systemkonform für ein Kollektiv aus Sisalfasern > Blattfasern (Agavenfaser, Agavaceenfaser), die aus den Blättern der Agave sisalana PERR.et ENGELM. und Agave rigida MÜLL. var. longifolia gewonnen werden; .

Basthanf, Hanfsorte: Benennung für den Zustand des Stengelbastes von Hanf nach dem Brechen (= Riffeln) und vor dem Entfernen der Holzteile des Hanfstengels.

Benares-Hanf, nicht systemkonform für ein Kollektiv aus Sunnfasern, > Bastfasern (Leguminosenfaser), die aus den Stengeln der Faserpflanze Crotalaria juncea L. gewonnen werden. Synonym: Crotalariafaser; modifizierte Schreibweise: Sannfaser; (Kurzzeichen nach DIN 60001;T.4/8.91: SN).

Bengalischer Hanf, nicht systemkonform für Sunn > Faserbast, der aus den Stengeln der Faserpflanze Crotalaria juncea L. (u.a.) gewonnen wird. Für „Sunn" als *Bestandsfaser* in Textilien besteht gem. TKG (1986), Anl.1, Nr. 15a Kennzeichnungspflicht. Synonyme: San, Sanpat, Sanal, Janamu; nicht systemkonform: Bengalischer Hanf, Benareshanf, Cocoanadehanf, Conkanëehanf, Crotalariahanf, Bombayhanf, Falschhanf, Indienhanf, Madrashanf, Kalkuttahanf, Itarsi-Hanf, Sonnenhanf, Jubbulpore-Hanf, Conkanee-Hanf, Braunhanf, Sundahanf, Tranvancore-Flachs, Taaghanf, Salfettehanf..

Bimlipatam-Hanf, Kenafsorte: minderwertiger Stengelbast der Faserpflanze Hibiscus cannabinus L.

Blackfellow's hemp, nicht systemkonform für ein Kollektiv aus Pullusfasern >

Bastfasern (Sterculiaceenfaser), die aus dem dunkelfarbigen (*lat.* pullus) Rindenbast der Faserpflanze Commersonia fraseri gewonnen wird (eigtl. Teepflanze). Anm.: Deutsche Benennung fehlt.

Bogenhanf, nicht systemkonform für ein Kollektiv aus Sansevieriafasern > Blattfasern (Agavaceenfaser), die von den Faserlilien Sansevieria longiflora SIMS., Sansevieria cylindrica BOJ., Sansevieria guineensis WILLD. und Sansevieria Ehrenbergii SCHWEINF. – u.a. – gewonnen werden. Synonyme: Musokelazebefaser, Sakachebifaser, Lukuchfaser, Lokosuraser, Murwafaser, Murgafaser; artspezifische Namen: Boarifaser, Gonifaser, Ifefaser, Konjefaser, Mazulfaser. Anm.: Die Sansevieriafaser gehört nicht zur Familie der Liliaceenfasern.

Bogenstranghanf, Synonym für Bogenhanf.

Bombayhanf, nicht systemkonform für Rosella und Sunn.

Bowstring hemp, (= Bogenstranghanf) nicht systemkonform für ein Kollektiv aus Sansevieriafasern (s. Bogenhanf).

Braunhanf, nicht systemkonform für ein Kollektiv aus Sunnfasern (s. Benares-Hanf).

Calcuttahanf, nicht systemkonform für ein Kollektiv aus Jutefasern > Stengelbastfasern (Tiliaceenfaser), die aus den Stengeln (und Zweigen) der Faserpflanzen Corchorus capsularis L. und Corchorus olitorius L. gewonnen werden. Die Faserbündel sind aus nicht verspinnbaren Einzelfasern zusammengesetzt. Weitere Jute-Arten sind Corchorus acutangulus (= C. fuscus), C. aestuans, C. hirsutus, C. siliquosus. Man unterscheidet folgende Sorten: Diamonds, Reds, Firsts, Daccas, Lightnings, Mangos, Hearts, Daisee, Tossa, Rejections, Cuttings; (Kurzzeichen nach DIN 60001; T.4/8.91: JU).

ceylonesischer Bogensehnenhanf, nicht systemkonform für ein Kollektiv aus speziellen Sansevieriafasern (s. Bogenhanf).

Chinahanf, nicht systemkonform für Kollektiv aus Abutilonfasern > Oberbegriff für Bastfasern (Malvaceenfasern), die vorwiegend aus den Stengeln des Malvaceen-Strauchs Abutilon avicennae GAERTN. (= Abutilon theophrasti) gewonnen werden. Synonym Kanatnikfaser; nicht systemkonform: Tientsinjute, Chinajute; Beispiele: Kashkifaser, Zadabuackfaser; Substitutionsfaser für Jute.

Cocoanadehanf, nicht systemkonform für ein Kollektiv aus Sunnfasern (s. Benares-Hanf).

Colorado-River-Hanf, nicht systemkonform für ein Kollektiv aus Selenefasern > Bastfasern (Leguminosenfaser), die von der Faserpflanze Sesbania cannabina RETZ. (Synonym: Aeschynomene cannabina KON.) gewonnen werden.

Conkanëehanf, nicht systemkonform für ein Kollektiv aus Sunnfasern (s. Benares-Hanf).

Crotalariahanf, nicht systemkonform für ein Kollektiv aus Sunnfasern (s. Benares-Hanf).

Dekkahanf, modifizierte Schreibweise für Dekkanhanf; Synonym für Kenaf.

Dekkanhanf, Synonym für Kenaf; nicht systemkonfom für Rosella.

Dominohanf, nicht systemkonform für Kollektiv aus Sisalfasern (s. Bahamahanf).

falscher Sisalhanf, nicht systemkonform für ein Kollektiv aus Fasern der Faserpflanze Agave decipiens.

Falschhanf, nicht systemkonform für ein Kollektiv aus Sumachfasern > Bastfaser (Anacardiaceenfaser), die von der Faserpflanze Rhus typhina L. gewonnen wird. Anm.: Die Pflanze wird vorwiegend zum Gerben und Schwarzfärben verwendet.

Faserhanf, Hanfsorte: zum Teil unreifer Hanf, der ausschließlich für die Fasergewinnung geerntet wird. Antonym: Samenhanf.

Femelhanf, blühender männlicher Hanf.

floridaischer Bogensehnenhanf, nicht systemkonform für ein Kollektiv aus speziellen Sansevieriafasern (Sansevieria metallica – s. Bogenhanf).

Fourcroyahanf, nicht systemkonform für Kollektiv aus Fiquefasern > Blattfasern (Agavaceenfaser, Fourcroyafaser), die von der Agaven-Art Furcraea macrophylla VENT. geerntet werden. Oberbegriff: Fourcroyafaser.

Gambohanf, Synonym für Kenaf.

Grünhanf, Hanfsorte: Faserbast, der aus ungeröstetem Hanfstroh besteht.

Guineahanf, Synonym für Kenaf.

guinaischer Bogensehenhanf, nicht systemkonform für ein Kollektiv aus speziellen Sansevieriafasern (Sansevieria thyrisflora – s. Bogenhanf).

Haiti-Hanf, nicht systemkonform für ein Kollektiv aus Mauritiusfasern > Blattfasern (Agavaceenfaser, Fourcroyafaser), die von der Agaven-Art Furcraea gigantea VENT. geerntet werden.

Hanf, Faserbast, der aus den Stengeln der Faserpflanze Cannabis sativa L. durch Rösten gewonnen wird. Für „Hanf" als *Bestandsfaser* in Textilien besteht gem. TKG (1986), Anl.1, Nr. 8 Kennzeichnungspflicht. Man unterscheidet männliche Pflanzen (= Femel) und weibliche Pflanzen (= Mäschel). (Erläuterung in DIN 60001; T.1/10.90). *Nach dem Ernteziel* unterscheidet man folgende Hanfsorten: Faserhanf, Samenhanf, Rauschhanf. Hanfsorten *nach dem Zustand*: Grünhanf, Rösthanf, Schwarzhanf, Weißhanf, Pellhanf (= Schleißhanf), Schwinghanf (= Strähnhanf) Hechelhanf (= Langhanf), Basthanf, Reinhanf, Steinhanf.

Hanffaser, Bastfaser (Moraceenfaser), die von den Stengeln der Faserpflanze Cannabis sativa L. durch Rösten gewonnen wird. (Kurzzeichen nach DIN 60001; T.4/8.91: HA).

Hanfgras, nicht systemkonform für Ananas und Sisal.

Hanfwerg, Hanfsorte: kurzfaserige Bastfaserbündel.

Hechelhanf, Hanfsorte: Faserbast aus Langhanf, der mit der Hand gehechelt (gekämmt) wurde.

Ifehanf, nicht systemkonform für ein Kollektiv aus speziellen Sansevieriafasern (s. Bogenhanf).

Indianerhanf, nicht systemkonform für Kollektiv aus Indianerfasern > Bastfasern (Apocynaceenfaser), die von der Faserpflanze Apocynum cannabinum L. gewonnen werden; ähnl.: Kendyrfaser.

Indienhanf, nicht systemkonform für ein Kollektiv aus Sunnfasern (s. Benares-Hanf).

indischer Hanf, nicht systemkonform für ein Kollektiv aus Sunnfasern (s. Benares-Hanf); vgl. Indianerhanf.

Itarsi-Hanf, nicht systemkonform für ein Kollektiv aus Sunnfasern (s. Benares-Hanf).

Jubbelporehanf, nicht systemkonform für Kollektiv aus Jubulporefasern > Bastfasern (Leguminosenfaser), die aus den Stengeln der Faserpflanze Crotalaria tenuifolia ROXB. gewonnen werden; vgl. Benares-Hanf.

Jubbulpore-Hanf, nicht systemkonform für ein Kollektiv aus Sunnfasern (s. Benares-Hanf).

Kaffirhanf, nicht systemkonform für ein Kollektiv aus Kaffirfasern > Bastfasern (Tiliaceenfaser), die von der Faserpflanze Grewia occidentalis L. gewonnen werden.

Kalkutta-Hanf, modifizierte Schreibweise für Calcuttahanf.

Kampeschehanf, nicht systemkonform für Kollektiv aus Agavenfasern > Oberbegriff für Blattfasern (Agavaceenfaser), die aus den Gefäßbündeln der Blätter verschiedener Agavenarten gewonnen werden; Beispiele für 'Sklerenchymfaser', 'Gefäßbündelfaser'.

Kretahanf, nicht systemkonform für ein Kollektiv aus Kretafasern (s. Scheinhanf).

Kubahanf, nicht systemkonform für Kollektiv aus Cajunfasern > Blattfasern (Agavaceenfaser), die von der Agave Furcraea cubensis JACQ. gewonnen werden.

Kudzuhanf, nicht systemkonform für Kollektiv aus Kudzufasern > Bastfasern (Leguminosenfasern), die von der Faserpflanze Pueraria Thumbergiana ROXB. (= Pueraria lobata), einer Bohnenart, gewonnen werden; spezielle Bohnenfaser: Kopoubohnenfaser.

Langhanf, Hanfsorte: Oberbegriff für langferigen Faserbast. Beispiele: Hechelhanf, Maschinenhanf.

Madrashanf, nicht systemkonform für ein Kollektiv aus Sunnfasern (s. Benares-Hanf).

Manilahanf, nicht systemkonform für ein Kollektiv aus Abacáfasern (s. Abacáhanf).

Mäschelhanf, fruchtender weiblicher Hanf; Synonym: Mastelhanf.

Maschinenhanf, Hanfsorte: Faserbast aus Langhanf, der mit der Maschine gehechelt wurde.

Mastelhanf, Synonym für Mäschelhanf.

Mauritiushanf, nicht systemkonform für ein Kollektiv aus Fiquefasern (s. Fourcroyahanf).

Moschushanf, modifizierte Schreibweise für ein Kollektiv aus Abelmoschusfasern.

Natalhanf, nicht systemkonform für ein Kollektiv aus Fiquefasern (s. Fourcroyahanf).

Neuseeland-Hanf, nicht systemkonform für ein Kollektiv aus Phormiumfasern (s. Schilfhanf).

Panganehanf, nicht systemkonform für ein Kollektiv aus speziellen Sansevieriafasern (s. Bogenhanf).

Pellhanf, Synonym für Schleißhanf.

Perinihanf, nicht systemkonform für ein Kollektiv aus Weidenbastfasern > Bastfasern (Salicaceenfaser), die aus dem beim Schälen der Weidenruten anfallenden Rindenbast der Weiden Salix alba und Salix viminalis, Salix Helix und Salix purpurea L. gewonnen werden. Synonyme: Solidoniafaser, Silidoniafaser.

Pikahanf, nicht systemkonform für Kollektiv aus Piassavefasern > Oberbegriff für Blattfasern (Gefäßbündelfaser), die aus den Blattscheiden der Blätter der Fiederpalmen Attalea funifera MART. (Fiederpalme liefert Bahia-Piassavefasern), Leopoldinia piassaba WALL. (Palme liefert Para-Piassavefasern), Raphia vinifera P.DE B.(echte Weinpalme liefert afrikanische Piassave), Vonitra fibrosa BECC. (= Dictyosperma fibrosum WRIGHT) (Palme liefert madagassische Piassave) und Borassus flabellifer L. (Fächerpalme liefert Bassinefaser) gewonnen werden. Synonyme: Attaleafaser, Leopoldinafaser, Bahiafaser; nicht systemkonform: Paragras, Monkeygras; modifizierte Schreibweise: Piassaba, Piacaba, Piassava; 'westafrikanische Piassave' für Raffiafaser.

Pitahanf, nicht systemkonform für ein Kollektiv aus Pitafasern > Blattfasern (Agavaceenfaser), die von der Faserpflanze Agave americana gewonnen werden; fälschlich für Yuccafasern: Palmafaser. Anm.: Yucca findet man als Liliaceae und als Agavaceae (*Zander*).

Puyahanf, nicht systemkonform für ein Kollektiv aus Puyafasern > Bastfasern (Urticaceenfaser), die von der Faserpflanze Maoutia puya WEDD. (= Boehmeria puya ROXB.) gewonnen werden; Synonym: Pooahfaser.

Queensland-Hanf, nicht systemkonform für ein Kollektiv aus Denjifasern > Bastfasern (Malvaceenfaser), die von dem Malvengewächs Sida rhombifolia L. gewonnen werden. Synonym: Bobó-bobó-Faser; (*engl.:* tea plant, Queensland hemp).

Rajmahal-Hanf, nicht systemkonform für ein Kollektiv aus Jateefasern > Stengelbastfasern (Asclepiadaceenfaser), die von der Faserpflanze Marsdenia tenacissima DODGE (= zäher Schwalbenwurz) gewonnen werden. Synonyme: Rajmahalfaser, Rajemahlfaser; modifizierte Schreibweisen: Jeteefaser, Geteefaser, Ieteefaser.

Rangun-Hanf, nicht systemkonform für ein Kollektiv Nesselfasern spec. > Oberbegriff für Urticaceenfasern; Synonym für Brennesselfaser.

Rauschhanf, Hanfsorte: Wildform des Faserhanfes. Anm.: Harz aus den Köpfchendrüsen weiblicher Blüten: Haschisch; harzverklebte Inflorenszenztriebe: Marihuana; Substanz, die psychotrop wirksam ist: Tetrahydrocannabinol.

Reinhanf, Hanfsorte: Benennung für den Zustand des Faserbastes nach dem Entfernen der Holzteile und Verunreinigungen.

Rosellahanf, nicht systemkonform für ein Kollektiv aus Rosellafasern > Stengelbastfasern (Malvaceenfaser), die von der Rosellapflanze Hibiscus sabdariffa L. et PERROTT. gewonnen werden; Synonym: Ramafaser; modifizierte Schreibweise: Rozellefaser; (Kurzzeichen nach DIN 60001;T.4/8.91: JS).

Rösthanf, Hanfsorte: Faserbast aus Hanffasern, die aus den gerösteten Halmstengeln gewonnen werden.

Salfettehanf, nicht systemkonform für ein Kollektiv aus Sunnfasern (s. Benares-Hanf).

Samenhanf, Hanfsorte: reifer Hanf, der ausschließlich für die Saatgut- und Hanfölgewinnung geerntet wird. Antonym: Faserhanf.

Sansevieriahanf, nicht systemkonform für ein Kollektiv aus Sansevieriafasern (s. Bogenhanf).

Scheinhanf, nicht systemkonform für ein Kollektiv aus Kretafasern > Bastfasern (Datiscaceenfaser), die von der Faserpflanze Datisca cannabina L. (= Streichkraut) gewonnen werden.

Schilfhanf, nicht systemkonform für ein Kollektiv aus Phormiumfasern > Blattfasern (Gefäßbündelfaser, Liliaceenfaser), die aus den Gefäßbündeln der Faserlilien Phormium tenax FORST. (= zähe Flachslilie) und Phormium colensoi HOOK. f. gewonnen werden. Synonyme: Neuseelandfaser, Maorifaser; (Kurzzeichen nach DIN 60001;T.4/8.91: NF ; Erläuterung in DIN 60001; T.1/10.90).

Schleifhanf, modifizierte Schreibweise für Schleißhanf.

Schleißhanf, Hanfsorte: Faserbast, der durch Abziehen – von Hand – des Bastes von gerösteten Stengeln gewonnen wird. modifizierte Schreibweise: Schleifhanf; Synonym: Pellhanf.

Schwarzhanf, Hanfsorte: Faserbast aus Hanfstroh, der nach einer langdauernden (mehrere Wochen bis Monate) Tauröste dunkelfarbig geworden ist.

Schwedenhanf, nicht systemkonform für Kollektiv aus Brennesselfasern > Stengelbastfasern (Urticaceenfaser), die aus der großen Brennessel Urtica dioica L., Urtica urens und Urtica pilulifera L. gewinnbar sind. Quasisynonyme: Nesselfaser, Zuchtnesselfaser.

Schwinghanf, Hanfsorte: Faserbast aus Langfasern, der durch Schwingen (grobkämmen) von Schäben befreit und gereinigt wird.

Sisalhanf, nicht systemkonform für ein Kollektiv aus Sisalfasern > Blattfasern (Agavenfaser, Agavaceenfaser), die aus den Blättern der Agave sisalana PERR.et ENGELM. und Agave rigida MÜLL. var. longifolia gewonnen werden; Synonyme: Caballofaser (= Cabullafaser), Yucatànfaser; (Kurzzeichen nach DIN 60001; T.4/8.91: SI).

somalischer Bogensehnenhanf, nicht systemkonform für ein Kollektiv aus speziellen Sansevieriafasern (s. Bogenhanf).

Sommerhanf, männliche Hanfpflanze; Synonym: Femelhanf.

Sonnenhanf, nicht systemkonform für ein Kollektiv aus Sunnfasern (s. Benares-Hanf).

Spinnhanf, nicht systemkonform für Steinhanf.

Steinhanf, Hanfsorte: Benennung für den verspinnbaren Zustand aussortierter Fasern vom Hanfbast nach dem Aussondern der nicht verspinnbaren Bestandteile; nicht systemkonform: Spinnhanf.

Strähnhanf, Hanfsorte: Benennung für den Zustand des Faserbastes von Hanf nach dem Brechen (= riffeln) und Entfernen (= schwingen) aller Holzteile des Stengels. Synonym: Schwinghanf.

Sundahanf, nicht systemkonform für ein Kollektiv aus Sunnfasern (s. Benares-Hanf).

Taaghanf, nicht systemkonform für ein Kollektiv aus Sunnfasern (s. Benares-Hanf).

Tampicohanf, nicht systemkonform für ein Kollektiv aus Ixtlefasern > Blattfasern (Agavaceenfaser), die von den Agaven-Arten Agave heteracantha ZUCC. (= Agave Lecheguilla TORR.), Agave tequilana TRELEASE, Agave Ixtli AIT. und Agave lophanta SCHIEDE aus den Gefäßbündeln der Blätter gewonnen werden. Synonym: Tampicofaser, Ixtle de Lechuguilla, Mexicofaser; modifizierte Schreibweise: Ixtilifaser, Istlefaser.

Travancore-Hanf, nicht systemkonform für ein Kollektiv aus Sunnfasern (s. Benares-Hanf).

Wasserhanf, nicht systemkonform für ein Kollektiv aus Wasserdostfasern (= Water hemp) > Bastfasern (Copositeenfaser), die von der Faserpflanze Eupatorium cannabinum L. gewonnen werden; nicht systemkonform: Wasserhanf; häufig verwechselt mit Odermennighanf, Ackermennighanf.

Weißhanf, Hanfsorte: Faserbast aus Hanf, der nach einer Warmwasserröste von den Stengeln gelöst wird.

Wildhanf, nicht systemkonform für ein Kollektiv aus Indianerfasern (s. Indianerhanf).

Winterhanf, weibliche Hanfpflanze; Synonyme: Bästling, Hanfhenne, Mäschelhanf, Mastelhanf.

III. Beihilfen zum Anbau von Flachs und Hanf

Auszug aus der Verordnung (Nr. 619 vom 22.3.1971) zur Festlegung der Grundregeln für die Gewährung einer Beihilfe und zur Durchführung der Beihilferegelung für Faserlein und Hanf (Nr. 1164 vom 28.4.1989)

♦ Jeder Mitgliedsstaat gewährt die Beihilfe nur für in seinem Hoheitsgebiet erzeugten Flachs und Hanf.
♦ Die Beihilfe wird für überwiegend zur Fasererzeugung bestimmten Flachs und Hanf gewährt.
♦ Für Hanf wird die Beihilfe nur gewährt, wenn der Hanf aus zertifizierten Saatgut von Sorten stammt, die in einer nach dem Verfahren des Art. 12 der Verordnung Nr. 1308 von 1970 aufzustellenden Liste enthalten sind. In diese Liste werden nur Sorten aufgenommen, bei denen ein Mitgliedsstaat durch Analyse festgestellt hat, daß das Gewicht von THC im Vergleich zum Gewicht einer Probe mit konstantem Gewicht 0,3 % nicht übersteigt. Zur Kontrolle der Einhaltung dieser Bedingungen ist dem Beihilfeantrag für Hanf eine Saatgutanerkennungsbescheinigung beizulegen.
♦ Die genannte Probe setzt sich aus dem oberen Drittel von Pflanzen zusammen, die am Ende der Blüte einer repräsentativen Zahl von Pflanzen willkürlich zu entnnehmen und deren Stengel und Saaten zu entfernen sind.
♦ Förderungsvoraussetzungen: Mindestantragsfläche 0,3 und Mindestanbaufläche 0,1 Hektar.
♦ Das Verwertungsziel gilt als erreicht, wenn die Pflanze gerauft oder durch einen Mähbalken in einer Höhe von nicht mehr als 10 cm vom Boden bei Flachs und 20 cm vom Boden bei Hanf gemäht wurde.

Beihilfefähige Hanfsorten

Carmagnola	CS	Delta-Llosa	Delta-405
Fedora 19	Fedora 74	Fibranova	Fibrimon 24
Felina 34	Ferimon	Fibrimon	56Futura

♦ *Gemeinschaftsverfahren zur Bestimmung des THC-Gehaltes des Hanfs* mittels mengenmäßiger Bestimmung durch Gaschromatographie nach Extraktion mit geeignetem Lösungsmittel.
♦ Aus einer Population einer bestimmten Hanfsorte werden an verschiedenen Stellen unter Auslassung der Randstreifen 500 Pflanzen ent-

nommen. Die Entnahme ist am hellichten Tag und am Ende der Blüte vorzunehmen. Das erhaltene Material wird gemischt und an der Luft getrocknet.

Hauptsächlich zur Fasergewinnung bestimmte Flachssorten:
(* Wird im Wirtschaftsjahr 1995/96 gestrichen)

Argos	Elise	Lidia*	Nynke
Ariane	Escalina	Martta	Opaline
Aino	Evelin	Marina	Regina
Astella*	Fanny*	Mira*	Saskia
Belinka	Hera*	Nanda*	Silva
Berber*	Hermes	Natasja	Thalassa*
Bertelin	Laura	Nike	Viking

IV. Nützliche Adressen

Bundesforschungsanstalt für Landwirtschaft
Institut für Pflanzenbau
Bundesallee 50
D-38116 Braunschweig

C.A.R.M.E.N. e.V.
Technologiepark 13
D-97222 Rimpar

Fachagentur Nachwachsende Rohstoffe
Dorfplatz 1
D-18276 Gülzow

Faserinstitut Bremen
Baumwollbörse
Postfach 106727
D-28067 Bremen

Hanfgesellschaft e.V.
Waldemarstr. 33
D-10999 Berlin

Institut
für angewandte Forschung
Fachhochschule für Technik und Wirtschaft Reutlingen
Alteburgstr. 150
D-72762 Reutlingen

Institut voor Agrartechnologisch onderzoer
(ATO-DLO)
NL-6700 AA Wageningen

International Hemp Association
Postbus 75007
NL-1070 AA Amsterdam

Katalyse - Institut für angewandte Umweltforschung
Weinsbergstr. 190
D-50825 Köln

Österreichisches Hanfinstitut
c/o ÖkoForum
Dürergasse 3/4
A-1060 Wien

Universität für Bodenkultur
Institut für Pflanzenbau
Abt. Ökologischer Landbau/Hanf
Gregor Mendelstr. 33
A-1180 Wien

V. Über Katalyse e.V.
Institut für angewandte Umweltforschung

Das Katalyse-Institut gehört zu den unabhängigen Umweltinstituten Deutschlands. Seit seiner Gründung im Jahre 1978 beschäftigen sich Wissenschaftler aus verschiedenen Fachgebieten mit aktuellen Problemfeldern des Umwelt- und Verbraucherschutzes. Die Arbeitsergebnisse des Institutes werden der Öffentlichkeit in Form von Publikationen, Tagungen und Medienbeiträgen zugänglich gemacht und haben zur Entwicklung einer kritischen Öffentlichkeit und zur politischen und unternehmerischen Entscheidungsfindung immer wieder entscheidende Beiträge geleistet. Ausgehend von globalen, ökologischen Problemanalysen haben sich die Arbeitsschwerpunkte des Instituts in den letzten Jahren zunehmend von einem engen Begriff des Verbraucherschutzes in Richtung sozial-ökologischer Gesamtkonzepte verlagert.

Abteilung Bauökologie
Schwerpunkt der Abteilung Bauökologie ist die Förderung von umweltfreundlichen und energiesparenden sowie einem gesunden Innenraumklima zuträglichen Baumaterialien. Dies erfordert eine grundsätzliche Bewertung konventioneller wie auch alternativer Baustoffe hinsichtlich ihrer Schadstoff- und Umweltrelevanz. Bevorzugt werden Materialien, die sich in die biogenen und geogenen Kreisläufe wiedereingliedern lassen. Neben toxikologischen und umweltchemischen Aspekten müssen auch konstruktiv-bauphysikalische Anforderungen berücksichtigt werden. Zielsetzung ist es, Architekten, Planern und Bauherren mit detaillierten Informationen über empfehlenswerte Baumaterialien und Produkte für den Innenausbau Orientierungshilfen für Neubau, Umbau und Sanierung an die Hand zu geben.

Abteilung Ressourcen und nachwachsende Rohstoffe
Wichtigster Hebel für den Übergang von der derzeitigen Vorrangstellung der petrochemischen Produktionsbasis zu anderen Produktionsformen, wie sie unter dem Begriff „Sanfte Chemie" diskutiert werden, ist eine radikale Kehrtwende im Bereich des Ressourceneinsatzes. Unsere ökologische Bewertung von Produkten aus nachwachsenden Rohstoffen reicht dementsprechend vom Anbau über Produktentwicklung bis zum Endprodukt und dessen Entsorgung. In den letzten beiden Jahren (1993/94) wurde der Schwerpunkt auf die Entwicklung von tragfä-

higen Gesamtkonzepten zur Nutzung von Hanf, Flachs und Färbepflanzen gelegt.

Mit einer ökologischen Begutachtung der Hanfpflanze leitete unsere Abteilung nachwachsende Rohstoffe 1992 die deutsche Initiative zu einer Rückbesinnung auf die vielseitigen Rohstoffpotentiale von Cannabis sativa ein.

Abteilung Umwelt- und Verbraucherpolitik
Wissenschaftliche Untersuchungen stellen keine ausreichende Grundlage dar, um die für umweltpolitisches Handeln erforderlichen Maßstäbe und Setzungen abzuleiten. Das Katalyse-Institut hat immer wieder anläßlich gesellschaftlichen Entscheidungsbedarfes die Rolle übernommen, Austauschprozesse in Gang zu bringen und Mediatorenfunktionen zu übernehmen. Wir unterstützen als externe, unabhängige Institution politische Entscheidungsträger in Umweltbehörden sowohl auf Kommunal-, Landes- und Bundesebene als auch auf europäischer Ebene bei der Entwicklung sozial-ökologischer Konzepte.

Katalyse e.V.
Weinsbergstraße 190
50825 Köln

VI. Glossar

BML
Bundeslandwirtschaftsministerium

Biodiesel
Treibstoff, der durch Umesterung von Rapsöl zu Rapsmethylester gewonnen wird und für Dieselfahrzeuge verwendet werden kann

Cannabinoide
Hauptbestandteile des Harzes, welches sich auf der Oberfläche der Hanfpflanze befindet

CTMP-Aufschlußverfahren
chemisch-thermisch-mechanischer Prozeß zum Aufschluß von Zellstoff aus Holz und Einjahrespflanzen

(Delta-9-)Tetrahydrocannabinol
Rauschsubstanz des Hanfs, ein Cannabinoid mit pharmazeutischer Wirkung

diözisch
zweihäusig (Pflanze)

Doublieren
Mischen und Homogenisieren der verschiedenen Faserbänder zu einheitlichen Qualitäten

Filament
synthetische Endlosfaser, die zur Garnbildung eingesetzt wird

Grünhanf, Grünflachs
ungeröstete Hanf- und Flachsfasern, die roh und grün mechanisch verarbeitet werden

Hadern
Lumpen; wurden früher als Rohstoff zur Papierherstellung eingesetzt

Hecheln
Kämmen und Parallelisieren der entholzten Faser mit mehreren Metallkämmen

Hektar
10.000 m^2

Internatilisierung der Umweltkosten
Berücksichtigung der Umweltschäden und des Umweltverbrauchs als Kosten und damit als Bestandteil des Produktpreises

Lumpen
siehe Hadern

monözisch
einhäusig (Pflanze)

Ramie (-fasern)
Nesselfaser, die von der mit der Brennessel verwandten Ramiefaser stammt

Rapsmethylester
siehe Biodiesel

Raufen
Flachsernte, bei der die Pflanzen mit der Wurzel aus dem Boden gezogen werden

Riffeln
Abstreifen der Samenkapseln beim Flachs

RME
Rapsmethylester

Röste (Rötze, Rotte)
traditionelle Faseraufbereitung, bei der durch Bakterien und Pilze die Mittellamellen des Stengels aufgelöst werden, so daß eine Trennung der Zellen erfolgen kann

Rotorspinnen
mögliche Alternative zum Ringspinnen, ursprünglich für die Kunstfaserverarbeitung entwickelt

Schäben
Holzsplitter des Flachs- oder Hanfstengels

Schlempe
Abwasser, das stark mit organischen Verbindungen (Pflanzenresten) belastet ist

Schwad
eine geordnete Lage Flachspflanzen, die zur Röste ausgebreitet wurden

Schwingen
mechanischer Faseraufschluß, bei dem die Schäben aus den Faserbündeln geschlagen werden

Sustainable Development
Nachhaltige Entwicklung

THC
Tetrahydrocannabinol

Verbundwerkstoffe
Werkstoffe, die aus mehreren Materialien bestehen

Waidasche
calcinierte Weinhefen, die zum traditionellen Bleichen von Flachs- und Hanfgarnen und -textilien verwendet wurden

(Schwung-) Werg
Kurzfasern, die bei der Aufbereitung beschädigt wurden

Zu den AutorInnen

Jens Dreyer, Jg. 1966. Dipl.-Biologe, promoviert z. Zt. am Institut für Pflanzenbau und Pflanzenzüchtung der Universität Göttingen über den Anbau von Nesseln im ökologischen Landbau.

Susanne Féaux de Lacroix, Jg. 1970. Studium der chemischen Technologie in Darmstadt. 1993 Mitarbeit im Projekt Umweltfreundlichere Pflanzenschutzmittel in Marseille, 1995 Mitarbeit im Katalyse-Institut Abt. Nachwachsende Rohstoffe.

Jörg Müssig, Jg. 1968, Dipl.-Ingenieur. Während des Studiums Mitarbeit an Forschungs- und Entwicklungsarbeiten im Bereich der faserverstärkten Kunststoffprodukte sowie des Produktintegrierten Umweltschutzes am Beispiel des Einsatzes von pflanzlichen Naturfasern in technischen Produkten an der Universität Duisburg und am Faserinstitut Bremen.

Günter Schnegelsberg, Jg. 1928, Professor Dr. rer. pol., war über 30 Jahre zunächst an der Ingenieurschule für Textilwesen in Krefeld und danach an der Fachhochschule Niederrhein, Abt. Mönchengladbach, Fachbereich Textil- und Bekleidungstechnik für die Fächer Textilwarenlehre, Textiltechnologie und Wissenschaftstheorie tätig. Neben vielen wissenschaftstheoretischen, sprachwissenschaftlichen und textilspezifischen Veröffentlichungen erschien 1971 seine „Systematik der Textilien".

Frank Waskow, Jg. 1961. Ausbildung zum Industriekaufmann, mehrjährige Tätigkeit als Einkäufer für Rohstoffe in der Lebensmittelindustrie. Studium der Ernährungswissenschaft mit dem Schwerpunkt Qualitätssicherung in Mönchengladbach. Seit 1990 als wissenschaftlicher Mitarbeiter des Katalyse-Instituts in der Abteilung Verbraucherpolitik und Lebensmittel; ab 1993 maßgeblich verantwortlich für den Aufbau der Abteilung Ressourcen und Nachwachsende Rohstoffe. Seit 1994 Vorstandsmitglied des Katalyse-Instituts.

Fotonachweis: S.33, 64: Forschungsanstalt für Landwirtschaft (FAL); S. 97, 98, 99 oben: Archiv Beate Birkigt-Quentin / Gert Busse; S. 99 unten: Museum Uslar; S. 100: Schreckenbach; S. 148, 159, 161: Jens Dreyer; S. 164, 166: Terbatec AG.